智慧图书馆服务创新研究

谭　璐　杨志华　黄梦萦　著

哈尔滨出版社
HARBIN PUBLISHING HOUSE

图书在版编目（CIP）数据

智慧图书馆服务创新研究 / 谭璐，杨志华，黄梦萦著. -- 哈尔滨 : 哈尔滨出版社，2025. 1. -- ISBN 978-7-5484-8257-4

Ⅰ. G252-39

中国国家版本馆 CIP 数据核字第 2024XG0746 号

书　　名：智慧图书馆服务创新研究
ZHIHUI TUSHUGUAN FUWU CHUANGXIN YANJIU

作　　者：谭　璐　杨志华　黄梦萦　著
责任编辑：刘　硕
封面设计：赵庆旸

出版发行：哈尔滨出版社（Harbin Publishing House）
社　　址：哈尔滨市香坊区泰山路 82-9 号　**邮编：**150090
经　　销：全国新华书店
印　　刷：北京虎彩文化传播有限公司
网　　址：www. hrbcbs. com
E - mail：hrbcbs@yeah. net
编辑版权热线：（0451）87900271　87900272
销售热线：（0451）87900202　87900203

开　　本：787mm×1092mm　1/16　**印张：**10. 25　**字数：**225 千字
版　　次：2025 年 1 月第 1 版
印　　次：2025 年 1 月第 1 次印刷
书　　号：ISBN 978-7-5484-8257-4
定　　价：58. 00 元

前 言

随着信息技术的飞速发展与互联网的全面渗透，人类社会已迈入信息社会的门槛，生产方式与生活模式均经历了前所未有的变革。在这一背景下，“智慧地球”这一前瞻理念的诞生，为各行各业的转型升级指明了方向，其中，智慧图书馆作为这一理念的生动实践，正逐步成为连接知识世界与个体需求的桥梁。智慧图书馆，依托于物联网、云计算等，通过智能化设备的广泛应用，实现了书之间、书与人及人与人之间的无缝连接与动态交互，为用户带来了前所未有的智慧化、个性化服务体验。

与传统图书馆单纯提供文献与信息服务不同，智慧图书馆的知识服务范畴更为广泛与深入，它集成了教学辅导、科研支持、社会管理辅助、文化建设推广及社会发展促进等功能于一体，成为推动社会全面进步的重要力量。这一创新不仅标志着智慧性研究在图书馆领域的成功落地，更是对网络图书馆、虚拟图书馆及数字图书馆等前序形态的超越与升华。智慧图书馆以其独特的便利性、高度互联性及卓越的高效性，彰显了新技术与图书馆事业深度融合的无限可能。

尽管当前智慧图书馆在服务创新方面已取得显著成就，但仍需正视其面临的挑战与瓶颈。为了推动智慧图书馆持续健康发展，突破现有困境，拓展更为广阔的发展空间，加强对智慧图书馆服务创新发展的深入研究显得尤为迫切。本书正是基于此背景，深入剖析了智慧图书馆的基础知识，包括其定义、特征及建设的基本要素，旨在为读者构建全面而清晰的认知框架。同时，本书还深入探讨了智慧图书馆的服务内容构成、技术支持体系，以及服务模式创新的策略与路径等，力求为相关领域的从业者与研究者提供有价值的参考与启示。

在撰写过程中，本书广泛吸收了国内外相关领域的最新研究成果与文献资料，力求内容准确、结构严谨、条理清晰。我们诚挚邀请广大读者提出宝贵意见与建议，以便我们不断完善与修订此书，共同推动智慧图书馆事业的繁荣发展。

目录

第一章

智慧图书馆概述

第一节 智慧图书馆的发展历程

一、网络图书馆

自20世纪90年代以来，图书馆界经历了前所未有的变革，其外部环境与内部需求均发生了翻天覆地的变化。随着计算机技术、多媒体技术、数字化及通信技术的飞速进步，数据库的演化历程见证了信息存储与检索方式的根本性转变，而文献的数字化进程更是极大地促进了信息资源的网络化连接，使得信息的使用方式从传统的固定收藏模式转向了更加自由灵活的共享模式。

在此背景下，网络图书馆作为一种全新的资源组织形式和合作模式，在图书馆界迅速崛起并受到广泛关注。它不仅代表了图书馆服务模式的创新，也反映了信息时代下知识传播与获取的新趋势。网络图书馆不仅连接了海量的数字资源，还促进了全球范围内图书馆之间的合作与交流，成了国内外众多专家学者深入研究的热点领域。

网络图书馆的出现是技术进步与图书馆发展需求相结合的产物，它不仅改变了图书馆的传统面貌，也为信息社会中的知识传播与学习提供了更加便捷高效的途径。

对于网络图书馆的认识，学术界存在较大争议，可谓“仁者见仁，智者见智”，主要流行的观点有以下几个。

（一）网络图书馆是电子图书馆

此视角将网络图书馆视作虚拟图书馆、电子图书馆及数字图书馆等概念的集合体，它强调其利用计算机技术和网络通信技术，对数字化信息进行深度加工、整理及存储，并通过网络这一媒介实现广泛传播。相较于传统图书馆，网络图书馆的核心聚焦于数字化、网络化信息的处理与传播，其在工作内容与方式上均展现出显著的差异。尤为突出的是，网络图书馆极大地促进了信息的共享，颠覆了传统图书馆在信息获取上的局限性，从而被赋予了“无墙图书馆”的美誉，象征着其跨越物理界限、实现信息自由流通的特性。

（二）网络图书馆其实是图书馆的计算机管理系统

该视角强调，网络图书馆并非传统图书馆分类下的一个子项，而是应现实之需，由图书馆界精心打造的一套旨在促进信息资源共享与高效传播的网络化管理平台。此平台不仅显著地拓展了图书馆的功能范畴，还深刻地改变了图书馆的管理策略与服务模式，引领着图书馆服务迈向新的高度。

通过网络图书馆这一创新机制，图书馆得以实现网络采购的便捷化、网上编目的自动化、在线借阅的即时化、馆际互借的无缝化以及参考咨询的高效化。这些服务内容的丰富与服务手段的革新，不仅极大地提升了用户体验，还促进了信息资源的跨地域、跨机构的流动与整合，为学术研究、社会教育及文化传承等多元领域注入了新的活力。因此，网络图书馆不仅是图书馆服务现代化的重要标志，更是推动社会信息化进程不可或缺的力量。

（三）网络图书馆是跨地区、跨系统的图书馆联盟

网络图书馆的最终愿景是实现信息资源的全面共享，其本质在于构建一种新型的图书馆联盟形式，这是图书馆联盟在网络时代的具体体现与深化。这一联盟的形成，植根于各图书馆之间深入的合作与交流，建立在自愿参与、互利共赢的坚实基础上。

具体而言，网络图书馆是指跨越一定地域范围的多个图书馆，通过整合计算机技术、数字化技术及网络技术的先进力量，携手共建的一个庞大网络系统。这一系统不仅覆盖了丰富的馆藏资源，还涵盖了广泛的服务信息资源，使得用户能够跨越地理界限，轻松获取所需的信息与服务。网络图书馆的出现，极大地拓宽了信息获取的渠道，提升了资源利用的效率，是图书馆事业在信息化时代的重要里程碑。

二、虚拟图书馆

“虚拟图书馆”这一术语，其“虚拟”二字深深植根于计算机技术的土壤，它象征着利用计算机模拟并再现现实世界中事物与环境的艺术，创造出与实物高度相似的数字镜像。随着计算机与网络技术的飞速发展，图书馆界得以借助信息技术的力量，在网络上开辟出新的服务空间，即虚拟图书馆——现实图书馆在网络空间的精准映射。

虚拟图书馆作为图书馆服务的网络化延伸，通过互联网的纽带，将分布在不同地区、系统乃至国家的图书馆紧密相连，形成了一个庞大的资源共享网络。在这个网络中，各图书馆的馆藏资源不再受限于物理空间，而是作为虚拟馆藏资源，共同构成了虚拟图书馆丰富的资源池，为用户提供跨地域、跨系统的信息服务。

虚拟图书馆利用因特网系统，精心组织网上信息、数据库及索引目录等，并将它们巧妙地嵌入服务网页之中，供用户轻松浏览与检索。这一平台不仅容纳了海量的文本信息，还广泛集成了声音、图像、视频等多媒体资源，以及存储在数字数据库中的电子书刊，真正实现了信息资源的多元化与全面化。

然而，鉴于网络信息的动态性与时效性，虚拟图书馆需时刻保持警惕，对信息进

行及时更新与维护，以确保用户能够获取到最新、最准确的知识资源。在此背景下，虚拟图书馆展现出了其独特的魅力：收藏内容的全面数字化、操作过程的彻底计算机化、信息传递的无限网络化、资源存取的自由化、资源共享的全球化，以及结构连接的紧密化。这些特征共同构成了虚拟图书馆的核心优势，使其在现代信息社会中扮演着不可或缺的角色。

三、数字图书馆的分类与作用

（一）数字图书馆的概念

随着信息技术的日新月异，数字图书馆的概念在公众视野中日益清晰且多元化，不同视角与需求下，其定义也呈现出百花齐放之态。国际图书馆协会联合会对数字图书馆给出了权威界定：数字图书馆，作为高质量数字化馆藏的集中展示平台，遵循全球公认的馆藏发展准则进行内容的创建、收集与维护，以统一协调且可持续的方式对外开放其丰富资源，并辅以周到服务，确保用户能够便捷地访问、借阅并充分利用这些宝贵资源。这一定义不仅强调了数字图书馆的技术特性与资源质量，还突出了其服务宗旨与用户友好性。

（二）数字图书馆概念的理解

尽管数字图书馆的概念和定义因描述者视角、观点及方法的差异而呈现多样性，但它们共同揭示了数字图书馆作为新时代信息化、数字化、网络化知识管理和服务体系的本质，远非传统图书馆简单数字化的翻版。然而，这一理念在实践中遭遇了几重挑战。

首先，现代图书馆工程建设中信息化建设的深度融合，如国家图书馆二期工程与数字图书馆工程的并行推进，常让公众难以清晰界定两者界限，容易将数字图书馆误解为图书馆的一个功能模块，或是将图书馆的信息化改造与业务流程自动化等同于数字图书馆。

其次，数字图书馆项目的建设主体不同，其涵盖范围和服务模式亦大相径庭。图书馆主导的项目往往涉及馆内环境优化、数字资源服务拓展及传统业务信息化改造等多个维度；而网络信息服务商则专注于数字资源服务，不涉及物理空间信息化。即便在服务内容上有所重叠，两者在服务方式、内容深度及用户体验上也存在显著差异，这些差异难以通过既有定义直接区分。

最后，数字图书馆的发展是一个动态演进的过程，其定义和理解随社会经济环境、技术革新及人类认知水平的提升而不断演变。因此，在这一过程中涌现出自动化图书馆、数字化图书馆直至云图书馆等阶段性概念，反映了数字图书馆建设不同阶段的特征和重点。对数字图书馆的全面理解和准确定位，需结合其发展历程、技术背景及实际应用场景进行动态考量。

（三）数字图书馆的类型

部分学者从技术层面与数字存储空间维度出发，对数字图书馆进行了深入剖析，他们强调数字图书馆应凸显“库”之精髓，即作为一个数字化的信息资源宝库，它不仅为国家信息基础设施的搭建提供至关重要的信息管理技术支持，还扮演着核心信息源与数字化仓储空间的角色。根据这些特征，数字图书馆可细分为四大类型：首先，是传统的数字图书馆，它囊括了多样化的媒体介质数字化馆藏，由专业图书馆员精心组织与管理，涵盖了印本资源的数字化转化及多种类型的数据库；其次，是新兴的纯数字图书馆，这类图书馆自诞生之日起便专注于以数字形式创造与存储各类文献，展现了数字时代的全新风貌；再次，是数据图书馆，它不仅汇聚了图书馆运营过程中产生的丰富数据，如用户行为、馆员活动及专业设备信息，还广泛收纳了图书馆外部的海量数据，如传感器数据、卫星气象资料、智能化设备信息、经济活动数据及科研成果等，实现了数据资源的全面整合；最后，是数据通信图书馆，它以数字通信为核心，涵盖了电子文件、环球网资源、电子邮件、用户群组交流，以及数字电视、网络视频、数字电话与广播等多媒体通信内容，展现了数字图书馆在数字通信领域的广泛应用与深度融合。

（四）数字图书馆的作用

信息技术、通信技术、网络技术等发展推动了数字图书馆建设的迅速发展，数字图书馆建设对一个组织、一个国家，甚至全世界影响重大。

其作用具体可以概括为以下几点。

1. 数字图书馆是一个数字资源中心

在从传统图书馆向数字图书馆转型的征途中，资源的数字化不仅是确保宝贵知识财富得以永续保存的关键，也是提升其利用效能的必由之路。历经十余载的深耕细作，数字图书馆已汇聚成一座浩瀚的数字资源宝库，涵盖从卫星、遥感、地理、地质、测绘、气象、海洋等尖端科技数据，到人口、经济统计等社会基础信息的广泛领域。其建设基石，无疑是数字资源中心的精心构建，它不仅是资源的聚集地，更是知识服务的源泉。

起初，数字图书馆的数字资源主要依托于对纸质文献的数字化转换，这一过程为历史遗产的现代化传承奠定了坚实基础。然而，网络技术的日新月异，电子出版物的蓬勃兴起，为数字图书馆注入了新的活力，逐渐成为其资源体系的重要组成部分。如今，互联网更是成了数字图书馆资源获取的无尽海洋，通过高效的网络资源采集、加工与整合机制，数字图书馆不断吸纳并丰富着自身的数字资源体系，确保能够为用户提供更加广泛、深入、即时的信息服务与知识支持。因此，数字图书馆的核心竞争力在于其庞大的数字化资源基础，这也是其通过网络平台向全球用户传递智慧与价值的不竭动力。

2. 数字图书馆是一个教育平台

在日新月异的现代社会工作生活场景中，终身学习已成为人们不可或缺的一部分。网络化与数字化的浪潮中，数字图书馆华丽转身，不仅成为业余学习的绿洲，也是在职进修的殿堂，更是趣味探索的乐园。它为人们搭建了一个多元化的学习与交流平台，无论是追求文化的深度、享受休闲的惬意，还是沉浸于娱乐的欢愉，数字图书馆都能满足多样化的需求。在这里，知识的海洋无限宽广，智慧的火花不断碰撞，这不仅极大地丰富了人们的日常生活，更在潜移默化中提升了全民的素养与品质，为推动整个人类社会的进步与发展贡献着不可估量的力量。

3. 数字图书馆是传承文化的平台

图书馆，作为人类文明的守护者与传承者，其发展历程与社会进步紧密相连，共同绘制了数千年的文化长卷。在我国，一个结构完善、功能齐全的图书馆服务体系已蔚然成形，它不仅在提升国民素养、促进社会文明进步方面发挥着不可估量的作用，更是构筑了知识与智慧的坚实基石。

步入数字化时代，数字图书馆以其独特的魅力，成了文化传承与创新的新舞台。这一平台跨越了地域与时间的限制，让世界各地的文化瑰宝得以在网络上熠熠生辉，使公众能够轻松跨越国界，深入了解并学习不同民族、不同国家的文化历史，促进了全球文化的交流与互鉴。同时，数字图书馆携手图书馆、博物馆、档案馆、大学及政府部门等多元文化主体，共同构建了一个开放共享的文化资源宝库，不仅为民众提供了获取历史文化知识的便捷途径，增强了民族自豪感和文化认同感，还为世界各国展示其经济社会发展成就、促进人类文明共同进步搭建了重要桥梁。

四、智慧图书馆的提出

20 世纪末至 21 世纪初，物联网概念横空出世并迅速席卷全球。随后，智慧城市作为物联网技术应用的典范，成为未来城市发展的新航标，智慧地球、智慧校园等理念相继涌现，推动了一系列“智慧单元”如智慧交通、智慧政府、智慧商业、智慧工业等的蓬勃发展。在此背景下，智慧图书馆作为智慧体系中的一颗璀璨明珠，既嵌入城市与校园的宏大叙事中，又保持着独立的个体价值，逐步进入图书馆学界的视野并被深入探讨。

国内对智慧图书馆的研究呈现出明显的技术导向，聚焦于建筑、技术及系统层面的创新，而在软件优化、服务升级、高素质人才队伍建设等关键领域则相对薄弱，这揭示了智慧图书馆建设并非技术一力承担，而是需要理念与模式的双重革新来驱动。尽管我国图书馆学界在智慧图书馆领域的研究日益深入且成果丰硕，但受限于经济社会发展水平的地域性差异，智慧图书馆的建设实践在全国范围内仍处于初级阶段，区域间的发展不平衡问题依然突出。

第二节　智慧图书馆的定义及特征

一、智慧图书馆的概念

智慧图书馆，作为数字图书馆演进的巅峰之作，其核心价值根植于高质量的信息资源构建，这些资源不仅是知识海洋中的璀璨明珠，更是推动社会进步与文明传承的不竭动力。在此基础上，智慧图书馆精心培育了一支高素质馆员队伍，他们不仅是信息的导航者，更是用户需求的深度洞察者，通过其专业素养与人文关怀，为每一位用户量身定制知识探索之旅。

用户参与，是智慧图书馆不可或缺的活力源泉。通过协同感知技术，图书馆能够精准捕捉用户的兴趣偏好与需求变化，实现信息服务的个性化与智能化。这种双向互动不仅增强了用户体验，也促进了知识的有效传播与深度利用。

在技术层面，智慧图书馆深度融合了最前沿的科技手段，包括但不限于大数据分析、人工智能、物联网、云计算等，这些技术如同智慧图书馆的神经与血脉，为其提供了强大的数据处理能力、智能决策支持及高效运行保障。同时，智慧化建筑的设计理念贯穿始终，从环境友好到功能优化，每一处细节都彰显着对未来图书馆形态的深刻洞察与前瞻布局。

智慧图书馆是一个集资源富集、技术创新、人才汇聚、服务卓越、建筑智慧于一体的综合性智慧化集合体。它不仅代表了数字图书馆发展的最新高度，更是对未来图书馆形态与服务模式的一次深刻探索与实践。在这里，信息不再是冰冷的数据堆砌，而是转化为激发灵感、促进成长的智慧火花；服务不再局限于简单的借阅与咨询，而是演化为一种全方位、个性化、智能化的知识陪伴与成长支持。

二、智慧图书馆的内涵

（一）智慧图书馆是智慧城市的重要组成部分

智慧图书馆，作为智慧城市架构中的关键基石，承载着记录历史、传扬文明及资政利民的重大使命。它巧妙地融合了人类智慧与信息技术的先进成果，让城市中的各项设施焕发出智慧之光。智慧城市的建设是一场持久且不断进化的旅程，其发展历程的点点滴滴均需通过图书这一载体得以永恒留存，这不仅是图书馆肩负的社会责任，也是其适应时代变迁的必然选择。

为此，传统图书馆亟需从多方面进行自我革新：提升人员素养与技术能力，改造基础设施以适配现代需求，同时增强管理效能与创新能力。通过深度融入智慧城市的技术体系与业务流程之中，图书馆不仅能够满足智慧城市环境下图书管理的复杂需求，还能提供更加精准高效的信息服务，确保在智慧城市这一宏伟蓝图中，图书馆始终扮演着不可或缺的角色。

（二）智慧图书馆是图书馆发展的高级形态

智慧图书馆，作为图书馆领域的未来风向标，正逐步挣脱实体边界与传统管理模式的束缚，向跨实体、跨区域的协同工作体系迈进，旨在实现城市图书资源的一体化管理与社会化精准服务。其组织管理、技术架构、业务理论与运作模式，均紧随智慧城市生态的演变而持续调适、优化与进化。智慧图书馆不仅承继了数字图书馆的成果，更融入了创新理念，内涵丰富而深远：

它根植于智能感知设备的广泛应用，物联网、互联网、云计算等前沿技术如同智慧图书馆的基因，赋予其敏锐的洞察与高效的运作能力。而智慧的图书人，作为核心驱动力，是推动图书馆智能化进程的主体力量。智慧图书馆的本质在于服务，它深度融合现代信息技术与通信技术，促进人机互动、人际交流，确保图书信息资源的广泛惠及与深度利用。其核心使命在于最大化图书资源的开发与利用，通过技术创新，不断拓展资源的广度、深度与多样性。

展望未来，智慧图书馆致力于构建自动化、智能化、人性化的图书管理体系，将图书工作无缝融入各项业务之中。同时，它追求图书资源的全面覆盖与内容的丰富多元，提供个性化、深度化、知识化、系统化、专业化的服务，并将这些服务深度融入智慧城市公共服务体系，为政府决策提供支持，为民生福祉贡献力量。此外，智慧图书馆还致力于构建一个具备自我学习、自我成长与自我创新能力的新生态体系，以更加完善的行为意识和调控能力，引领图书馆事业迈向更加辉煌的明天。

三、智慧图书馆的特征

智慧图书馆相较于传统的实体图书馆及数字图书馆，其显著差异在于对云计算、物联网及互联网等尖端信息与通信技术的全面融合与深度应用。这一技术层面的深刻变革，构成了智慧图书馆最为核心的特征，它不仅重塑了图书馆的技术系统架构，更是驱动图书馆工作人员角色转型与服务模式革新的根本动力。

（一）智慧图书馆的信息系统特征

信息系统作为智慧图书馆迈向现代化管理与智慧服务的关键基石，其架构的规划与设计不仅局限于图书资源的高效管理，更需全面审视并整合图书馆运营所涉及的每一环节与要素，上升至战略规划与顶层设计的层面。该系统旨在全面实现图书馆业务的信息化管理转型，通过精细化的流程优化、无缝的资源整合以及高效的协同办公机制，推动馆内管理运作步入现代化轨道。同时，依托系统的强大功能，加强管理控制的精准性与领导决策的科学性，有效规避传统管理模式下人为因素可能带来的主观偏见、响应滞后及决策失当等问题，为智慧图书馆的持续发展奠定坚实的技术与管理基础。

1. 图书馆资源组织的精细化

智慧图书馆系统的全面构建，对图书馆内部数据库系统提出了前所未有的高标准要求。首先，资源采集的广度将显著拓展，不再局限于传统图书馆框架内的机构与部门所生成的图书资料，而是将触角延伸至对社会发展具有深远影响的社区服务与电子商业环境，广泛吸纳多元化、前沿性的信息资源。

其次，从业务运作的视角审视，图书资源库的建设不再单一聚焦于入馆图书信息的收录与管理，而是需要构建一个全方位、多层次的数据库体系，该体系需紧密支撑图书馆的各项业务活动，确保信息的流通与利用高效顺畅。此外，为了适应智慧图书馆系统运营的精细化需求，图书信息库的管理必须实施更加科学的分类与细致的维护策略，针对不同业务环节的特点，量身定制信息管理方案，以实现资源的深度整合与高效利用。

2. 图书馆业务实现的感知化

智慧图书馆的技术系统构建历程，鲜明地展现了智慧化与人类高级能力的深度融合。这一进程依托“感知”技术革新图书管理模式，彻底颠覆了传统实体图书管理方式。它大幅削减了人工干预，实现了图书信息从诞生至消亡全生命周期的自动化、深度化、精准化管控，确保了图书信息的真实可靠。尤为值得一提的是，无线射频识别（RFID）技术的引入，不仅为电子文件的前端真实性控制提供了有力支持，更将纸质图书的管理推向新高度，实现了从生成、管理、利用直至废弃的全链条真实性保障，全面彰显了智慧图书馆技术系统的高效与智能。

3. 图书信息服务的知识化

在智慧城市的宏阔背景下，数据分析、挖掘，语义分析与知识发现，以及智能处理与感知技术的广泛应用，正引领图书信息服务迈向一个前所未有的高度与广度。这些技术不仅增强了图书馆对智慧城市各领域及公众行为、需求的精准把握能力，还催生了个性化知识推送与定制化服务的智慧化转型。这一转变的核心在于知识管理模式的引入，它要求将图书数字信息深度知识化，依托语义分析、搜索引擎及数字仓库等先进工具构建图书知识库，进而根据用户的信息消费偏好，对知识进行精细化组织与高效传递。这一过程不仅极大地丰富了服务内容，拓宽了服务渠道，还促进了服务的人性化与精细化，标志着图书服务模式从传统迈向现代的深刻变革。

智慧图书馆以其多元化的服务方式引领未来阅读新风尚。它不仅能够精准捕捉并分析用户的个性化需求，构建详尽的用户画像，从而提供量身定制的个性化服务体验。通过泛在网技术，智慧图书馆实现了服务的无缝覆盖，让知识触手可及，无论何地何时。在服务内容上，智慧图书馆超越了传统界限，运用数据挖掘、知识分析、专家系统等先进手段，深度挖掘图书内在价值，展现其多元魅力，为社会贡献更高层次的知识与文化盛宴。在服务人性化方面，智慧图书馆主动出击，以用户为中心，推送精细化服务，同时借助泛在网技术，打破时空限制，提供全天候、随需而至的便捷服务。此外，智慧图书馆还致力于服务精细化，与智慧城市公共服务体系深度融合，助力政府决策，强化知识产权保护，全面挖掘图书的信息、知识及文化价值，为社会提供全方位的知识与文化滋养。最终，智慧图书馆实现了服务模式的根本转变，从用户需求出发，构建图书馆与用户、用户与图书之间的双向互动新生态。

（二）图书仓储管理的虚拟化特征

在智慧城市生态的滋养下，城市建筑风貌与图书馆环境正经历着质的飞跃。互联网、物联网、RFID 技术、智能传感器与智能监控技术的深度融合，正逐步改变着图书馆的日常运作。具体而言，RFID 技术通过嵌入员工工作证及借阅卡中的电子标签，不仅简化了员工信息管理流程，为职业发展与学习提升提供了个性化支持，还实现了用户借阅行为的精准追踪与安全监控，促进了个性化服务的深度开展。同时，这一技术还覆盖了人员、建筑、环境及设施的全方位智能化管理，实现了资源的高效配置。

另外，智能传感器的广泛应用，赋予了图书馆对基础设施、建筑环境等的全面感知能力。通过实时监测设备的运行状态与基本信息，图书馆得以实施智慧化的程序控制与综合管理策略，为设备的采购、维护、检修提供了科学的数据支撑与决策依据，进一步提升了图书馆的管理效率与服务质量。

（三）全方位感知

智慧图书馆的核心竞争力在于其先进的感知技术，该技术作为智慧管理的基石，远超传统数据处理范畴。智慧图书馆依托物联网，巧妙集成智能手机、平板电脑、射频识别装置、红外感应器、GPS 等多样化的智能终端与传感设备，这些构成了智慧图书馆物联网的敏锐触角，能够捕捉并解析各类信息。这种感知机制不仅模拟了人类感知的细腻与灵活，更在广度、深度与精准度上实现了超越，覆盖资源、人员、环境及服务质量等多维度，以全方位、多层次的视角审视图书馆运营的每一个细节。尤为关键的是，智慧图书馆能够将这些感知信息转化为可量化的数据，进行高效传递与智能分析，为图书馆的智能化管理与服务提供坚实的数据支撑。

1. 资源感知

资源感知可分为对馆内设备及纸质文献资源的感知和对数字资源的感知两种。

（1）对馆内设备及纸质文献资源的感知

馆内设备及纸质资源的智慧化管理，得益于物联网技术的深度应用。通过 RFID、红外线感应、激光扫描及物体定位系统等先进软硬件技术的集成，遵循特定的网络协议，图书馆实现了设备与纸质文献资源的网络互联，进而与用户间构建起高效的信息交换与通信桥梁。这一过程不仅极大地提升了资源识别、定位、跟踪与管理的精准度与效率，还促进了自助服务模式的全面革新。从自助借还书、自助打印、自助扫描等便捷服务终端，到全天候运行的街区自助图书馆，物联网、RFID、二维码及无线传感技术的融合应用，不断满足读者在新技术时代对图书馆服务的多元化与智能化需求，推动图书馆服务手段向更加自主、高效的方向迈进。

（2）对数字资源的感知

随着搜索引擎技术的飞速迭代，图书馆建设面临的一大挑战在于如何助力读者在浩瀚的信息海洋中迅速且精确地锁定所需资源，从而显著提升查找效率。构建基于大数据整合的分析平台，并融入智能搜索算法，或可成为一条高效路径，引领读者轻松“触碰”并“感知”到丰富的数字资源，实现信息获取的质的飞跃。

2. 人员感知

人员感知在智慧图书馆中扮演着重要角色，它细分为对读者与馆员的双重感知。针对读者，智慧图书馆利用大数据技术深度挖掘其个人信息（如年龄、专业、兴趣等）及借阅记录，通过精准数据分析构建读者资源偏好画像，实现对读者需求的敏锐洞察，并智能推送个性化资源，确保每位读者都能获得量身定制的信息服务。而对于馆员，智慧图书馆并未忽视其不可或缺的作用，而是通过对馆员工作状态的全面感知与定位，结合读者需求感知，利用智能寻呼系统等先进平台，搭建起馆员与读者之间高效互动的桥梁，促进双方的有效交流与协作，共同推动智慧图书馆服务质量的持续提升。

3. 环境感知

图书馆作为藏书丰富、人流密集的场所，其安全保障至关重要，尤其是消防安全不容忽视。同时，从馆藏保护的视角出发，精确感知并调控馆内环境的温度、湿度及光线条件变得尤为迫切。特别是对于珍藏古籍与文献的图书馆而言，引入物联网技术，构建能够自动监测并智能调节馆藏环境的智慧环境设备管理系统，成了确保珍贵资源安全无损的必然选择。这一系统不仅能够实时响应环境变化，还能通过自动调节功能，为古籍文献提供最为适宜的保存条件。

4. 服务质量感知

智慧图书馆建设的根本目的就是更好地为用户提供服务，所以说用户服务质量感知的效果非常重要，甚至可以用来评价一个智慧图书馆建设的水平。

（四）立体互联

智慧图书馆的精髓在于其构建的全方位立体互联体系，这一体系不仅涵盖了图书馆物理空间内楼宇、楼层、区域、房间乃至桌椅、计算机与屏幕间的紧密连接，还实现了馆藏资源与借阅流程的无缝对接。进一步，它跨越了物理界限，将不同网络、图书馆之间、书库与书库、图书与图书乃至人与物均纳入这一互联网络之中，形成了前所未有的全面互联格局。与此同时，智慧图书馆在硬件设施上的显著提升，为设备、系统、资源及人员之间的深度互联奠定了坚实基础，确保了立体互联作为其核心要素的有效运行与持续优化。智慧图书馆的互通互联包括三个层面：

1. 单个图书馆内部的互通互联

单个图书馆的初级互通互联体系，旨在打破传统模块化管理模式下各部门间的壁垒，实现馆内各馆室间的深度融合与互联。这一层面不仅涵盖了物理空间内的直接连通，如实体区域、设施设备的无缝对接，还通过互联网的强大力量，构建起物与物、人与物乃至人与人之间跨越时空的紧密联系。在此基础上，图书馆工作人员能够作为一个紧密协作的整体高效运作，共同推动图书馆内部资源的优化配置与服务的无缝衔接。

2. 图书馆之间的互通互联

图书馆间的互通互联，是在深化单馆内部信息共享基础上的高级形态，它实现了馆际间的立体互联与协同共享，引领图书服务迈向全新高度，并伴随着服务理念的深刻变革。这一体系构建起泛在的承载网络，确保各类采集与控制信息的即时精准流通，促成人、书、环境三者间无缝对接的互联互通。用户因此得以跨越时空界限，以任意方式接入图书馆服务，享受如影随形的个性化体验，最大化地彰显了信息与服务获取的便捷与高效。

3. 图书馆与其他部门的互通互联

图书馆与其他部门的互通互联，标志着信息互联达到了最高层级。这一进程不仅要求图书馆在行业内率先实现资源的全面共享与服务的无缝对接，更需在此基础上，深度融合互联网与物联网等先进信息网络，跨越行业界限，与其他机构建立广泛而深入的互联机制。通过这一跨行业的互联，图书馆能够洞悉社会全貌，促进信息的自由流通与高效利用，真正实现信息共享的核心理念与终极追求。

（五）高效性

智慧图书馆的高效性不但体现在管理的高效上，还体现在服务的高效和资源配置的高效上。

1. 智慧图书馆是高效管理的图书馆

图书馆管理，作为图书馆运营的核心驱动力，是由其主管者通过一系列精心设计的计划、决策、组织、领导、控制及创新策略，旨在协调馆内人员行动，共同迈向预设目标的系统性活动。智慧图书馆的理念，正是力求将这一管理过程推向科学化、高效化的新境界，确保图书馆内部各要素——包括设备工具、馆员团队、管理层决策机制乃至整个组织的创新能力——均能在最优状态下运行。高效管理的关键，在于赋予图书馆敏捷的反应力，使其在面对复杂多变的环境时，能够如同拥有敏锐“耳目”一般，即时捕捉信息，迅速响应变化，从而极大提升管理决策的灵敏度与实效性。

2. 智慧图书馆是高效服务的图书馆

面对现代社会用户日益增长的、趋向高端化、精细化与深入化的服务需求，智慧图书馆致力于提供超越传统的高效服务体验。这不仅体现在馆员能够精准捕捉用户需求，依托先进技术手段，快速匹配并推送最贴合用户期望的信息资源；更在于馆员能够深入洞察用户的深层次需求，主动提供诸如情报分析、知识挖掘等高度专业化的增值服务。同时，智慧图书馆还强调构建服务集群，通过整合多方资源，发挥集体智慧与力量，共同应对用户多样化的个性化服务挑战，确保每位用户都能获得量身定制、超越期待的服务体验。

3. 智慧图书馆是资源优化配置的图书馆

绿色发展不仅是当代社会的鲜明主题，更是智慧图书馆建设的精神内核。在智慧图书馆的构建中，资源的最优化配置被赋予了新的使命——引领图书馆走向绿色发展的道路。低碳环保作为绿色发展的核心要素，要求每一位图书馆馆员必须从日常工作的细微之处入手，积极转变工作模式，深刻树立并践行绿色发展理念，共同推动图书馆向更加环保、可持续的未来迈进。

（六）协同管理

智慧图书馆，作为未来图书馆的新典范，展现出前所未有的全面感知能力，无缝连接馆内各要素，构建与用户之间的深度互动桥梁，实现运作流程与方式的全面智能化。其核心特征在于泛在的网络环境、海量的数据共享资源以及包容万象的业务管理与服务模式。智慧图书馆的深度协同是其生命力的源泉，不仅体现在馆员与设备工具、用户之间的高效协同，还涵盖了信息技术与图书馆各主体间的紧密融合，以及图书馆与其他信息机构间的跨域合作。信息共享成为智慧图书馆发展的基石，它极大促进了资源的高效流通与利用，最大化地发挥了图书馆的社会价值。这一系列协同机制的建立，旨在规范系统内各单元间的互动关系，确保协同体系的顺畅运行。

智慧图书馆，这一融合了传统实物图书馆精髓、数字图书馆优势与云计算、物联网等前沿技术的“数字实体”，不仅是智慧城市不可或缺的组成部分，更是其持续发展的信息资源基石。我们有理由坚信，智慧图书馆代表着智慧城市背景下图书馆形态的新飞跃，是数字图书馆发展历程中的高级阶段，预示着图书馆服务与管理模式的革命性变革。

第三节　图书馆智慧服务的概念、内涵、视角

一、图书馆智慧服务的基本概念

图书馆，作为守护人类文化瑰宝与知识遗产的神圣殿堂，其本质即蕴含着智慧的基因。它集藏书之丰、读者之众、馆员之专、经费之实、技术之新、设施之全、信息之广、时间之恒八大要素于一体，共同编织着知识传承与创新的宏伟蓝图。其中，图书馆馆员作为这一生态系统中的关键一环，不仅是知识的守护者，更是服务的创新者，他们以读者为核心，通过不懈的努力与探索，将图书馆的智慧服务推向新的高度。

智慧服务，这一图书馆在新时代下的服务形态，汇聚了多元视角与深刻洞察。它不仅是图书馆人对读者工作主动求变的积极姿态，更是信息化时代赋予图书馆的新使命、新能力与新风貌。智慧服务的内涵丰富而深远，从智能技术驱动的便捷性提升，到知识管理引领的深层次服务，再到人文关怀融入的服务理念，共同构建了智慧服务的三维框架：技术智慧、学问智慧与人文智慧三者相辅相成，共同推动着图书馆服务的智慧化转型。

具体而言，智慧服务涵盖了智慧文献服务、智慧信息服务、智慧空间建设及智慧知识服务等多个维度。它不仅仅是技术的堆砌，更是技术与读者需求深度融合的产物。在智慧服务的框架下，图书馆能够敏锐捕捉读者需求的动态变化，利用大数据、云计算、物联网等前沿技术，实现对馆藏资源的精准推荐与个性化服务；同时，通过优化服务流程、创新服务模式，为读者打造一个数字化、便捷化、人性化的知识获取环境。

从更广阔的视角来看，智慧服务既有狭义之分，也有广义之论。在狭义层面，它特指在智慧城市等智慧生态体系中，图书馆利用现代科技手段，结合读者实际需求，

打造具有前瞻性和创新性的智慧应用场景。而在广义层面，智慧服务则超越了特定环境的限制，强调图书馆人在任何时代背景下，都能以用户需求为导向，灵活运用科技方法，提供透明化、智能化且具有创新性的服务。这种服务不仅满足了读者的个性化需求，更实现了图书馆资源与服务价值的最大化。

总之，智慧服务是图书馆在信息化时代背景下的必然选择，是图书馆服务智慧化转型的重要标志。它要求图书馆馆员不断提升自身素质，增强绿色发展理念，以更加开放的心态、更加创新的思维、更加专业的技能，为读者提供更加优质、高效、便捷的知识服务体验。

二、图书馆智慧服务的视角

（一）基于文献资源视角的图书馆智慧服务

文献资源作为图书馆的核心价值所在，与读者及馆员间形成了紧密而多元的联系纽带。读者通过借阅纸质或电子文献资源满足知识需求，而馆员则承担着文献资源从采集、编目到处理等一系列关键任务。在当今数字化时代，文献资源视角下的图书馆智慧服务日益凸显，具体体现在多个维度：一是文献采编流程的智能化升级，通过先进技术优化文献资源的整理与入库；二是文献资源采购决策的智慧化，借助大数据分析精准匹配馆藏需求与市场供应；三是馆际互借服务的智慧化改造，实现文献资源跨机构共享的高效与便捷；四是基于区块链技术的文献资源版权保护新策略，确保知识产权的安全与完整，共同推动图书馆服务向更加智慧、高效的方向发展。

1. 文献采编智慧服务

图书上架前的采编流程，包括采访、编目、贴标、盖章等烦琐环节，往往耗费大量重复性劳动。文献采编智慧服务的核心目标，正是将这些传统采编业务中的重复性任务转化为自动化、智能化操作，显著提升工作效率与质量。尽管目前我国多数图书馆仍处于依赖 RFID 技术的半自动化采编管理阶段，但已有先驱者勇于探索，通过引入更先进的智能技术，在文献采编智慧服务领域开辟出全新疆域，预示着图书馆采编工作即将迎来更加高效与智能的未来。

2. 文献资源采购决策智慧服务

文献资源采购决策智慧服务，是图书馆利用大数据技术深度剖析读者服务数据，以科学精准的方式指导资源采购决策的新型服务模式。传统图书馆管理模式下，决策多依赖于管理者的经验直觉与行业洞察力，这一过程往往受限于信息不全面和主观判断的局限性。而今，大数据及其分析工具的兴起，为图书馆决策带来了革命性变革，开辟了数据驱动的决策新路径。具体而言，通过整合读者流通记录、电子资源访问日志等海量数据，运用先进的数据挖掘技术，深入剖析读者行为模式，如访问频次、检索活跃度及下载量等核心指标，进而对文献资源进行精细化的排名与评价。最终，这些数据被转化为直观可视的决策支持平台，为图书馆资源采购部门提供了强有力的数据支撑，确保了采购决策的科学性、前瞻性和精准性。

3. 文献资源馆际互借智慧服务

文献资源馆际互借智慧服务，是借助现代网络互联与软件开发技术的强大力量，精心打造的一项创新服务，旨在促进不同图书馆间文献资源的自由流通与共享。这一服务模式的推出，不仅极大满足了读者对多样化文献资源的需求，有效降低了文献资源的拒借率，还从根本上缓解了基层图书馆馆藏资源匮乏的难题。通过馆际互借智慧服务，图书馆界得以充分发挥馆际合作的协同效应，共同构建一个资源更加丰富、服务更加高效的图书资源共享网络。

4. 基于区块链技术的文献资源版权保护智慧服务

区块链技术以其去中心化、透明性、不可篡改及全程可追溯等独特优势，为解决文献资源版权难题、促进图书馆资源高效共享与利用开辟了新途径。通过构建基于区块链技术的全国图书馆联盟链，图书馆系统能够实现知识内容的权威权属认证与资产清晰溯源，这不仅为知识产权保护构筑了坚实的技术防线，还极大地促进了全国各级图书馆及相关文化机构间的高度互信与资源共享，共同营造了一个安全、透明且充满活力的知识产权生态环境。

（二）基于读者视角的图书馆智慧服务

在推进图书馆智慧服务项目的征途中，读者需求始终是核心驱动力与关键考量因素。当前，从读者视角出发，图书馆智慧服务已展现出多元化的创新实践，具体包括：优化读者流通体验，实现借阅流程的便捷高效；引入读者预约系统，灵活满足个性化需求；构建读者画像，精准推送定制化服务；实施读者志愿管理，增强互动参与感；拓展读者虚拟资源访问，打破物理界限；以及创新读者语音交互方式，让服务更加贴心自然。这些举措共同织就了一幅以读者为中心的智慧服务蓝图。

1. 读者流通智慧服务

读者流通智慧服务，作为图书馆服务现代化的重要标志，依托于先进科技手段，实现了文献资源借还流程的智慧化革新。当前，多数图书馆已普及自助借还机，采用条码 + 磁条或 RFID 无线射频识别技术，显著提升了图书流通的自动化水平。更进一步，部分图书馆紧跟技术前沿，对自助服务进行深度优化，如集成人脸识别技术于借还机，使读者仅凭面部信息即可完成身份验证，无须携带证件即可享受借阅便利；还有图书馆创新性地设置了无感借还通道，运用人脸识别与智能识别技术，让读者在进出馆时瞬间完成图书的自动借还，极大地缩短了操作时间，提升了服务体验，真正实现了图书馆文献资源流通的智慧化飞跃。

2. 读者预约智慧服务

读者预约智慧服务系统集成了入馆预约、座位预约、活动预约等多元化功能，通过手机号验证与微信昵称绑定机制，为读者打造了一站式预约体验。该系统允许读者利用手机随时随地预约不同时段的入馆时段、心仪座位及精彩活动，并借助预约生成的二维码实现便捷签到。若因故需调整计划，读者亦能迅速取消已预约名额，确保资源的高效流通。这一系列设计充分体现了读者预约服务的智能化与人性化，极大地提升了预约管理的灵活性与用户体验。

3. 基于读者画像的智能推荐服务

读者画像智能推荐服务，作为图书馆智慧化服务的重要组成部分，深度融合了大数据技术与读者个性化需求，实现了精准的资源推送。此服务深入挖掘图书馆累积的海量历史借阅记录、资源下载数据及用户操作行为轨迹，运用先进的数据分析技术，为每位读者量身定制个性化标签，构建详尽的读者画像。基于此画像，智能推荐系统能够精准捕捉读者的兴趣偏好，智能推荐相关或类似资源，极大提升了信息获取的匹配度与满意度。当前，众多图书馆已成功应用此服务，不仅实现了基于读者行为的文献资源智能推荐，还定期生成个性化的年度服务报告，全方位展现了图书馆与读者之间的深度互动与个性化关怀。

4. 志愿管理智慧服务

在智慧图书馆的生态中，读者与志愿者身份的无缝转换，不仅深化了读者与馆员之间的融合，还赋予了读者参与图书馆管理与服务的新角色。随着自动化软件技术的飞跃，图书馆构建的志愿管理服务系统，实现了志愿者信息的集中管理、活动安排的灵活调度及队伍编排的智能化，构建了一个高效、智能的志愿者管理平台。读者作为志愿者，能够亲身体验图书馆馆员的多项职责，享受服务他人的乐趣，如参与图书与光盘资源的上架、引导读者使用智能设备等，每一次贡献都伴随着积分奖励，有效激发了志愿者的参与热情。年终时，系统更会为每位志愿者绘制个性化的志愿服务画像，这不仅加深了读者与图书馆的情感纽带，也显著提升了志愿服务的管理效能与运作效率。

5. 基于虚拟技术的读者智慧服务

在科技日新月异的今天，图书馆正携手虚拟技术，为读者编织出一场场沉浸式的阅读盛宴，并开启了智慧、便捷的线上虚拟图书馆服务新纪元。通过精细构建的三维模型，图书馆虚拟馆员得以诞生，它们24小时不间断地守候在线上，为读者提供即时、全面的咨询支持，让智慧服务触手可及。更进一步，图书馆深度融合数字孪生、人工智能、物联网人机接口及3D实景建模等前沿技术，打造了元宇宙中的虚拟图书馆——图书馆数字化生存的巅峰形态。这一创新之举不仅完美复刻了实体图书馆的空间布局与资源体系，更实现了与现实的深度交互，让读者即便身处家中，也能无缝享受与实地图书馆无异的丰富资源与贴心服务，开启了阅读体验的新篇章。

6. 基于人工智能机器人的读者语音交互智慧服务

人工智能机器人的出现一方面缓解了图书馆馆员服务读者的工作压力；另一方面为读者提供了基于深度学习的自然语言交互式智慧服务。

（三）基于馆员视角的图书馆智慧服务

从馆员视角审视，图书馆智慧服务主要展现在两大维度：一是工作管理的智能化升级，借助前沿技术赋能馆员，使其能够更加便捷、高效地完成各项管理任务。例如，计算机管理岗位期待实现终端设备的集中管控，涵盖故障排查、网络授权、软件部署及安全防护；网络安全岗位则聚焦于全馆数据流量的智能监控与安全态势感知，利用先进技术实时监测数据资产，预测并快速响应网络威胁，有效遏制攻击行为。二是馆员管理的智慧化转型，通过智能技术优化馆员日常管理与服务体验。如图书馆一卡通系统，集门禁、餐饮、考勤、电梯控制等多功能于一体，实现馆员管理的全面智能化；而 OA 系统与无纸化办公的推广，不仅加速了业务审批流程，还促进了资源节约，显著提升了图书馆运营的整体效能。

第二章

智慧图书馆建设的基本要素

第一节　智慧图书馆的馆员

一、智慧图书馆馆员结构

传统图书馆的人员配置紧密围绕业务流程展开，涵盖馆藏管理、采编作业、借阅服务、流通运作、信息咨询及基础技术支持等核心领域。然而，随着业务模式的革新与编目工作的外包趋势，编目人员比例正逐步缩减。智慧图书馆的兴起，则标志着图书馆服务迈入了一个融合移动互联、无线射频、数据挖掘等先进技术的全新纪元。这一转型不仅促进了自助服务在基础服务中的广泛应用，还显著增强了用户对专业化、个性化服务的需求。在服务深度上，智慧图书馆实现了从单一文献资源提供向深层次知识服务的跨越；在服务形式上，它更是打破了时空界限，无缝融入用户日常生活与工作环境。这一系列服务内容与形式的深刻变革，对图书馆馆员岗位设置与职责分工产生了深远影响，驱动着图书馆人才结构与服务模式的全面升级。

（一）智慧图书馆环境下图书馆员岗位变革

1. 资源建设类岗位配置的变革

随着数字时代的到来，图书馆界在数字资源建设方面展现出显著加强的趋势，不仅设立了专门的数字资源建设、长期保存及数据馆员等岗位以应对日益增长的需求，这些职位在国内外图书馆中日益普及。与此同时，知识服务模式的深化促使嵌入式学科馆员的角色日益重要，这一趋势也导致了数字资源建设职责的多元化与分散化。如今，数字资源建设不再单一依赖于传统的资源建设部门，而是扩展至嵌入用户环境的服务部门，这些部门通过紧密跟踪用户需求并及时反馈，共同承担起资源建设的责任，形成了更为灵活与高效的资源建设生态体系。

2. 流通借阅岗位的变革

RFID 技术的革新应用，无疑是智慧图书馆重塑传统业务流程的里程碑式成就。它不仅革新了图书馆的采编、借阅、分拣与盘点流程，更引领了用户自助借阅的新风尚，彻底颠覆了传统服务模式。这一转变不仅有效精简了流通借阅领域对低技术含量人力的需求，使得部分简单工作得以由非在编人员承担，从而显著降低了人力成本；更重要的是，它为图书馆内部结构调整创造了契机，为技术含量更高、价值贡献更大的岗位腾出了宝贵空间，推动了人力资源的优化配置与图书馆服务质量的双重飞跃。

3. 参考咨询岗位的变革

自学科服务萌芽之初，参考咨询领域便预示着一场深刻的变革风暴。从学科馆员1.0时代的学科资源构建、咨询解答、用户培训到院系沟通的单一角色，到如今嵌入式学科馆员的华丽转身，他们深度融入用户环境，无缝嵌入用户学习与研究的每一环节，实现了服务流程的根本性整合。这一转型构建了一个灵活的、用户中心导向的交叉服务团队架构，有效整合了原本割裂的业务流程，围绕用户的即时需求动态调整，依托分布式、多元化的资源池，提供集成化、自主化且富有创新性的服务方案。本质上，学科服务的进化不仅是对参考咨询服务的重塑，更是对图书馆组织架构的一次根本性重组，它以任务为核心驱动力，重新编排各业务流程，确保服务能够精准嵌入用户场景。因此，新时代的学科馆员肩负着更重的使命与更高的期望，成为图书馆推进知识服务与智慧化服务转型的关键枢纽。

（二）智慧图书馆环境下的馆员结构

面对用户需求的日新月异，图书馆发展的核心动力在于持续的理念与服务创新。为适应这一趋势，馆员结构亦需灵活调整，紧密围绕图书馆业务的动态演变而重构。近年来，图书馆内部结构显著变化，特征之一即为根据业务需求增设新岗位或拓展原有岗位职责。

智慧图书馆的智慧服务团队构建，同样遵循团队化运作模式，覆盖图书馆业务的方方面面。团队内部，馆员按专业程度分为专业馆员与辅助馆员两大类别，进而横向细分为学科服务、资源建设、技术支撑、图书馆管理四大板块；纵向则依据岗位内容的专业深度，划分为辅助型、技能型、特色专业型、专家级、领军型五个层级，以全面适配多样化的服务需求。

辅助型馆员主要承担读者服务部门的基础管理、培训监督及临时性辅助工作，如书刊上架、整理等，确保服务流程的顺畅运行。而专业型馆员则构成了智慧服务的核心力量，涵盖学科服务、情报分析、信息素养教育、电子资源建设、技术应用研发、数字化管理、阅读推广、科技查新、知识产权服务、特色馆藏组织与服务等多个领域。这些专业馆员不仅是技术发展的敏锐洞察者，更是用户需求的积极响应者，他们通过不断优化服务形式与内容，推动图书馆服务向更加便捷、全面的智慧化方向迈进。

二、馆员的引进和发展机制

图书馆事业的蓬勃发展，离不开每一位馆员个体潜能的最大激发与不懈努力。为此，图书馆需精心设计一套全面的人力资源开发策略与职业实践准则，旨在吸引并保留具备关键能力的优秀人才。这要求管理层深刻意识到，优化工作环境不仅是职责所在，更是提升组织吸引力的关键。构建一个富有魅力的“雇主品牌”，强调图书馆作为理想工作场所的独特价值——尊重个性、鼓励创新、支持成长，以此赢得职场人士的青睐。

同时，图书馆应积极构建一个活跃的“知识工作者社区”，这一平台不仅促进了馆员间的日常经验分享与智慧碰撞，还充分利用高度网络化的环境优势，加速知识技能的流通与增值。通过定期举办研讨会、在线论坛、项目协作等多种形式，成员间的学习与成长形成良性循环，知识的汇聚与创新效应倍增，共同推动图书馆向更加智慧、高效的方向迈进。

（一）馆员引进机制

在馆员引进的过程中我们应该考量以下几个方面的问题：

1. 未来发展目标

在制度频繁更迭的背景下，图书馆编制资源普遍处于紧张状态，因此，新馆员的招募与配置成为一项复杂而重要的任务。我们的首要考量在于明确图书馆的长远发展目标，作为引领人力资源规划的灯塔。图书馆的发展是一个渐进式变革过程，人力资源作为关键支撑，其配置亦需具备前瞻性与战略眼光。这意味着，在馆员队伍建设上，我们应确立与图书馆未来发展规划相契合的长期规划目标，精准定位所需专业人才，确保人才储备的持续优化与升级。正如坚实的基础设施为智慧图书馆奠定物理基石，良好的人才储备则是其智慧化转型不可或缺的软件保障。无论是构建全面感知的智慧系统，还是实现个性化服务推送，都离不开信息技术处理馆员与服务内容规划执行馆员的专业支撑。因此，将适时、有计划地引进符合图书馆发展蓝图的专业人才纳入整体规划之中，是确保图书馆持续健康发展的必由之路。

2. 现有馆员配置

在部署新馆员时，我们应全面审视现有馆员队伍的配置情况，确保人员结构的合理性与多样性。这包括但不限于对现有馆员的年龄层次进行科学规划，以保持团队的持续活力与经验传承，避免潜在的人才断层问题；技术结构需均衡分布，以促进技术创新与传承，避免同质性过高导致的人力资本浪费；同时，学科结构的多样性也是关键，它能够增强图书馆在跨学科服务中的响应能力与竞争力；此外，鉴于国际视野对于学科情报服务的重要性，外语能力作为连接世界的桥梁，其结构配置同样不容忽视，我们应确保团队具备足够的国际交流能力，以紧跟全球发展步伐。图书馆在配置新馆员时，需综合考虑多维度因素，以构建一个既稳定又充满活力的知识服务团队。

3. 本馆发展前景

图书馆作为知识与文化的殿堂，其广阔的发展前景是吸引并留住人才的强大磁石。图书馆应深刻洞察自身发展轨迹，精准定位招聘需求，确保岗位期望与应聘者心理预期的高度契合，同时不遗余力地吸引并汇聚最契合本馆发展需求的人才力量。

在图书馆事业的持续发展征途中，专业人才是不可或缺的基石。因此，建立科学严谨的行业准入机制，成为业界共同努力的方向。各图书馆应基于自身实际情况，设定合理的准入门槛，既保障人才质量，又促进优秀资源的合理配置。然而，准入仅仅是起点，持续的职业发展与培训机会同样至关重要。图书馆应致力于打造一个充满活力与机遇的成长平台，为专业人才提供广阔的职业发展空间，让每一位馆员都能在知识的海洋中不断成长，共同推动图书馆事业的繁荣与进步。

（二）馆员发展机制

馆员的发展成长是图书馆持续繁荣的基石，这一过程由人力资源部门主导，紧密围绕图书馆的核心价值观与人力资源战略，设计并实施一系列培训项目与学习方案。图书馆致力于创造丰富的学习机遇，精准对接馆员的职业发展路径，不仅限于职业能力的提升，更涵盖生活智慧的启迪。从职业生涯规划的视角出发，图书馆为馆员及管理者量身定制学习路径，确保每位成员都能获得贴合个人成长与岗位需求的综合知识体系与技能提升。

馆员培训与发展策略是一项系统工程，强调动态响应与个性化定制。通过设立馆员培训专组或指定专职人力资源专员，图书馆能够精准捕捉馆员发展需求，结合岗位特性与职业愿景，分层级、系统性地规划培训蓝图。这一举措不仅促进了馆员个人职业目标的实现，也有效支撑了图书馆整体组织战略的推进，实现了馆员成长与图书馆发展的双赢局面。

第二节　智慧图书馆中的信息资源的类型

一、数字资源

（一）数据库

数据库，这一自六十余年前诞生的数据存储与管理工具，已随信息技术与市场的蓬勃发展而深刻转型。如今，它不再局限于简单的数据存储功能，而是演变为满足用户多元化数据管理需求的综合性解决方案。数据库类型繁多，从基础的数据表格到支撑海量数据存储的大型系统，均广泛应用于社会各领域。

在信息化浪潮中，高效管理与利用信息资源，成为推动科学研究与决策管理不可或缺的基石。数据库技术，作为管理信息系统、办公自动化、决策支持系统等关键信息系统的核心构成，扮演着至关重要的角色，为科学决策与高效管理提供了强有力的技术支持。

数据库的架构精妙地划分为三个层次，每一层都代表了观察数据库的独特视角：物理数据库，构筑于内模式之上，聚焦于数据的物理存储结构；概念数据库，则基于概念模式构建，展现了数据的逻辑组织；而用户数据库，则以外模式为框架，直接面向用户，提供个性化的数据视图。这三者共同构成了数据库技术的坚实基石，支撑起现代信息系统的运行与发展。

数据库架构由三个核心层次构成，每一层都扮演着不可或缺的角色，并通过映射机制相互关联。最底层是物理数据层，这一层次直接对应于物理存储设备上的实际数据存储，它以位串、字符和字的形式保存着最原始的、待用户处理的数据。紧接着是概念数据层，作为数据库的逻辑中枢，它不仅定义了每个数据的逻辑属性及其相互间的逻辑关联，还构成了存储记录的抽象集合。这一层次聚焦于数据库对象的逻辑构造，而非其具体物理实现，是数据库管理员视角下的逻辑蓝图。最上层则是用户数据层，它直接面向用户，展示了一个或多个特定用户视角下的数据集合，即逻辑记录的集合，是用户日常操作与交互的直接对象。这三层结构通过精心设计的映射机制紧密相连，确保了从底层物理存储到高层用户视图的顺畅转换与数据一致性。

（二）网络数据库

数据库，作为有序排列的数据集合，依据特定结构与规则组织而成，主要分为层次式、网络式及关系式三大类，各自依据不同的数据结构构建数据间的联系。当数据库技术与计算机网络资源共享的特性相融合，便催生了网络数据库（亦称在线数据库或 Web 数据库），这一创新形式以后台数据库为核心，辅以前端应用程序，用户通过浏览器即可实现数据的存储、查询等功能，展现了 B/S 架构下的强大互动性。

网络信息资源，则是信息时代的产物，它以电子数据形态承载文字、图像、音频、视频等多元化信息，存储于光磁等非传统印刷介质之上，并通过网络通信、计算机或终端设备便捷访问。网络数据库作为信息检索技术与计算机技术深度融合的典范，其核心在于实现信息的数字化存取，为用户提供了前所未有的信息获取体验。

按照国际上通用的分类方法，数据库通常划分为以下几种类型：

1. 参考型数据库

参考型数据库，亦称为指示型数据库，其核心功能在于引导用户转向其他信息源以获取原文或深入细节。此类数据库涵盖书目数据库与指南数据库两大类别。书目数据库专注于汇聚某一特定领域的二次文献资源，如文摘、题录及目录等，为用户提供快速检索文献线索的平台，典型代表如美国《化学文摘》数据库 CASearch，它常被称为二次文献数据库或文献数据库。另外，指南数据库侧重于收集关于机构、人物、出版物、项目、程序及活动等实体的精炼描述信息，旨在为用户指明路径，以便从其他相关信息源获取更详尽的资料，这类数据库亦被视作指示性数据库，实例包括机构名录、人物传记及产品数据库等。

2. 源数据库

自足性数据库作为信息资源的直接提供者，无须中间转换即可让用户获取丰富的原始资料或数据。这一类别下，数据库依据内容形式细分为多种类型：数值数据库专注于数值信息的呈现，常见于各类统计数据库；文本 - 数值数据库则兼顾文本与数值信息的综合供给，如产品市场报告数据库；全文数据库侧重于文献全文的存储，广泛覆盖期刊全文库等领域；术语数据库专注于名词术语、词语信息等，包括电子辞书在内；而多媒体数据库更是集文字、声音、图像、数值等多元化信息于一体，实现一体化管理。在中文网络数据资源方面，中国知识基础设施工程（CNKI）、维普期刊资源整合服务平台、万方数据知识服务平台、北大法宝数据库及中国经济信息网等是用户频繁访问的平台。转向国际领域，科学引文索引（SCI）、工程索引（EI）、Elsevier、Springer、DOAJ、IEEE 及 PubMed 等外文数据库同样占据了重要地位，成为学术研究不可或缺的信息源泉。

（三）电子图书

电子图书，即 e - book，作为一种新兴的信息传播媒介，以数字编码的形式将图文声像等信息储存于磁、光、电等现代介质之上，依赖计算机或类似终端进行访问与使用，并具备复制发行的能力。它承袭了传统图书传递知识与信息的基本功能，如包含足量文字与图像内容，遵循传统排版以贴合读者阅读习惯。然而，电子图书更以其独特的数字化形态展现出诸多传统图书难以企及的优势：它需借助电子设备展示，融合了多媒体元素，实现了信息的即时检索与高效复制；其存储能力远胜传统媒介，性价比极高；内容层面，电子图书集图文声像于一体，极大丰富了表现形式；操作层面，它不仅优化了阅读体验，提升了资料处理的便捷性，还通过资料的系统化整合与互相关联，深化了理解深度；此外，电子图书还不断探索与引入新技术、新工具，持续革新着信息传播的方式与内容。

除此以外，电子书还具有以下特点：

1. 无纸化

电子书摒弃了纸张的依赖，转而采用高性能的磁性储存介质，实现了存储方式的革新。这一转变不仅使得一张 700 MB 的光盘能够轻松承载相当于 3 亿字的传统纸质图书内容，还显著降低了对木材资源的消耗，并极大优化了存储空间的利用效率。

2. 多媒体

电子书一般都不仅仅是纯文字，而添加有许多多媒体元素，诸如图像、声音、影像，在一定程度上丰富了知识的载体。

3. 丰富性

随着互联网技术的迅猛发展，知识电子化的步伐显著加快，绝大多数传统图书，除了少数珍贵的古代典籍外，均已实现了数字化并广泛分布于网络空间，为电子图书的读者开启了一个近乎无垠的知识宝库。电子书这一概念，在当下语境中拥有双重内涵：一是指存储于数字媒介中的图书内容，即 e - book；二是指专门用于阅读电子书的便携式设备，这些设备以其精巧的设计与卓越的功能，成为现代阅读的新宠。

电子书的格式丰富多样，包括但不限于 PDF、EXE、CHM、UMD、PDG、JAR、PDB、TXT、BRM 等，这些格式广泛兼容于各类移动终端，确保了电子书内容的广泛传播与便捷阅读。尤为值得一提的是，在手机这一普及度极高的终端上，UMD、JAR、TXT 等格式尤为常见，它们以轻便性和兼容性，满足了用户随时随地阅读的需求。

作为专为阅读而生的便携式电子设备，电子书阅读器不仅配备了高分辨率的大屏幕液晶显示屏，还内置了先进的上网芯片，使用户能够轻松接入互联网，即时购买并下载海量数字化图书资源。其大容量的存储空间，足以容纳数十本传统图书的信息量，让知识的携带与积累变得前所未有的轻松。尤为值得一提的是，电子书阅读器采用的特殊液晶显示技术，有效降低了长时间阅读对眼睛的疲劳感，为用户提供了舒适愉悦的阅读体验。电子书及其配套设备正以前所未有的方式，重塑着人们的阅读习惯与知识获取途径。

（四）电子期刊

电子期刊，亦称作电子出版物或网上出版物，其广义范畴覆盖了所有以电子形态存在的期刊，无论是通过在线网络检索获取，还是以 CD－ROM 等数字媒介发行的形式。电子期刊主要分为两大类别：一类是对传统纸质期刊的电子化转换，另一类则是完全基于网络环境直接出版的原生电子期刊。后者从投稿、编辑、出版、订阅、阅读乃至读者反馈的整个流程均在网络空间内完成，全程无纸化操作，彻底颠覆了传统印刷型期刊的模式。作为高新技术产物，电子期刊依托光盘、网络通信等现代载体，经专业技术人员精心加工，运用先进的信息检索技术，旨在高效满足信息需求。其独特之处在于融合了图像、文字、声音、视频乃至游戏等多媒体元素，通过超链接与即时互动功能，不仅提升了阅读的趣味性与便捷性，还有效降低了成本，展现了电子期刊作为新时代出版形式的独特魅力。

电子期刊以其独特优势引领着信息传播的新风尚。其首要优势在于作为机读杂志，能够充分利用计算机强大的处理能力和广阔的存储空间，显著提升信息承载量，让海量资讯触手可及。其次，依托计算机高效的查询功能，电子期刊如同信息海洋中的导航灯塔，助力用户迅速定位并筛选所需内容，实现信息的精准获取。在内容呈现上，电子期刊更是集声、图、像于一体，打破传统媒介界限，让读者在享受文字与图片的同时，也能聆听悦耳音效，观赏动态影像，全方位沉浸于多媒体阅读体验之中。最后，电子期刊通过整合多感官刺激与便捷的电子索引、随机注释功能，不仅丰富了阅读层次，还展现了信息时代背景下信息传播的高效性、互动性与个性化特征，成为连接读者与知识世界的桥梁。

二、多媒体资源

（一）多媒体技术的应用范围

多媒体技术涵盖了音频、视频、图像及通信等多个广泛领域，具体包括：音频处理技术，涵盖采样、压缩、合成及语音识别等关键环节；视频技术，专注于视频的数字化及高效处理；图像技术则涉及图像的加工、图形与图像的动态生成，以及图像与动态视频的压缩技术；此外，通信技术确保了语音、视频及图像数据的高效传输；最后，标准化作为多媒体技术发展的基石，推动了多媒体领域的统一与规范化进程。

（二）多媒体技术所涉及的内容

多媒体技术是一个涵盖广泛的领域，其核心内容可归纳为几大方面：一是多媒体数据压缩技术，这包括多模态信息的转换及高效的压缩编码策略，以实现数据量的显著减少而不失信息本质；二是多媒体处理技术，涉及音频信息的深度加工，如音乐合成、语音识别及文字与语音的自然转换，以及图像处理的进阶应用，如虚拟现实技术的探索；三是多媒体数据存储与检索，涵盖多媒体数据库的构建、基于内容的高效图像与视频检索技术，以及多媒体制作工具的开发，如多媒体同步技术、超媒体与超文本系统的应用，促进信息的组织与管理；四是多媒体通信与分布式系统，聚焦于计算机支持的协同工作、会议系统、视频点播及系统设计的创新，强化信息的远程传输与共享能力；五是多媒体专用设备与芯片技术，专注于提升硬件层面的支持，包括专用输入输出设备的优化与多媒体处理芯片的研发；最后是多媒体应用技术，广泛涉猎计算机辅助教学、远程教学平台、地理信息系统与数字地球技术，以及多媒体远程监控系统的部署，展现了多媒体技术在教育、地理信息与安全管理等领域的广泛应用前景。

三、数据资源

（一）按表现形式划分

数字数据，作为量化信息的载体，通常表现为统计或量测结果，其特点是在特定区间内取值离散，即数据点之间不连续。与之相对，模拟数据则描绘了一系列连续变化的物理量，这些数据由连续函数构成，涵盖了广泛的表现形式，如图形数据（点、线、面的几何描绘）、符号与文字数据及图像数据等，具体实例包括声音强度的起伏与温度值的渐变，它们共同展现了模拟数据在表达连续变化量方面的独特优势。

（二）按记录方式划分

地图、表格、影像、磁带、纸带等多样化的数据形式，在地理信息系统中，其数字化方式可细分为矢量数据、格网数据等类型。数据的选择、类型界定、数量规模、采集策略、详尽程度及可信度，均紧密关联于系统的应用目标、功能设计、架构布局及数据处理、管理与分析的具体需求。

从数据结构的角度来看，数据大致可分为结构化、非结构化和半结构化三大类。结构化数据，本质上是数据库的核心，广泛应用于企业 ERP 系统、财务记录、医疗 HIS、教育一卡通及政府行政审批等领域，其存储需求涵盖高速访问、数据备份、资源共享及灾难恢复等方面。结构化数据以二维表结构为逻辑基础，实现了数据的有序组织与高效管理。

非结构化数据则打破了传统关系数据库的限制，支持字段长度的灵活变化及复杂子字段结构，特别擅长处理全文文本、图像、音频、视频等多媒体信息。非结构化

WEB 数据库应运而生，专为应对这类数据设计，其优势在于能够高效管理变长数据和重复字段，为连续与非结构化信息的存储与分析提供了前所未有的灵活性。

半结构化数据则位于结构化与非结构化数据之间，如 HTML 文档，其特点在于自描述性，即数据结构与内容交织，界限模糊。这类数据在处理上具有独特的挑战性，同时也为数据表示与交换提供了新的可能性。不同类型的数据在地理信息系统及更广泛的信息处理领域扮演着不可或缺的角色，其处理方式的选择直接影响到数据的利用效率与价值实现。

四、开放信息资源

（一）内涵

开放存取，亦译作“公开获取”或“开放获取”，是互联网时代孕育出的一种革新性学术交流范式。其核心精髓蕴含双重意义：首先，它致力于学术资源的免费开放，彻底消除了因高昂费用而构筑的获取壁垒；其次，它确保了学术信息的广泛可访问性，打破了传统使用权限的限制，让知识不再受限。开放存取旨在加速学术信息的全球流通与资源共享，鼓励并促进依托互联网平台的学术交流与出版活动，进而提升科学研究成果的产出效率与影响力，确保全球科研人员均能享有平等、高效的途径去探索和利用人类智慧的科技文化瑰宝。

（二）开放获取资源的两种实现形式

实现学术信息开放存取的主要途径有两种：开放存取期刊和开放存取仓储。目前美国和欧洲国家已经通过开放存取仓储和开放存取期刊两种途径来探索开放存取出版模式。

1. 开放存取期刊

开放存取期刊承袭了传统期刊的严谨性，对投稿论文实施严格的同行评审机制，确保了出版物的学术质量，同时向读者提供无门槛的免费访问服务。与传统印本期刊相比，开放存取期刊以其主要形态为网络电子期刊的优势，显著降低了出版与传播成本，创新性地采用了“作者（或机构）出资出版，公众免费享用”的运营模式。这一模式不仅促进了学术交流体系的重构，使之更加聚焦于研究人员的核心需求，还赢得了传统文摘索引服务商的认可，成功跻身其收录范畴，进一步巩固了其在学术传播领域的重要地位。

2. 开放存取仓储

开放存取仓库是一个多元化的学术资源平台，不仅限于学术论文的存储，还广泛容纳实验数据、技术报告等各类学术研究资料。该平台强调资料的开放性与可访问性，而非对内容进行深入的内容评审，仅要求提交的资料遵循统一的格式标准（如 DOC 或 PDF）并满足基本的学术诚信与规范。开放存取仓库可分为学科导向与机构导向两大类：学科仓储专注于特定学科领域，如古典文学、哲学史、经济学、化学、认知科学、数学及物理学等，旨在促进这些领域内研究资料的共享与长期保存，且在各自领域内享有高度参与度和认可度。

第三节 智慧图书馆的资源建设策略

一、智慧图书馆印本资源建设

（一）智慧图书馆采访工作的智慧化管理

图书馆的采访工作正经历着从“孤立读者”到“积极征询读者意见”的深刻转变，这一变化深刻影响着馆藏建设的质量与图书馆的运营效率。传统采购模式下，文献资源的配置往往侧重于顶层设计，忽视了终端用户——读者的直接需求与反馈，导致读者在资源建设流程中处于边缘化地位。然而，图书馆的核心价值在于服务读者，其存在与发展的根本动力源自读者的参与和使用。因此，确立“以读者为中心”的服务宗旨，是智慧图书馆时代不可动摇的基石，它体现了“人本理念、可持续发展”及“绿色发展、服务至上”的深刻内涵。

为顺应智慧图书馆的发展趋势，馆藏资源的采购策略必须向更加开放、个性化和大众化的方向迈进，超越采访馆员的专业视野与偏好，广泛吸纳读者的声音。理想的馆藏建设模式应鼓励每一位读者提出个性化的文献需求，图书馆则需灵活响应，确保每位读者的文献需求都能得到重视与满足，真正实现信息获取的普遍平等。这一转变意味着文献采购权限从少数决策者手中释放，转向全面开放读者需求，通过读者决策采购、图书馆荐购系统等创新机制，精准对接读者需求，让馆藏资源真正成为读者知识探索的坚实后盾。

（二）智慧图书馆馆藏管理的智慧化

RFID 管理系统是实现纸质资源智慧化的有效途径，通过对物联技术的运用，对图书馆采编、排架、流通等业务流程进行优化。目前，很多图书馆的在架图书都配备了独一无二的电子标签。

（三）智慧图书馆馆藏存储的智慧化

为解决图书馆物理空间局限与实体馆藏维护需求间的冲突，远程合作存储成为优化资源配置的有效策略，它不仅有效缩减了馆内开架书库的实体馆藏负担，还促进了资源的跨区域高效整合。这一模式下，各图书馆携手共建异地高密度、长期稳定的纸质文献存储设施，既保留了各馆对自有文献的所有权，又鼓励了资源的共享流通乃至所有权转让的灵活性。读者无论身处哪个分馆，都能便捷访问到远程存储的丰富资源。

在智慧图书馆转型的浪潮中，明确自身使命与角色定位是首要任务，馆藏发展策略随之调整，以适应多样化的服务需求。部分图书馆专注于即时学术资源的快速获取，而另一些则侧重于低利用率文献的长期安全保存。展望未来，智慧图书馆正逐步从传统的纸质文献守护者角色，转变为集学习、交流、创新与创造于一体的多元化中心。因此，减少馆内低利用率纸本文献的物理占用，进行空间重构与功能升级，无疑是智慧图书馆发展的必然趋势之一。

二、智慧图书馆数字资源建设的对策

（一）明确数字资源建设的规划与原则

资源建设规划，作为指导资源构建工作的蓝图，详尽规划了资源建设的长远目标、核心任务、实施策略及阶段性步骤，是数字资源建设不可或缺的纲领性文件。其首要任务在于确立规划框架，该框架不仅为数字资源建设提供了宏观指引，还融入了政策性标准与规范，确保建设工作有章可循，为后续的数字资源构建、服务提供及资源共享奠定坚实基础。

图书馆在制定数字资源建设规划时，需紧密围绕自身发展规划，结合学校学科布局特色及购书经费等实际条件，综合考量。规划内容应全面覆盖数字资源建设的多维度目标设定、指导方针确立、实施流程规划、建设模式选择、具体任务分解、建设重心明确以及时间表安排等关键环节，确保规划既具前瞻性又具可操作性，有效引领图书馆数字资源建设迈向高质量发展之路。

数字资源建设应该遵循以下几个原则。

1. 需求原则

数据库建设项目的选题应当紧密围绕用户需求这一核心，避免盲目启动，确保项目切实契合教学与科研的实际应用场景，评估其实用价值及需求紧迫性。具体而言，首要原则是满足读者群体的广泛需求，因为数据库的根本目的在于为更多用户带来便捷，缺乏读者基础的项目将失去其存在的意义。同时，项目规划还需紧跟学科发展步伐，聚焦重点学科与专业特色，紧密对接教学与科研的具体需求，旨在通过数据库资源的丰富与优化，有效促进教学与科研活动的深入发展，进而为社会进步与经济建设贡献实际效益。

2. 特色原则

未来图书馆，作为互联网生态中不可或缺的一环，其核心竞争力深植于数字资源的独特开发与高效利用之中。特色，作为这一生命力的源泉，直接关乎图书馆的竞争优势与发展潜力，缺失特色则意味着在激烈的竞争中难以立足。因此，构建特色数据库时，内容的选择与编排务必凸显鲜明的资源特色，无论是深入挖掘民族文化的精髓、展现地域风情的独特魅力，还是聚焦于某一学科领域的专业深度，都是形成差异化竞争优势的关键。通过精准定位，打造具有民族特色、地方特色、学科特色等多维度资源优势的数据库，方能精准对接用户对于特色文献信息的个性化需求，从而在信息海洋中独树一帜，引领图书馆服务迈向新的高度。

3. 标准化与规范化原则

在数字资源构建的宏伟蓝图中，遵循一套标准化、规范化的解决方案是不可或缺的基石，它确保了数字资源的持久保存、无缝互操作及高效数据交换，进而推动资源分布的广泛建设、网络环境的便捷访问及资源共建共享目标的实现。为此，无论是技术平台的精心设计与搭建，还是网络信息服务系统的精妙构造，均须坚定不移地采纳统一、普适的标准，致力于协调各方、规范流程，并选用具备高度兼容性的软硬件设施，以构建稳固、灵活的数字资源生态体系。

4. 共建性与共享化原则

在信息网络时代的大潮中，任何单一图书馆均面临资源收集的全面性与必要性的双重挑战，仅凭自身有限的信息与人力资源，已难以满足读者信息需求日益增长的趋势。因此，中小型图书馆更应积极拥抱合作，参与到全国性、地区性或系统内部的共建共享行列中，通过诸如数据库的联合采购、特色资源的协同开发、馆际互借服务的深化及联机合作编目等举措，共同编织一张覆盖广泛、高效互通的资源网络。这种共建共享模式不仅能够有效缓解单个图书馆资源建设的压力，还能显著提升图书馆数字化建设的整体效率与效益，实现资源的最大化利用与服务的最优化升级。

5. 安全性与可靠性原则

图书馆在推进数字资源建设的过程中，面临着对海量数字资源的精细化加工、高效存储、快速传递与综合管理等多重挑战，同时承担着通过网络平台为广泛终端用户提供多元化信息服务的重任。鉴于此，系统安全性成了不可忽视的关键要素。为确保数据与服务的安全无忧，图书馆在建设时应优先选用技术成熟、性能稳定可靠的信息存储与网络设备，构建坚实的数据防护网。此外，实施自动化的数据备份策略，结合先进的网络管理系统，利用其强大的监测、精准诊断、智能过滤、故障隔离及在线修复等功能，全方位守护网络系统的稳固运行与数据资源的绝对可靠，为图书馆数字资源建设奠定坚实的安全基石。

6. 保护原则

众多历史悠久的图书馆珍藏着孤本、善本、古代图片及照片等珍稀特藏史料，这些无价之宝因资源保护的需求而往往采取封闭式管理策略，仅对特定专业研究群体开放阅览，极大限制了其学术与研究价值的广泛挖掘与利用。面对这一现状，我们迫切需要将此类特藏史料通过数字化技术转化为数字资源，构建成可供用户便捷浏览与检索的数据库。这一创新举措不仅能够确保珍贵文化遗产在不受物理损耗的前提下得到妥善保护，更促进了文化遗产的深入研究、广泛传播与高效利用，让我国悠久文化的璀璨光芒得以穿越时空，照亮现代学术研究之路。

（二）加大力度引进中外文数据库

鉴于中文数据库市场普遍存在的“大而全”倾向及其高昂的购买成本，图书馆在引进此类资源时需秉持审慎态度，综合考量数据库的实际使用效益、与学科专业发展的契合度、避免重复建设以及经费预算等因素，以合理布局中文数据库资源。在资金许可的前提下，图书馆应优先关注专业性强、能满足多学科研究需求的数据库，以支持广大读者的科研与学习需求。

同时，图书馆应主动出击，改变以往被动接受数据库推销的惯常模式。这意味着图书馆需积极拓展信息渠道，主动搜集全球专业数据库的最新出版动态，从被动接受转为积极寻求，从而更加精准地把握信息资源建设方向，推动图书馆信息资源建设的主动性与前瞻性，确保馆藏资源的高质量增长与持续优化。

（三）加强图书馆自建数据库的建设

1. 集中精力收集具有某种优势的信息资源

构建特色数据库是图书馆提升服务质量、展现学术价值及地方文化特色的重要途径。通过系统地收集高质量的论文、学术著作以及其他类型的文献资源，并利用现代信息技术手段进行整理、分类、标引与存储，图书馆能够建立起独具特色的数据库体系。这一过程不仅限于简单的文献汇集，更关键的是实现资源的深度整合与高效利用，为读者提供便捷、精准的检索服务。

在具体实施时，图书馆首先需明确构建特色数据库的目标与定位，如专注于某一学科领域的前沿研究、地方历史文化的深度挖掘或是特定技术领域的创新发展等。随后，通过广泛的文献调研与采集，包括但不限于国内外学术期刊、学位论文、会议论文、专利文献、古籍善本、地方志书、口述历史、影像资料等多种类型资源，确保数据库的全面性与权威性。

在文献收集的同时，图书馆还应注重文献的质量筛选与评估，优先选择学术价值高、影响力大、能够代表该领域最新研究成果的文献纳入数据库。此外，收集并记录这些文献的收录情况（如被 SCI、EI、CSSCI 等权威数据库收录）和被引用次数，不仅能够客观反映学校或地区的科研实力与学术水平，还能为科研人员提供宝贵的参考依据，促进学术交流与合作。

为了进一步提升数据库的实用性与吸引力，图书馆可以利用先进的数据库管理系统，实现文献资源的智能化检索、分类浏览、在线阅读、下载保存等功能。同时，结合大数据分析技术，分析用户行为，了解读者需求，不断优化数据库内容与检索策略，提升用户体验。

尤为重要的是，图书馆在构建特色数据库时，应充分考虑本地地方特色资源的挖掘与利用。地方特色资源是图书馆独有的文化瑰宝，蕴含着丰富的历史、文化、社会信息，具有不可替代的价值。通过数字化手段将这些资源转化为可检索、可共享的数据库形式，不仅能够为地方文化传承与发展贡献力量，还能吸引更多读者关注与利用，增强图书馆的社会影响力。

构建特色数据库是图书馆在新时代背景下提升服务品质、展现学术魅力与地域文化特色的重要举措。通过精心策划、广泛收集、科学整理与高效利用各类文献资源，图书馆能够打造出既具有学术深度又充满地方特色的数据库体系，为读者提供更加丰富、便捷、高效的信息服务。

2. 对所收集的文献信息进行深加工，形成一批质量较高的文献

文献信息资源的深度挖掘与利用，构成了图书馆信息化建设不可或缺的核心环节。在此进程中，技术平台如计算机与软件虽为关键支撑，但信息的系统化组织、储存、处理、规范及创新开发才是奠定坚实基础的核心任务。这些工作不仅关乎信息化建设成效的直接体现，更深远地影响着国民经济的繁荣与科技创新的步伐，其复杂性与持久性远超软硬件配置本身，是一项系统工程中的重中之重。深度开发文献信息资源，旨在全面展现馆藏价值的同时，更核心的目标是促进资源的有效利用。因此，推进图书馆信息化建设，深化文献信息资源开发，需依据信息量大小与处理的难易程度，统一数据标准，科学规划各专业数据库的建设蓝图、发展路径、技术标准及实施策略。通过明确分工、有序协作，分阶段、分批次地全面推进文献信息资源的系统化构建，确保信息化建设行稳致远。

3. 加强数字资源整合检索建设

（1）基于 OPAC 的信息资源整合

鉴于 OPAC 系统在图书馆资源利用中的高频地位，以其为基础构建资源整合模式成为提升图书馆信息资源整体利用率的有效途径。各图书馆普遍配备的馆藏书目公共查询系统（OPAC），坐拥庞大的编目数据资源，为以此为起点整合多元化文献资源提供了坚实的基础。此策略的核心优势在于，它无缝衔接了用户的既有操作习惯，使读者在享受 OPAC 便利的同时，能自然而然地跨越物理馆藏与书目服务的界限，轻松访问馆外或数字化的丰富资源，无须额外学习新系统操作，极大提升了用户体验。实施上，这一整合策略通常采用两种方式：一是借助 Z39.50 协议，将多个 OPAC 系统聚合为统一的联合馆藏书目查询平台，此做法多见于传统书目系统间的整合实践；二是通过在 MARC856 字段嵌入电子文献的 URL 链接，直接在实体馆藏记录中揭示并导向全文电子资源，实现纸质与数字资源的无缝对接。

（2）基于跨库检索的信息资源整合

在当今这个信息爆炸的时代，学科之间的界限日益模糊，交叉学科研究蔚然成风。对于科研工作者和学习者来说，有效、全面地获取与特定课题相关的文献资料至关重要。然而，由于学术资源的广泛分布与多样性，这些资料往往散落于不同的数据库之中，每个数据库又拥有其独特的检索系统、界面设计、检索式构造规则、检索算符以及检索字段等，这无疑为用户的检索过程带来了诸多不便与挑战。

面对这一现状，构建一个能够跨越多个数据库、实现资源整合与统一检索的平台显得尤为重要。这样的平台旨在通过技术手段，将原本孤立的、异构的数据库资源连接起来，使得用户能够在同一个界面上，以统一的检索方式，快速、全面地获取到所需的信息资源。这不仅能够显著提升信息检索的效率，还能够减少用户在不同系统间切换所需的时间和精力，极大地方便了读者的研究工作。

跨库整合检索的实现，可以从两个主要层次入手：

第一层次：检索界面整合

这一层次的核心在于构建一个用户友好、直观易用的统一检索界面。该界面应能够容纳多个数据库的检索入口，通过统一的搜索框、检索选项和结果显示区，为用户提供一致的检索体验。用户在输入检索词后，系统能够自动将请求分发到各个相关的数据库中，并收集、整理各数据库的检索结果，最终以统一的格式展示给用户。此外，界面还应支持高级检索功能，允许用户根据需要，设置更加复杂、精确的检索条件，以进一步提高检索的准确性。

第二层次：数字资源系统间的分布式异构整合检索

这一层次则涉及底层的技术实现，包括数据的采集、处理、存储、索引及跨库检索算法的设计等。由于各数据库之间的数据结构、存储方式及访问协议等方面存在显著差异，因此我们需要进行深入的异构数据处理和整合工作。具体而言，系统需要实现以下功能：

数据抓取与解析：能够从各个数据库中自动抓取所需的数据，并对其进行解析，提取出关键信息如文献标题、作者、摘要、关键词等。

数据标准化与映射：将解析后的数据按照统一的格式进行标准化处理，并建立数据之间的映射关系，以便进行跨库比较和检索。

分布式索引与存储：采用分布式索引和存储技术，将标准化后的数据存储于多个节点上，以提高数据的访问速度和系统的可扩展性。

跨库检索算法：设计高效的跨库检索算法，能够根据用户的检索请求，快速地在各个数据库中搜索到相关的文献资源，并将结果合并、去重后返回给用户。

总之，跨库整合检索技术的实现，是学术资源数字化、网络化发展的必然趋势，也是提升科研工作者和学习者信息获取效率的重要途径。通过不断优化和完善这一技术，我们可以为广大学者提供更加便捷、高效的信息服务，助力他们在科研道路上走得更远、更稳。

（3）基于资源导航的信息资源整合

资源导航系统作为整合信息资源检索入口的高效工具，通过构建资源导航库，提供多元化检索路径，如资源名、关键词、资源标识等，极大地方便了读者对信息资源的全面认知与检索。该系统支持多种资源类型导航，包括书目、期刊、数据库、电子图书、电子报纸及会议文集等，当前以期刊数字导航与数据库导航最为普遍。为充分发挥资源导航系统的效用，关键在于精准界定并详尽揭示各类信息资源的内容，确保导航功能的充分展现。例如，期刊数字导航系统需详尽展示刊名、关键词、学科分类、语种、出版商、ISSN、URL 链接、全文覆盖年限及详细介绍等信息。

资源导航系统通常具备字顺浏览、分类浏览及关键词检索三大基础功能，这些功能协同作用，助力读者迅速定位所需资源，并通过超文本链接直接访问全文或目录，实现基于超链接的信息资源整合。利用网络的超文本链接特性，系统能够将文献间的相关知识点与信息资源紧密相连，构建一个内在逻辑清晰、相互关联的有机知识网络，极大提升信息资源的可访问性与利用效率。

在实施链接整合时，我们需平衡链接点的数量与便捷性，避免过多链接导致的迷航现象。同时，科学分类信息资源，确保其既符合逻辑又贴近读者使用习惯，这是快速精准获取资源的关键。此外，认识到科学文献间的内在联系与引文网络的重要性，通过超链接技术构建基于参考引文的知识网络体系，不仅展现了学科知识的累积性、连续性与交叉性，也为学术研究提供了极具价值的资源整合新视角。这种以知识关系为核心的网络整合方法，无疑是信息资源整合领域的一大创新与突破。

三、智慧图书馆的开放信息资源建设

开放获取（OA）作为图书馆学界的研究热点，其根本性变革了学术文献的出版、传播与服务模式，推动了全球范围内 OA 政策的强化与知识库的创建，促使传统出版商向 OA 领域转型，显著扩充了 OA 资源。面对此趋势，图书馆需采取多维度策略应对：首先，基于自身职责与服务对象需求，组建专项团队深入调研 OA 资源，明确金色 OA 与混合式 OA 的分类、出版商信息及长期保存价值，为馆藏结构优化与预算高效配置提供依据。其次，优化 OA 资源展示方式，通过图书馆网站首页设立“开放获取”专栏，集中介绍 OA 概念、发展动态及资源详情，提升用户认知与资源利用率。再次，鉴于数字资源增长，现行编目规则的更新迫在眉睫，引入《资源描述与检索（RDA）》等国际先进标准，探索其应用于中文文献著录的可行性，促进编目工作国际化、标准化，加强馆际书目信息共享。最后，将 OA 资源视为馆藏建设的关键组成部分，通过战略规划、预算调整、结构优化及服务创新，提升馆藏资源的开放度、共享率与利用率，缩小理想与现实利用率的差距，确保信息流通无阻，促进知识交流与协同创新。科技管理部门的支持对于 OA 资源建设的持续健康发展至关重要，图书馆应致力于为用户提供便捷的使用体验，构建无障碍的知识交流环境。

第三章

“互联网 + 图书馆”智慧服务内容

第一节 开放的资源环境与交互的共享空间

一、开放的资源环境

（一）自由浏览资源

“互联网 + 图书馆”模式革新了图书馆的服务形态，促使静态的数字资源跨越物理界限，融入动态的网络信息洪流之中。这一变革赋予了图书馆文献信息资源前所未有的流通自由度，它们不再受限于实体的建筑空间，而是延展至无垠的网络虚拟世界。用户只需手握一部联网的智能设备，便能跨越地域与时间的限制，随时随地访问图书馆的海量信息资源。然而，当前实践中，这一便利性的全面释放仍面临挑战，主要受制于图书馆管理体系与知识版权的严格框架。具体而言，许多图书馆，如大学图书馆，往往仅向其注册用户群体——本校师生员工开放服务；而公共图书馆的服务范围也往往局限于特定地域，如仅服务于本市市民，未能广泛惠及更广泛的用户群体与地域。如何提高资源利用率和服务更广泛人群，是“互联网 + 图书馆”智慧服务区别于传统图书馆首先要解决的问题，我们可以从以下几个方面入手。

第一，在“互联网 + 图书馆”的框架下，信息资源整合成为关键任务，涵盖两大核心类别：一是本馆自有的数字化资源，诸如馆藏文献、商业数据库、自建数据库及多样化数字资产，这些资源以其专业性、规范性和封闭性著称。整合此类资源，关键在于优化资源配置、深化数据融合，并重构服务系统，通过标准化、统一化处理数据、信息与知识资源，创造出标准化、便捷操作且高效检索的新资源形态，从而显著提升用户的数据资源利用效率。另一类则是非本馆资源，广泛涵盖网络资源、开放获取资料、试用数据库及动态信息流等，它们呈现出散乱、复杂且易变的特性，整合难度虽大，但其潜在价值不可小觑，对馆藏资源的有效补充作用显著。面对挑战，图书馆需借助专业软件工具，辅以馆员的细心积累与持续努力，通过精细加工、科学分类与全面整合，将这些多样化的数字资源标准化、规范化，转化为易于检索的统一格式，最终为用户提供内容丰富、来源广泛、种类齐全的文献信息服务，确保用户能够轻松通过网络访问并利用这些宝贵资源。

第二，互联网的普及得益于其开放特性，允许无门槛访问，这对“互联网+图书馆”模式提供了启示。为增强吸引力、提升资源利用率，图书馆可借鉴互联网的开放性，简化资源浏览的注册流程。尽管现行数字图书馆出于版权保护和数据安全的考量，设立了烦琐的注册步骤，这虽维护了资源安全，却无形中削弱了用户使用的积极性。设想若能合理防范恶意下载与病毒威胁，适度放宽至允许匿名浏览与检索，将极大提升用户体验，使用户能即时探索图书馆资源，仅在深入探究或需特定服务时再行注册认证。如此，图书馆不仅能凭借资源的专业性与权威性脱颖而出，吸引更多用户，还能满足用户快速精准获取信息的迫切需求，实现信息检索效率与用户体验的双重飞跃。

第三，“互联网+图书馆”理念倡导资源的广泛共建与共享，这一模式超越了传统图书馆间的合作界限，延伸至用户与图书馆之间乃至用户相互间的资源流通与互换。然而，现实中图书馆出于权益保护考量，常设立多重访问限制，如非注册用户难以进入系统，非馆内人员无权贡献或修改资源，这无形中限制了资源的广泛获取与利用，难以满足日益增长的用户需求。为破解此困局，图书馆应积极开放部分公共教育性质的文献资源访问权限，鼓励用户自由利用、分享、传播乃至创新这些资源，促使静态数字资源转化为活跃的信息流，实现资源的持续更新、丰富与进化。此举不仅能够惠及更广泛的用户群体，促进知识的广泛传播与创新，也是图书馆践行社会责任、深化智慧服务内涵的重要体现。因此，开放权限、普惠大众、促进资源便捷利用与广泛传播，无疑是构建图书馆智慧服务体系不可或缺的一环。

（二）平等利用资源

图书馆，作为社会公共服务的重要支柱，其核心使命在于向所有民众提供无差别的资源访问与利用服务，这种平等性不仅体现在服务对象的全民覆盖，也要求服务范围的广泛延伸。“互联网+图书馆”模式的兴起，为构建全民共享的知识殿堂铺设了坚实的基石。通过网络的无界传播，图书馆得以将珍贵的数字资源存储于云端，理论上，这应促使公共文化服务跨越门槛，向全社会无差别开放。然而，现实操作中，版权保护与信息安全的需求往往设置了一定的访问壁垒，导致资源获取的不均衡，少数群体享受了便利，而大多数人则因种种限制而受阻。

面对这一挑战，转变思维，采取逆向策略或许能开辟新径：默认开放资源给广大用户，仅对特定情境下的潜在滥用行为实施限制。这样的策略调整，有望显著提升信息资源的整体利用率，让有限的资源惠及无限的用户群体，从而极大增强图书馆的社会价值与影响力。这不仅是对资源高效配置的积极探索，更是图书馆公共服务理念深化与实践创新的体现。

此外，“互联网+图书馆”模式还以其泛在网络的特性，有力打破了地理界限与数字鸿沟，为缩小城乡差距、促进公共文化服务均等化提供了可能。在偏远贫困地区与落后山区，网络资源的普及让图书馆的服务不再遥不可及，通过网络的触角，知识之光得以照亮每一个角落。这不仅是对传统服务模式的革新，更是图书馆作为文化桥梁，连接每一个求知心灵的使命担当。

“互联网＋图书馆”在推动资源平等利用方面的实践，不仅是智慧服务理念的生动展现，更是图书馆行业顺应时代潮流，勇于承担社会责任的深刻体现。它要求图书馆不仅要在技术上不断创新，更要在服务理念上持续进化，以更加开放、包容的姿态，将知识的种子播撒到社会的每一寸土地，让每个人都能享受到均等的文化滋养。

二、交互的共享空间

（一）信息资源共享空间

信息资源共享作为图书馆服务的基石，历经多年发展，已深度融合于图书馆服务体系的每一个角落，尤其是在互联网的浪潮推动下，图书馆间的互联互通以及图书馆与其他机构的合作互动达到了前所未有的高度，极大地激活了信息资源共享生态。在“互联网＋图书馆”的新时代背景下，为进一步提升信息资源的利用率，全方位响应用户多样化的信息需求，不断拓展信息资源共享空间成为关键路径。

信息资源共享空间，这一创新概念，构建于数字化信息资源的广阔背景之上，它通过深度整合图书馆的技术平台、丰富资源及多元服务，精心打造了一个促进信息供需双方紧密协作、高效互动的虚拟与现实交织的工作空间。这一空间不仅见证了图书馆内部馆藏资源的持续更新、深度整合与动态补充，更实现了外部资源的无缝接入，为图书馆资源库注入了源源不断的活力与新鲜血液。图书馆因此肩负着双重使命：既要深耕细作，拓宽自身信息资源的边界；又要广开才路，积极吸纳并整合广泛的网络信息资源，共同编织成一张覆盖广泛、内容丰富的信息网络。

对于用户而言，信息资源共享空间犹如一扇通往知识海洋的广阔窗口。在这里，他们不再受限于图书馆物理围墙内的资源，而是能够跨越界限，向全球范围内的资源提供者伸出求知的触角。用户不仅能够便捷地下载、利用、评价及分享各类信息资源，还能在灵感碰撞中激发个人创造力，独立完成或与他人协作产出新知识、新作品。这一过程，不仅丰富了个人知识库，也促进了知识的循环再生与社会的整体进步。

图书馆作为这一共享空间的重要推手，其角色已从传统的资源守护者转变为智慧服务的引领者。它不再仅仅是信息资源的简单提供者，更是用户探索未知、创造新知旅程中的得力伙伴。通过不断优化资源共享机制、创新服务模式，图书馆为用户开辟了一条通往无限资源宝库的宽广大道，充分展现了其作为知识交流中心、学习创新平台的智慧服务本质。

（二）知识学习共享空间

相较于传统的信息资源共享空间，“互联网＋图书馆”所构建的知识学习共享空间跃升至一个更为高级的阶段，其核心差异在于关注焦点的转变：前者侧重于物理资源的整合与共享，而后者则深刻聚焦于“人”的体验与需求，致力于打造一个全方位、多层次的学习生态系统。这一知识学习共享空间不仅涵盖了实体空间的优势，如提供面对面交流的学习角落、专注研习的独立区域以及作品展示的特色平台，更在此基础上，通过互联网的魔力，开辟了虚拟学习共享空间这一新天地。

虚拟学习共享空间，作为图书馆服务创新的前沿阵地，充分利用了虚拟现实、增强现实、混合现实等前沿技术，为用户编织了一个沉浸式的学习梦境。在这个虚拟而又真实的场景中，用户能够跨越物理界限，体验前所未有的学习互动，感受到知识触手可及的真实质感，仿佛置身于知识的海洋之中。这种前所未有的参与感和场景感，极大地丰富了用户的学习体验，促使他们更加主动地探索、分享与创造。

更为显著的是，虚拟学习共享空间在节能环保、用户体验优化及在线学习便利性方面展现出了巨大潜力。它不仅减少了实体空间建设与维护的成本，还通过个性化学习路径规划、即时在线辅导等智能服务，极大地提升了用户的学习效率与满意度。更重要的是，这一空间鼓励用户之间的知识交流与思想碰撞，激发创新思维与创造力，为用户的专业成长铺设了一条快车道。

"互联网＋图书馆"知识学习共享空间，以其对人性化需求的深刻洞察与前沿技术的巧妙融合，不仅促进了知识的高效传播与共享，更推动了用户个体与群体知识的持续创新与迭代，成为满足用户终身学习需求、助力社会知识生态繁荣的重要力量。

（三）创客服务共享空间

创客服务，作为"互联网＋图书馆"创新服务模式的核心要素之一，标志着图书馆角色从传统知识存储中心向创意激发与创业孵化平台的深刻转变。阿里云"创客＋"项目的推出，正是这一趋势的先行探索，它通过全方位的支持体系，为创客群体铺设了一条从创意萌芽到市场实现的加速跑道。而"互联网＋图书馆"所构建的创客服务共享空间，则进一步将这一理念推向新高度，它不仅是一个物理与虚拟交织的交互平台，更是知识碰撞、技术革新与商业实践融合的孵化器。

这一共享空间精心布局线上线下联动机制，既提供了实体环境中的工作坊、交流区与展示空间，让创客们能够面对面交流思想、共享资源；又借助云端技术，构建了虚拟社区、技术论坛与远程协作平台，打破地域限制，实现全球范围内的智慧汇聚与协同创新。它不仅服务于初出茅庐的创客，通过教育课程、体验工坊等形式激发其创意潜能；也为中高级创客搭建了深度合作、项目孵化的桥梁，促进技术成果转化与商业模式的探索。

创客服务共享空间的构建，充分展现了图书馆空间服务的灵活性与包容性。它不仅能够高效利用图书馆现有资源，通过空间重构与功能拓展，打造多样化的创客生态；还能根据用户需求定制空间布局，确保每一寸空间都能成为创意孵化的沃土。此外，通过跨界合作，图书馆能够联合其他创客服务机构，共享资源、分摊成本，共同营造一个更加开放、多元、富有活力的创客生态环境，为创意者提供更加广阔的成长舞台。

在"互联网＋图书馆"的智慧空间服务愿景下，图书馆不再局限于传统物理空间的界限，而是借助现代科技的力量，实现了服务边界的无限延伸。这一服务模式强调开放共享、平等互助与绿色可持续的原则，致力于构建一个无壁垒的知识与技术交流网络，让图书馆成为连接图书馆之间、图书馆与用户之间，乃至用户与用户之间的桥梁，共同推动知识的传播、技术的革新与社会的进步。因此，互联共享的智慧空间服务不仅是“互联网＋图书馆”不可或缺的组成部分，更是推动图书馆事业转型升级、迈向智慧服务新时代的关键驱动力。

第二节 智能的服务手段

一、智能资源服务

资源，作为图书馆存在与发展的基石，其规模、品质、种类及存储模式直接塑造着图书馆的服务效能。在“互联网＋图书馆”的时代背景下，智能资源服务应运而生，它深度融合了尖端科技，实现了数据资源的快速捕捉、高效整合、智能管理、安全保存与灵活发布，不仅将静态馆藏激活为动态信息流，还将开放资源纳入规范化管理体系，构建起一个跨越时空界限、互联互通的资源共享网络。这一服务模式不仅极大地拓宽了图书馆的服务边界，也为图书馆的发展开辟了无限可能。

智能资源服务的核心在于资源采购、自主服务与用户分享三大环节的紧密协同。在资源采购层面，借助人工智能与大数据分析技术，图书馆能够精准洞察用户需求，实现文献资源的智能化采购。用户通过在线系统自主完成资源挑选，系统则自动执行审核、验收、编目与存储流程，大幅减少了人工干预，提高了采购效率与精准度。同时，虚拟现实技术的应用，让馆藏书目与电子资源以“虚拟书架”的形式生动展现，用户可直观浏览，精准选购，避免了重复采购，实现了资源的优化配置。

自主服务是智能资源服务的精髓所在，它涵盖了自助申购、借还、分享等多个维度。用户不仅能够利用图书馆在线平台自主采购资源，还能主动贡献个人资源，通过电子阅读设备享受个性化的阅读体验，包括阅读、标注、摘录、点评、转载等功能一应俱全。此外，用户还能在平台上就感兴趣的话题发表见解，与志同道合者深入交流，这种无干扰的自主环境极大地激发了用户的参与热情与创造力。

用户分享环节则充分利用了社交媒体的传播力，通过微信、微博、QQ 等平台，发挥用户自媒体的潜力，以明星效应、朋友圈影响力及熟人社交为纽带，促进图书资源的广泛传播与推荐，形成裂变式的传播效应。这一策略不仅提升了资源利用率，还增强了图书馆与用户之间的互动性，构建了更加紧密的用户社群。

智能资源服务作为“互联网＋图书馆”的核心服务策略之一，其高效运作直接关乎图书馆的整体服务效益。智能化技术的深度应用，不仅有效降低了人力资源成本，还极大地调动了用户的参与积极性，实现了图书馆服务效率与用户体验的双重飞跃。因此，智能资源服务不仅是智慧图书馆建设的必然选择，也是推动图书馆服务创新与转型升级的关键力量。

二、智能技术服务

随着互联网技术的飞速跃进，智能科技已深度融入社会经济的各个领域，从日常购物、支付、导航、餐饮外卖到出行服务，无一不彰显着智能化服务的普及与重要性，它不仅极大地便利了民众生活，也强力推动了社会经济的繁荣。在“互联网+图书馆”的语境下，这一趋势同样显著，用户画像、人脸识别、情景感知及虚拟现实等智能技术的引入，为图书馆服务开启了新纪元，赋予其前所未有的智能体验与创新动力。

用户画像作为智能图书馆服务中的关键一环，是图书馆基于大数据深度剖析用户特征、精准预测并激发其需求的重要工具。这一概念虽新兴，却迅速展现出强大的实践价值，有效缓解了用户在浩瀚数字资源海洋中迷失方向的难题。通过整合用户背景、兴趣偏好、行为习惯等多维度数据，运用先进的大数据分析、数据挖掘算法及知识组织建模技术，图书馆能够将这些复杂信息转化为“数据化→标签化→关联化→可视化”的用户模型，直观展现用户全貌。这一过程不仅增强了图书馆服务的个性化与精准度，如个性化检索、精准信息推送与定制化宣传，还为图书馆的决策制定提供了坚实的数据支撑，引领图书馆服务迈向更加智慧化、高效化的新阶段。

人脸识别技术，这一人脸生物特征识别手段，在“刷脸”支付及多领域身份验证中的广泛应用，彰显了其便捷、安全、高效的优势，深刻改变了人们的日常生活与商业交易方式。在“互联网+图书馆”的语境下，人脸识别技术进一步革新了图书证办理流程，用户仅需通过手机扫描二维码，上传照片进行人脸识别，即可在线快速获取虚拟图书证，这极大简化了传统身份证件的烦琐携带与现场办理步骤，让数字资源触手可及。

与此同时，情景感知技术作为新兴的信息处理策略，正逐步渗透并重塑图书馆的服务模式。该技术通过深度挖掘与分析用户个性特征、行为轨迹及偏好数据，运用智能算法精准捕捉用户需求，实现从单元情景感知（如 RFID 技术在自助服务、馆藏管理及门禁中的初步应用）到高级情景感知应用系统的跨越式发展。在高级阶段，情景感知不仅限于数据收集，更侧重于通过人机交互界面，将用户的个性化需求以情境化的方式展现，图书馆得以即时响应，提供定制化的场景服务、智能推荐、咨询服务及自主服务，展现了前所未有的智能性、主动性与情境适应性。这种服务模式不仅提升了用户服务体验，也为图书馆服务质量的飞跃提供了强大动力。近年来，随着图书馆界对情景感知理论的深入探索与技术应用的不断推进，其广阔的发展前景与对服务效益的显著提升作用日益凸显。

虚拟现实，这一融合了计算机仿生学、三维图形学等尖端科技的产物，构建了一个高度仿真的虚拟世界，为用户开启了一场前所未有的多感官交互盛宴。它不仅是人工智能领域的一颗璀璨明珠，更在“互联网+图书馆”服务模式中扮演着革新者的角色。通过其沉浸性、交互性与想象性三大核心特性，虚拟现实技术彻底颠覆了传统图书馆体验，使用户能够在数字构建的环境中自由徜徉，享受与实体世界无异的感官刺激与思维漫游。

在虚拟图书馆的漫游中，用户可借助虚拟馆藏导航系统轻松穿梭于书海之间；在线阅读体验则赋予了用户随心所欲选择阅读材料的自由；虚拟远程咨询平台，让即时视频对话成为解答疑问的便捷通道；而虚拟教室的构建，则让用户能够跨越时空限制，亲聆业界泰斗的现场授课。这一系列创新服务不仅极大地拓宽了图书馆的服务边界，更在轻松愉悦的氛围中消除了用户的社交障碍，激发了其主动探索与学习的热情。

展望未来，随着人工智能与5G技术的持续飞跃，虚拟现实技术将迎来更加广阔的发展前景。三维立体化的资源呈现、360度超高清全景互动直播及远程虚拟空间云课堂的兴起，将为用户带来前所未有的高层次体验，精准对接其智能化、高效化及个性化的服务需求。这一趋势无疑为图书馆服务模式的创新开辟了崭新的思路与路径，预示着图书馆智慧服务新时代的到来。

三、智能需求服务

这是一种隐性的深度服务策略，根植于对用户内在需求的精准洞察与满足，它通过智能技术的赋能，实现对用户行为模式、生活习惯、兴趣倾向等深层次心理轨迹的细腻追踪与分析。这一过程不仅仅是数据的收集与整理，更是对用户信息需求的深刻提炼与管理，旨在为用户提供个性化、前瞻性的决策辅助、行为引导与智慧推荐。在电商领域，此类智能需求服务已发展得相当成熟，如基于关键词联想的智能搜索、个性化商品展示、详尽的商品信息呈现（结合用户评价与页面介绍）及退出后的精准商品推荐，这一切均源自对用户需求的智能识别与响应。

对于“互联网＋图书馆”而言，电商行业的成功经验提供了宝贵的借鉴。图书馆可以进一步拓展智能服务的边界，深化智能识别、追踪、推荐与决策支持的能力，不仅限于资源的简单推送，而是深入用户学术探索、知识获取与兴趣培养的每一个环节。通过智能技术，图书馆能够更精准地把握用户的学习路径、研究偏好与潜在需求，从而提供定制化的资源导航、学习路径规划、研究成果预测等增值服务，让智能服务真正触达用户内心，成为促进知识吸收与创新的强大助力。

智能识别技术赋能图书馆，通过部署先进的感知、存储、计算与网络设备，全面捕捉用户身份、门禁记录、借阅行为、资源使用频率及访问时长等关键数据，经过严格的数据组织、清洗、验证、加工、提取、存储与备份流程，深入挖掘用户的专业背景、个人特长、活跃时段及地理位置信息，精准把握用户的兴趣偏好、阅读习惯与研究需求，从而智能推送定制化信息内容，提升用户体验。

与此同时，智能追踪技术借鉴物流领域的成功经验，利用先进的搜索定位系统，对图书馆内用户的行为轨迹进行实时监测，包括搜索关键词、资料查阅、图书借还、特定资源关注及网站访问详情等，细致分析用户的行为习惯、活动模式及参与倾向，为后续的个性化服务策略提供坚实的数据支撑。

而智能推荐服务，则是“互联网＋图书馆”模式下一项革命性的创新。它超越了传统推荐系统效率低下、误差较大的局限，依托大数据分析与人工智能技术，深度融合海量数据挖掘、云计算资源调度及高效算法处理，深入分析用户访问行为的时间、内容偏好及频率模式，精准识别用户访问目的与需求。通过智能分类整理不同用户的访问模式，建立访问行为与用户需求之间的紧密联系，从庞杂的数据海洋中筛选出对用户真正有价值的信息。最终，采用协同过滤等先进算法，为用户量身打造个性化推荐列表，实现信息服务的精准化与智能化升级。

智能决策，作为信息技术与决策科学的深度融合产物，依托云计算的海量存储与高速计算能力，对庞大信息数据集进行深入挖掘与分析，构建了一个高效的人机交互平台，辅助管理者做出精准决策。在“互联网 + 图书馆”的语境下，这一理念被创造性地应用于智库系统构建中，通过智能技术实现对知识资源的深度提炼、精细过滤与高效管理，进而为用户提供量身定制的决策支持服务。这一过程融合了人工智能与决策支持系统的优势，尤其是专家系统技术的引入，使得系统能够充分利用人类在决策领域的丰富知识库，包括问题描述的精确知识、决策流程的过程性知识以及问题求解的推理性知识，通过严密的逻辑推理机制，有效应对复杂决策挑战。自动化是智能决策的核心特征，它摒弃了传统决策过程中的人为干预，转而依赖决策机器人自主完成决策流程的管理、追踪、评估与反馈，确保了决策过程的高效、统一与透明，最终助力用户更加精准地分析问题、制定策略并达成目标。

四、智能管理服务

智能管理，这一融合了人工智能、管理科学、知识工程、系统工程、计算技术、通信技术、软件工程与信息工程等多领域精髓的新兴学科，正以前所未有的态势重塑管理领域的面貌。它巧妙运用计算机技术，结合物联网、大数据、云计算等前沿科技，催生出无人化、无纸化、自主化及移动化的管理新范式，显著降低了人力资源成本，大幅提升了管理效能，其高效低耗的优势正逐渐渗透至各行各业，成为推动社会进步的重要力量。

在图书馆领域，“互联网 + 图书馆”的智能管理服务模式，通过智能设备与系统的深度集成，实现了 24 小时无人值守管理、自助借阅、虚拟远程操控及机器人辅助服务等多维度创新，不仅极大缩减了人力资源配置，还显著提高了服务效率与灵活性，拓宽了服务边界，让图书馆管理迈向了更加人性化、智能化与智慧化的新高度。

24 小时无人值守图书馆作为这一趋势的典范，已成为现代图书馆服务创新的热点与风向标。它不仅是互联网技术成熟应用的标志，更是图书馆服务拓展的重要里程碑。该模式以其超长的服务时段、广泛的覆盖范围及高效的流通效率，深刻提升了图书馆的管理智能化水平和自助服务能力，体现了对人文关怀的深切践行与服务创新的不懈追求。通过集成最新的 RFID 技术、高效数据通信与处理技术，以及严格的安全防护机制与先进生产工艺，24 小时无人值守图书馆实现了人性化设计、数字化运营与智能化管理的完美融合，为用户提供了一个随时随地、便捷高效的阅读与学习空间。

在这里，用户无须受限于传统图书馆的开放时间，仅凭身份证或市民卡即可轻松完成办证、借阅、续借、还书等一系列操作，享受前所未有的阅读体验。这种服务模式不仅有效缓解了公共文化资源分布不均的问题，促进了公共文化服务的均等化进程，还在全社会范围内激发了阅读热情，对于推广全民阅读、提升国民素质具有不可估量的价值。总之，24 小时无人值守图书馆以其独特的魅力与深远的影响，正引领着图书馆行业迈向更加辉煌的未来。

自助借阅管理体系巧妙地融合了线上与线下服务，为用户提供全方位、便捷化的借阅体验。在线上领域，自助借阅管理平台成为核心枢纽，用户通过虚拟身份轻松完成认证注册后，即可畅享电子图书的借阅之旅。这一平台不仅支持电子图书的在线浏览、下载、阅读、个性化标注、评论分享等功能，还无缝集成了微信、支付宝等支付手段，让收费项目结算变得简单快捷。更为贴心的是，用户借助联网书目系统，可实现图书的自助借阅与归还操作，对于偏好纸质阅读的读者，平台还提供了“快递到家”服务，彻底打破了物理空间的限制，让图书馆服务触手可及。

线下服务方面，智能自助借还机的引入标志着图书馆智能化管理的新纪元。这些设备基于 RFID 技术，革新了传统磁条与条码管理模式，极大简化了借阅流程，实现了用户自助操作的便捷性，不仅提升了图书馆的服务效率，也促进了图书资源的高效流通，满足了大批量借阅需求，真正实现了“一站式管理，通借通还”的愿景。

展望未来，虚拟远程管理依托“AI+5G”技术的融合创新，构想出了一种跨越时空界限的新型管理模式。在这一模式下，用户无论身处何地，都能通过虚拟现实与超清视频技术，仿佛置身于远程图书馆之中，自由浏览与利用发达地区的丰富图书资源。对于科研工作者而言，尤其是那些需深入偏远地区考察的学者，这一系统如同随身携带的移动图书馆，随时满足其研究资料需求。对于拥有总分馆架构的大学或公共图书馆而言，虚拟远程管理更是打破了地域壁垒，确保所有用户无论身处哪个分馆，都能享受到与总馆同等的资源与服务，有效缓解了资源分布不均的问题，既降低了采购成本，又促进了公共资源的均衡分配，是推动社会公共文化服务均等化的重要里程碑。

机器人服务管理，作为人工智能技术的集大成者，巧妙融合了人脸识别、语音识别与合成等尖端技术，构建了一个高度互动的信息处理平台，专注于实体服务场景下的硬件设施智能化管理。在图书馆领域，机器人服务的应用已蔚然成风，它们不仅是技术进步的象征，更是服务创新的生动实践。

从清华大学的智能聊天机器人“小图”，到浙江宁波大学图书馆的导引机器人“旺宝”，这些智能伙伴各自以其独特的功能与魅力，为用户带来了前所未有的服务体验。它们不仅能够与用户进行自然流畅的对话交流，解答疑问，提供个性化服务（如查询信息、预约空间、温馨提醒），还承担了图书盘点、清查、导航等繁重任务，有效解决了用户找书难题，极大地提升了服务效率与趣味性。

这些机器人通过模拟人类情感与行为，以多样化的表情与互动方式吸引用户参与，使图书馆服务超越了传统界限，变得更加高效、有趣且富有人情味。它们不仅是技术的展示窗口，更是图书馆智能化转型的重要推手，通过将AI技术深度融入硬件管理，成功替代了部分烦琐、重复性工作，释放了人力资源，让馆员得以专注于更高价值的任务。

展望未来，随着人工智能技术的持续飞跃，智能机器人在图书馆领域的应用前景将更加广阔。它们将成为推动图书馆服务创新、提升用户体验、提高运营效率的关键力量，为图书馆事业的繁荣发展增添无限光彩。

五、智能社会服务

社会服务，作为图书馆存在与发展的基石，是其作为公共文化服务机构的根本使命与责任担当。在智能终端普及、无线通信飞跃及互联网技术日新月异的今天，图书馆迎来了智能、泛在、高效服务创新的黄金时代。构建数字化、网络化、信息化、智能化的“互联网＋社会服务”新模式，不仅是图书馆服务转型升级的必由之路，也是其智能社会服务能力的集中展现。通过深度整合语音识别、视觉处理与自然语言理解等先进人工智能技术，图书馆能够跨越传统界限，为政府、科研机构及企业界提供定制化的决策支持、科学研究助力及产品研发促进等全方位智慧服务，将知识的力量直接转化为推动社会进步的生产力，实现价值的深度挖掘与增值。

智能社会服务体系中，决策支持服务扮演着举足轻重的角色。它依托图书馆强大的情报分析能力，针对知识用户的特定需求，如内容深度剖析、知识精细化加工、数据深度挖掘及行业动态监测等，运用人工智能手段挖掘潜藏于数据背后的隐性知识，转化为具有决策指导意义的信息产品，为政府决策、企业战略规划及社会团体活动提供智力支撑与参考依据。

科学研究服务则是图书馆助力知识创新与探索的重要一环。通过构建“专家系统＋深度学习”的综合服务平台，图书馆将人类专家的智慧与机器学习的强大计算能力深度融合，实现对信息动态的智能关联、用户应用场景的精准识别、知识资源的智能重组及前沿学科的自动追踪，为科研工作者呈现各学科领域的最新研究成果、热点趋势及未来展望，并创造虚拟互动空间，促进跨领域知识的交流与融合，激发新的科研灵感。

产品研发服务则是图书馆服务社会经济发展的直接体现。针对科研团队与企业机构的实际需求，图书馆运用智能技术整合分散于各领域的专业知识资源，提炼出对研发活动至关重要的“知识精华”，助力科研成果的快速转化与应用。通过缩短产品研发周期、提升研发效率与产品质量，图书馆不仅促进了科技创新的落地生效，还通过服务场景的优化设计，结合机器学习、知识图谱、数据可视化等先进技术，为研发人员提供从智慧感知到知识分享、从技能培训到创新阅读的一站式服务体验，确保产品研发活动的持续迭代与升级，为社会的持续繁荣贡献图书馆的独特力量。

第三节 深度的知识融合

一、知识组织

知识组织作为推动知识从混沌走向有序的关键环节，其核心任务在于对知识资源进行深度挖掘、精准控制与高效序化，以应对知识爆炸带来的分散与碎片化挑战，进而促进知识的广泛传播与高效利用。这一过程涵盖了知识内容的广泛收集、知识定位的精准导航及知识序化的系统构建三大支柱。

首先，知识来源的多样性与广泛性构成了知识组织的基础框架。在这个信息爆炸的时代，数据与信息如潮水般涌现，它们跨越领域、源自多方，形成了庞大的异构数据集。要从中提炼价值，就必须依赖先进的知识组织技术，实现数据的实时分析、智能提取与深度处理，进而揭示隐藏的知识关联，促进新知识的生成与创新方案的提出，为决策提供坚实的数据支持与洞察。

其次，知识定位作为知识组织的指南针，旨在构建一个高效的知识导航系统，帮助用户或系统快速准确地定位到所需知识资源。这一过程融合了智能追踪、自动发现、精确抓取、智能过滤与综合整合等多种技术手段，并融入个人与组织的经验智慧、推理规则及创新思维，使知识发现更加敏锐，知识关联更加紧密，知识筛选更加精确。这一系列复杂而精细的操作，不仅能够及时捕获新知识，还能促进知识间的深度交融，为知识组织的持续优化提供源源不断的动力。

最后，知识序化作为知识组织的核心任务，是对知识元素进行逻辑化、系统化的排列组合，以实现知识体系的结构化与功能化。在“互联网＋图书馆”的背景下，知识序化不仅是对知识内容的简单整理与加工，更是对知识资源进行深入引导、深度揭示与有效控制的过程。通过智能化手段，将分散的知识单元按照特定的逻辑规则有序排列，形成结构清晰、功能明确的知识体系，从而极大地提高了知识的可访问性与可理解性，为知识的进一步创新与应用奠定了坚实基础。

互联网时代的知识组织工作已远远超越传统范畴，它依赖于智能技术的深度介入与信息算法的精妙运用，在知识处理的深度、广度与强度上均实现了质的飞跃。这一过程不仅促进了知识的有序化与高效利用，更为智慧知识服务的全面拓展与深化提供了强有力的支撑，引领着图书馆乃至整个知识服务领域迈向更加智慧化、个性化的未来。

二、知识发现

在信息爆炸的时代背景下，网络信息的瞬息万变与无序性给知识发现带来了前所未有的挑战与机遇。知识发现，这一从浩瀚知识海洋中提炼有效、新颖且隐含知识的过程，不仅要求精准地聚类、分类与关联数据，还需依据个性化需求定制决策服务，以满足用户在复杂信息环境下的迫切需求。智能知识发现，作为这一领域的进阶形态，更是深度融合了人工智能与先进算法的力量，将大数据的潜力充分挖掘，转化为驱动智慧决策与服务的宝贵资产。

大数据的深度挖掘：数据挖掘，作为解锁数据价值的关键钥匙，其在信息社会的重要性不言而喻。图书馆作为知识的宝库，其大数据资源涵盖了业务流程、知识资源及用户行为等多个维度，这些数据多源、异质且复杂，对挖掘技术提出了更高要求。通过智能分析与机器学习算法，我们能够有效穿透数据迷雾，精准捕捉用户群体特征、兴趣偏好、学科动态及业务逻辑等深层信息。这一过程不仅涉及数据的采集、计算与过滤，更强调对结构化与非结构化数据的深度整合与存储，从而提炼出对智慧决策具有实质性贡献的价值数据，为图书馆的智慧服务奠定坚实基础。

关联数据的智能耦合：关联数据，作为知识网络中的桥梁与纽带，其重要性不言而喻。在互联网的广阔天地里，数据间的相互关联如同超链接般错综复杂，一个节点的激活便能触发整个知识网络的联动。智能知识发现利用先进的计算技术，自动识别并联结这些数据节点，构建起一个动态、互动的知识生态系统。这一过程不仅加深了数据间的内在联系，还促进了知识的跨领域融合与创新。用户通过这一系统，能够轻松访问到相关联的丰富知识资源，实现知识的无缝对接与高效利用。

深层数据的可视化揭示：深层数据的挖掘与可视化，是智能知识发现的另一重要维度。面对隐藏在数据深处的隐性知识与潜在需求，传统的算法方法虽有所贡献，但可视化技术以其直观、生动的特性，为深层知识的揭示提供了全新视角。通过机器深度学习，计算机能够模拟人脑的分析学习机制，对图像、声音、文本等复杂数据进行深度解析与重构，生成易于理解的可视化信息。这一过程不仅增强了用户对数据的感知与理解，还为智慧决策与服务提供了强有力的数据支撑。同时，通过广泛收集用户信息、深入挖掘用户偏好与行为模式，智能系统能够精准推送个性化知识资源，进一步提升用户体验与满意度。

智能知识发现通过大数据挖掘、关联数据耦合与深层数据可视化揭示等核心环节，将海量、复杂的数据资源转化为有价值的知识财富，为图书馆的智慧服务与管理注入了新的活力。这一过程不仅促进了知识的有效传播与利用，还推动了图书馆服务模式的创新与发展，为构建智慧型知识服务体系奠定了坚实基础。

三、知识服务

“互联网＋图书馆”的知识服务模式，根植于用户需求的核心驱动，彻底打破了时间、空间与成本的束缚，深度融合人工智能与云计算的前沿技术，展现出服务主体的多元化、服务方式的智能化、服务覆盖的泛在化以及服务内容的深度智慧化。这一变革促使服务模式发生根本性转型：从静态架构向动态响应跃迁，从专业单一向综合多元拓展，从封闭体系向开放生态演变，从被动等待向主动服务升级。其核心服务环节涵盖智能感知用户偏好、智慧搜索精准匹配、智慧推荐个性化内容、智慧显示优化体验，以及评价反馈循环优化等，全方位打造自助式知识导航体系，实现关联性知识的高效检索，场景化知识的精准推荐，个性化知识的定制化推送，组群式知识的无缝共享，深度嵌入式知识咨询的专业解答，以及自动化知识问答的即时响应。这一系列创新服务不仅极大地丰富了知识传播的形式与效率，还深刻促进了知识的生产与创新，成为推动知识经济社会发展的强大引擎。

（一）智能感知

智能技术的飞速发展赋予了智能感知前所未有的敏锐度，这一技术革新得益于RFID、红外线感应、蓝牙、Wi－Fi 及 GPS 等自动感应设施的日益完善。这些先进设施如同敏锐的触角，能够即时捕捉并整合用户身份、个性特征、活动轨迹、时间节点及地理位置等多维度信息，从而构建出独一无二的用户数据画像。这一画像不仅是对用户行为模式的精准描绘，更为后续实施用户精细化管理、定制化营销策略及高效知识服务奠定了坚实基础。智能感知作为知识服务生态的基石，其核心在于通过高精度智能设备持续追踪用户动态，迅速响应并深刻理解用户需求，进而驱动知识服务流程的优化与效率的提升，确保服务内容与用户期望的高度契合。

（二）智慧搜索

用户凭借智能终端设备，无缝接入图书馆的先进搜索引擎，轻松跨越时空界限，自由探索多元化的电子资源宝库，涵盖文档、图像、音频、影视视频等丰富媒介。这一过程赋予了用户极大的自主性，允许他们根据个人需求与兴趣，反复精炼搜索条件，确保每次查询都能精准触及目标，有效规避了海量数据中的无效漫游，极大提升了搜索的可靠性与全面性。智慧搜索技术的引入，不仅显著缩短了知识获取的时间成本，为用户释放了宝贵精力，更促使他们在短时间内汇聚起丰富的有效信息，为个人的知识积累与创新活动奠定了坚实基础。在如此高效的知识服务生态中，用户不仅能够加速个人成长，还能在知识创造与传播中贡献自己的力量，进而在知识社会的大舞台上实现自我价值与社会价值的双重飞跃。

（三）智慧推荐

在知识服务领域，智慧推荐系统构成了提升用户体验与资源效能的关键框架，其核心由三大紧密相连的模块构成：知识库驱动的精准推荐、需求导向的个性化定制以及用户画像赋能的沉浸式体验升级。这三大模块根植于对资源深度挖掘、用户多维度需求洞察及用户心理行为学的深刻理解之上，共同塑造了推荐服务的权威性、专业性、前瞻性及个性化特质。

首先，知识库驱动的精准推荐模块，犹如一座智慧灯塔，引领用户穿梭于浩瀚的知识海洋。它依托丰富的知识库资源，通过先进的数据分析技术，精准匹配用户需求，确保推送的内容既权威又专业，价值非凡。这一模块不仅极大地促进了知识资源的有效利用，还使用户能够便捷地获取到高质量的信息，满足其学习与探索的深层次需求。

其次，需求导向的个性化定制模块，则像是一位贴心的私人顾问，时刻关注着用户的每一个细微需求。它运用复杂的算法模型，对比用户间的相似性与差异性，深入剖析用户的显性偏好与隐性期待，无论是明确的需求还是模糊的愿望，都能被精准捕捉并预测。基于此，系统能够为用户提供量身定制的知识服务，让每一次推荐都恰到好处，激发用户的潜在兴趣，引领他们探索未知领域。

最后，用户画像赋能的沉浸式体验升级模块，则是智慧推荐系统的点睛之笔。它以“用户画像”为基石，通过细致入微的用户行为分析，构建出每位用户的独特数字身份。在此基础上，系统能够提供高度个性化、人性化的知识推荐服务，让用户在享受知识盛宴的同时，感受到前所未有的满足与愉悦。这种体验不仅增强了用户的满意度与忠诚度，还激发了他们的分享欲望，促使他们将这份独特的体验传递给更多人，形成良性循环，进一步扩大智慧推荐的影响力与覆盖面。

（四）智慧展示

“互联网＋图书馆”的智慧知识展示，以其前所未有的生动性、互动性和趣味性，彻底颠覆了传统知识传播的方式。它巧妙地将抽象、枯燥的知识，通过图像、音频、视频乃至动画等多媒体形式进行创意呈现，让学习之旅变得色彩斑斓、引人入胜。更进一步，借助增强现实技术构建的虚拟图书馆，用户仿佛穿越至一个虚实交融的知识殿堂，探索之旅充满了惊喜与发现。而穿戴设备的融入，更是让用户能够身临其境，全方位沉浸于知识的海洋，享受前所未有的学习体验。

这一变革不仅体现在技术层面的创新，更深层次地展现了图书馆对用户需求的深刻洞察与人文关怀。例如，考虑到长时间阅读可能对视力造成的影响，智慧展示系统能够智能调节文字大小与对比度，保护用户视力健康；面对用户的疑惑与挑战，系统即时启动远程视听讲解功能，以直观易懂的方式答疑解惑；为了激发学习兴趣，系统精心准备了丰富多彩的音视频资料，将复杂概念融入生动故事中，让知识学习成为一种享受。

更重要的是，“互联网＋图书馆”的智慧知识展示，成功地将静态的知识转化为贴近生活、易于理解的生活常识，将冰冷的文字材料幻化为活泼灵动的动画作品，将深奥难懂的知识文化转化为妙趣横生的亲身体验。这一过程，不仅极大地提升了知识的可及性与吸引力，也深刻体现了图书馆作为知识传播与创新中心的核心价值。

展望未来，随着“AI＋5G”技术的飞速发展，智慧知识展示将迎来更加广阔的空间与可能。技术的飞跃将进一步简化展示流程，丰富展示形式，使知识服务更加高效、精准且充满乐趣。这不仅是对知识服务领域的一次重大革新，更是对新兴科技魅力的一次精彩诠释，预示着图书馆智慧服务新时代的全面到来。

（五）评价反馈

评价反馈机制是衡量与优化知识服务质量的关键环节，图书馆通过部署智能评价反馈系统，实现了对用户体验的自动化监测与深度分析。该系统高效汇聚用户反馈的海量数据，包括用户对知识资源的偏好、服务模式的满意度以及前沿知识热点的关注度等，构建了一个全面反映用户需求与感受的数据池。借助大数据筛选技术与云计算的强大处理能力，这些数据被精炼成具有指导意义的可靠指标，为图书馆的知识服务提供了客观评估基准。

基于这些数据分析，图书馆能够系统地审视自身服务的各个方面，从服务内容的针对性、服务方式的适宜性到服务成效的显著性，进行全面而深入的比较分析。同时，智慧终端的实时推送功能成为连接图书馆与用户的桥梁，不仅让用户的声音能够迅速传达，还帮助图书馆即时感知用户的兴趣变化与接受度，为服务的动态调整与优化提供了即时反馈。这一闭环机制不仅促进了图书馆服务内容与形式的持续迭代升级，也确保了知识服务始终紧贴用户需求，不断迈向更高水平。

四、知识转化

知识转化，作为知识融合旅程的终极归宿，是推动知识形态深刻变革与知识客体自我革新的核心动力。它不仅关乎知识从抽象理论向实践价值的跨越，更是知识生产与传播生态中不可或缺的催化剂。若无转化之力，知识生产将囿于理论之笼，难以展现其内在潜力与价值；知识传播亦将受限于时空，因缺乏活力而难以持久。知识转化的精妙历程，可细分为隐性至显性、显性至智能、智能至智慧，最终智慧升华为价值的递进阶段，这一过程深刻诠释了"转知成智、转智成慧"的深刻内涵，实现了知识的深度增值与社会生产力的飞跃。

隐性转向显性：隐性知识，作为个体内心深处的宝藏，蕴藏着无尽的创造力与潜能，却往往难以捉摸与表达。通过图书馆的智能分析技术，这些内隐的智慧得以被精准捕捉并转化为可触及的显性知识。这一过程不仅激活了用户的内在潜能，更促进了知识的动态更新与丰富，使得知识不再是孤立的信息点，而是相互关联、交织成网的智慧体系。图书馆作为知识的桥梁，通过多源异构数据的智能处理，为用户开启了一扇通往新知的大门，让隐性的智慧之光得以普照。

显性转向智能：显性知识，无论是静态的经典传承还是动态的前沿探索，均在网络时代焕发新生。信息技术与互联网的融合，加速了知识的动态转化与创新发展，使得学习、共享、传播与应用知识的过程更加高效与广泛。智能，作为这一转变的关键，不仅体现在人类的学习与创新能力上，更通过人工智能的崛起，实现了机器对人类思维过程的模拟与超越。图书馆在这一过程中，不仅是知识的传递者，更是智能学习的促进者，推动显性知识向智能知识的跨越，为知识生产与传播的未来指明了方向。

智能转向智慧：智能虽强，却缺乏人类独有的情感与道德光辉。在知识转化的更深层次，将机器智能升华为人文智慧，成为图书馆服务的更高追求。这不仅要求图书馆具备强大的数据处理与分析能力，更需秉持深厚的人文关怀，将知识服务融入职业道德与价值追求之中。图书馆员作为知识的嵌入者、关联者、协同者与启发者，引导用户从智能学习走向智慧创造，实现知识应用与创新的双重飞跃。

智慧转向价值：智慧的价值，在于其能够激发创造力，推动社会进步。图书馆通过“互联网＋”的服务模式，致力于将人类的智慧与创造力转化为现实生产力，为社会创造无尽的财富与价值。这一过程不仅是知识的传递与积累，更是智慧的启迪与激发，鼓励用户将所学知识转化为实际行动，勇于探索、创新实践，最终实现个人价值与社会价值的双重提升。

深度的知识融合是一场跨越数据、信息、知识、智慧的多维度融合之旅。它不仅融合了机器的智慧与人类的情感，更在知识的增值与创新上不断深耕细作，挖掘隐性知识的宝藏，激发用户的无限潜能。在这场智慧的盛宴中，图书馆不仅是知识的殿堂，更是创新的引擎，引领着用户不断突破自我，共创辉煌，为社会的进步与发展贡献智慧与力量。

第四节　高效的跨界合作

一、跨学科合作

学科，作为传统学术体系中的基石，其界限分明，通过学术分类、教学科目及理论知识的框架得以界定。然而，互联网的崛起如同一股洪流，冲击并重塑了这一格局，使得原本清晰的学科壁垒逐渐淡化，取而代之的是学科的深度融合与跨界交融。这一过程不仅催生了众多交叉学科、边缘领域及新兴学科的涌现，更为知识的创新与发展开辟了新路径。跨学科合作，作为这一变革中的核心驱动力，通过整合不同学科的理论与方法，实现了知识价值的倍增与效益的最大化，促进了学科间的协同进步与共同发展。

在“互联网＋图书馆”的语境下，跨学科合作被赋予了新的内涵与实践方式。图书馆，作为知识与信息的集散地，积极响应时代需求，打破部门、专业及机构间的壁垒，将图书情报学的专业知识与技能深度融入各类学科之中。这种合作不仅限于传统意义上的文献支持与信息服务，更拓展至决策辅助、科学研究及社会服务等多个维度，通过网络的无限延伸与技术的不断创新，为交叉学科、边缘领域及新兴学科的发展提供了强有力的支撑。在这一过程中，图书馆巧妙地运用求同存异的策略，既尊重并保留各学科的独特性，又强调相互间的联系与融合，共同推动知识的探索与创造迈向新的高度。

在“互联网＋图书馆”的时代背景下，合作机制被赋予了全新的活力与广度，推动着知识服务的深度变革。首先，跨部门合作成为打破传统壁垒、实现高效服务的关键。互联网促进了组织结构的扁平化，信息流通的即时性使得跨部门协作更加顺畅无阻。这一模式下，图书馆不再受限于部门界限，而是以用户需求为核心，迅速整合跨学科资源。当用户提出需求时，具备相应学科背景的馆员能够跨越职能壁垒，直接响应，提供精准、高效的服务。这种即时互动不仅缩短了用户等待时间，更体现了图书馆服务的人性化与专业化，是跨学科合作得以深化的前提。

其次，跨专业合作的深化进一步拓宽了图书馆的服务边界。图书情报学作为信息管理的基石，天然地与各学科紧密相连。在“互联网+图书馆”的推动下，跨专业合作平台应运而生，它集成了多学科的资源、技术与人才，为各类专业学科提供定制化、嵌入式的知识服务。这一过程中，图书馆不仅成为信息的枢纽，更是学科发展的助推器，通过主动融入教学、科研实践，助力专业知识的探索与创新。跨专业合作不仅促进了知识的跨界融合，也让图书馆在服务中不断自我革新，发现并优化最适合用户需求的服务模式，共同推动学科进步。

最后，跨机构合作则开启了学术生态共建的新篇章。在共同促进学术繁荣与交流的愿景下，科研机构与图书馆等学术传播组织通过互联网搭建起无界限的交流平台。这一平台不仅加速了科研产品的产出与传播，还通过开放获取、数字出版等方式，极大缩短了知识从理论到实践的转化路径，实现了知识价值的即时兑现。科研机构与图书馆之间的紧密合作，形成了知识生产与传播的双轮驱动，科研机构为图书馆提供了源源不断的知识源泉，而图书馆则以其专业的信息组织能力为科研机构注入创新灵感，二者相辅相成，共同推动了跨学科知识的广泛应用与社会价值的最大化实现。这种跨机构合作模式，不仅是“互联网+图书馆”智慧服务的重要体现，更是推动学术共同体繁荣发展、促进知识社会进步的有力杠杆。

二、跨行业合作

“互联网+”浪潮的席卷，为跨界融合提供了前所未有的机遇，它如同催化剂，促使各行各业经历着深刻的变革、整合、交融与渗透。电商领域的跨界实践尤为显著，它以网络销售为平台，将各行各业无缝对接，实现了交易、支付、评价等环节的全面数字化，不仅重塑了商业生态，更为各参与方带来了可观的经济效益。

在此背景下，“互联网+图书馆”作为跨界合作的新典范，展现了图书馆行业主动拥抱变革、寻求发展的积极姿态。图书馆依托自身丰富的信息资源、专业的服务能力及庞大的用户基础，与政界、文化界、商界等多个领域展开深度合作与资源共享，这一举措不仅拓宽了图书馆的服务边界，也为其注入了新的活力与可能性。通过跨界合作，图书馆得以提供更加个性化、多元化的服务体验，满足用户日益增长的信息需求，同时也为自身的业务拓展和服务效益提升开辟了新路径。

值得注意的是，无论是深植于学术沃土的大学图书馆，还是面向公众开放的公共图书馆，都在跨界合作中找到了自己的定位与价值。它们凭借独特的资源优势和服务特色，成功融入更广阔的社会经济体系之中，不仅增强了自身的竞争力与影响力，也为图书馆行业的创新发展贡献了新的智慧与力量。这一系列跨界实践，不仅验证了“互联网+”时代下跨界融合的巨大潜力，也为图书馆行业的未来发展指明了方向。

（一）与政界合作

图书馆，作为政府引领下的社会公共文化服务机构，其运作与发展与政府各部门紧密相连，在政策引导、资金扶持、人才配置及管理体系上均深度交织。深化与政府部门的业务协作，对于图书馆而言，是探索可持续成长路径的必然选择。近年来，图书馆积极响应政府号召，不仅在顶层规划层面与政府紧密对接，共同绘制资源建设、人员调配及业务版图拓展的蓝图，还致力于将政府的大政方针融入图书馆的未来发展愿景中，通过科学、全面且务实的顶层设计，为图书馆铺设了一条稳健前行的道路。

随着政府信息公开政策的推进，图书馆在参与政府数据开放领域展现出了积极姿态，不仅成了政府数据收集、整理、存储与发布的得力助手，还主动构建了一系列创新服务平台，如信息查询数据库、舆情交流互动平台及专家智库等，这些举措不仅丰富了政府信息的传播渠道，更有效搭建起政府与民众之间的沟通桥梁，促进了政策透明度提升、信息高效流通及民意及时反馈的良性循环。图书馆在此过程中的角色日益凸显，成了推动社会信息公开、增进民众参与感与信任度的关键力量。

（二）与文化界合作

在文化服务领域，图书馆与出版社、书店、博物馆、档案馆等机构间的紧密联系，为“互联网＋图书馆”模式下的跨界合作奠定了坚实基础。这一趋势的先声，可追溯至21世纪初内蒙古图书馆与新华书店携手推出的“彩云服务”项目，其“你选书、我买单”的创新模式，开创了图书馆跨界合作的先河。随后，众多图书馆纷纷效仿，将这一模式深化拓展至与书店及出版商的紧密协作中，构建起以用户为中心的新型图书采购与服务体系。通过彩云服务平台，用户能够便捷地利用手机进行扫码查询、地图导航寻书、在线下单乃至一键传书等操作，享受个性化选书与即时借阅的便利，同时，图书的自动转借功能更免去了烦琐的归还手续，极大地提升了用户体验与图书流通效率。

不仅如此，图书馆还积极寻求与博物馆、档案馆的跨界融合，三者虽各具特色，但在承载历史记忆、履行社会教育职能等方面有着共通之处。借助互联网与大数据技术的强大支撑，这些文化机构能够携手共建数字资源服务平台，实现资源的深度整合与优势互补。数据共享、服务互嵌，不仅丰富了各自的服务内容与形式，还促进了文化知识的广泛传播与深度利用，共同编织出一张覆盖广泛、功能多元的文化服务网络，展现了跨界合作在推动文化服务创新与升级中的巨大潜力。

（三）与商界合作

在“互联网＋”时代背景下，图书馆单打独斗已难以满足跨界融合的需求，唯有携手数据库商、软件开发商及金融服务商等多元伙伴，方能在资源有限的情况下，通过协同合作拓宽服务维度，优化服务效能。具体而言，与数据库商的合作，如中国知网等，极大地丰富了馆藏资源，简化了用户检索、获取资源的流程，顺应了数字阅读潮流，促进了电子资源的普及与成本效益的平衡，构建了图书馆、数据库商与出版商间的共赢生态。

同时，与软件开发商的紧密协作，为图书馆量身定制了手机图书馆、移动服务等创新平台，弥补了技术短板，强化了软硬件基础设施，为用户提供了更加便捷、高效的服务渠道，推动了服务模式的革新。

此外，与金融服务商如腾讯、阿里的合作，则引领了图书馆支付方式的革新，如支付宝、微信支付等集成服务，不仅优化了用户体验，还以浙江图书馆的“U书”快借服务为例，展现了线上线下融合的服务新模式，极大地提升了服务效率与覆盖面。

更进一步，图书馆还跨界联手咖啡馆、茶楼等休闲场所，共同打造“城市第三空间”，不仅拓展了服务场景，还营造了浓厚的阅读氛围，促进了全民阅读文化的普及。这一系列跨行业合作，不仅是“互联网＋”思维在图书馆领域的生动实践，更是图书馆转型升级、实现服务创新与效益跃升的关键路径。

三、跨区域合作

中国以其广袤的地域、丰富的自然资源和多元的民族构成著称，然而，区域间政治、经济、文化及科技发展的不均衡，加之时空限制、地域差异及城乡鸿沟，长期以来阻碍了公共文化资源服务的公平分配。互联网的迅猛发展，如同一股强大的均衡力量，有效打破了地域壁垒，为全社会公共文化服务的均等化开辟了新路径。图书馆，作为公共文化服务体系中的关键一环，肩负着保障公民文化权益、促进社会公平正义及落实公共文化均等化服务的重要使命。在“互联网＋”思维的引领下，图书馆可以跨越地理位置的界限，无视区域发展程度的差异，突破行政级别的限制，积极开展跨区域合作。这种合作模式不仅有助于缩小地区间的数字鸿沟，还能确保公共文化服务实现地域无死角、时间无间断、人群全覆盖，让每一位公民都能享受到均等的文化资源与服务，共同迈向文化繁荣的新时代。

首先，中国辽阔的地域版图，自然划分为东北、华北、华东、华中、华南、西南及西北等区域，地域辽阔且各具特色，传统合作模式下，地理距离曾是合作的天然屏障。然而，在“互联网＋”的浪潮下，这一界限被彻底打破，使得跨地域合作成为可能，且成效显著。“互联网＋图书馆”的跨地理位置合作模式，正是这一变革的直接体现，它不仅极大地促进了资源的共建共享，实现了知识无界流通，还显著提升了图书馆的服务效能，让泛在化、个性化的服务触达每一个角落，惠及每一位用户。

图书馆联盟作为跨地域合作的典范，通过数字化桥梁，将散落各地的图书馆紧密联结成一个有机整体。这些联盟基于共同的价值认同与合作协议，跨越地理限制，共享资源、协同服务，形成了强大的合力。它们不仅优化了资源配置，避免了重复建设，还通过联合采购、数字资源共享、互借互还等方式，极大丰富了馆藏资源，拓宽了服务范围，为用户提供了更加丰富、便捷的知识获取途径。这种合作模式，无疑是图书馆界适应互联网时代需求，实现转型升级的重要途径之一。

其次，图书馆事业的发展进程中，发展程度的差异显著，这往往源于不同机构间发展理念的迥异。重点大学图书馆及国家级图书馆，凭借其雄厚的资金实力、丰富的馆藏资源、先进的技术支撑和人才优势，展现出强大的创新活力与前瞻视野，成为新兴技术应用领域的引领者。以国家图书馆为例，其“掌上国图”手机图书馆服务的推出，不仅革新了信息咨询、移动检索、读者服务及资源阅读的传统模式，更通过持续优化用户体验，紧跟信息技术步伐与用户习惯变化，树立了行业标杆。

相比之下，中小型图书馆受限于资金、资源、技术及人才等方面的不足，发展步伐相对滞缓，面临被边缘化的风险。面对这一挑战，寻求合作成为破局关键。信息网络技术的飞速发展，为图书馆间的合作搭建了便捷桥梁。无须高昂成本，仅需构建信息共享平台，实现数字图书馆间的互联互通，即可促进资源互补与经验共享，实现双赢乃至多赢的局面。

在此背景下，图书馆界应深刻认识到，单打独斗已难以应对快速变化的市场需求与技术革新。唯有携手并进，建立跨界合作关系，以团队之力共谋发展，方能在新时代的浪潮中屹立不倒。通过加强信息保障体系建设，促进知识资源的开放共享，图书馆不仅能提升自身服务能力与竞争力，更能为推动整个文化事业的繁荣与发展贡献力量，共同书写图书馆事业的新篇章。

最后，在行政级别的框架下，图书馆因归属不同管理机构及服务对象的不同，呈现出多样化的行政层级划分。高校图书馆紧密服务于其所在院校，受上级教育主管部门的直接管辖；而公共图书馆则侧重于服务地方民众，归属地方行政体系管理。传统观念中，高级别主管单位的支持往往意味着更充足的资金、先进的技术及专业的人员配置，为图书馆的发展铺设了更为坚实的基础。然而，对于隶属低级别主管单位的图书馆而言，资源的匮乏成为制约其发展的瓶颈。

“互联网 +”的兴起，如同一股清流，冲破了行政级别的壁垒，为各级各类图书馆搭建了一个平等交流、资源共享的广阔平台。在这一平台上，图书馆的“去中心化”服务成为可能，无论其行政级别高低，都能通过互联网这一桥梁，共同享用丰富的公共资源，向全球用户提供无差别的服务。这种合作模式不仅打破了地域与行政级别的限制，确保了资源分配的公平性，还使得偏远地区的用户也能享受到来自大城市或发达地区的优质图书馆资源，极大地促进了公共文化服务的普及与均衡。

因此，“互联网 + 图书馆”的发展路径，应聚焦于深度挖掘合作潜力，探索多元化的合作机制与可能性，积极寻求跨领域、跨行政级别的合作伙伴。通过跨界合作，图书馆不仅能够更好地履行公共文化服务的使命，还能积极参与到文化创意产业的繁荣发展中，进一步保障公民的文化权利，推动社会的公平与和谐。这一过程，不仅是图书馆自身转型升级的必经之路，也是构建全民共享、文化繁荣社会的重要一环。

跨界合作的高效推进，不仅是“互联网 + 图书馆”发展浪潮中的必然趋势，也是图书馆拥抱新兴技术、实现自我革新与时代融合的关键举措。这一合作模式深刻促进了图书馆与其他行业间的资源互补、共建共享，实现了人力资源、资本、信息、技术等核心要素的深度融合与优化配置，为用户带来了前所未有的优质服务体验。在深化服务内涵、拓宽服务边界及激发服务创新方面，跨界合作展现出了巨大潜力与价值。展望未来，“互联网 + 图书馆”的发展将聚焦于三个核心方向：一是基于知识供应链的纵向合作，强化知识流转与价值创造的连贯性；二是围绕利益相关者的横向合作，构建多元化共赢的生态体系；三是适应用户工作流的跨越式合作，提供高度个性化的智慧服务。这些新趋势将为图书馆带来前所未有的挑战与机遇，推动其向全方位、多层次、立体式的智慧跨界服务模式迈进。

第五节 人性化的营销策略

一、多元化的营销手段

在图书馆引入新技术、新业务或新应用之际，有效的宣传推广，即营销策略的实施，成了至关重要的一环。它不仅关乎于业务的认知度，更直接影响到用户的参与度和体验度。传统图书馆往往依赖于宣传栏、电子屏、短信推送及主页链接等较为单一且被动的推广方式，这些手段虽有其效用，但受限于传播范围与互动性，难以触达更广泛的受众群体，也难以激发用户的主动兴趣。

“互联网+图书馆”模式则彻底革新了这一局面，通过融合线上线下渠道，实施泛在化与精准化并重的多元化营销策略，极大地提升了营销活动的频率与效率。线上方面，利用社交媒体、搜索引擎优化、内容营销、KOL合作等手段，图书馆能够跨越时空界限，将信息精准送达目标用户群体，实现高效互动与广泛传播；线下方面，则通过创意展览、体验活动、社区合作等形式，为用户创造沉浸式体验场景，加深其对新业务的理解与兴趣。

这种多维度的营销策略，不仅拓宽了营销路径，还赋予了图书馆服务更强的个性化色彩。通过大数据分析、用户画像构建等技术手段，图书馆能够深入理解用户需求与偏好，从而提供更加贴合个人喜好的差异化服务，进一步增强用户黏性，促进业务的长远发展。

首先，线上线下营销服务。“互联网+图书馆”模式通过深度融合互联网与数字技术，成功地将传统线下业务、服务及资源无缝迁移至线上平台，实现了资源的全面整合与服务的多元拓展。其中，虚拟线上营销服务作为核心策略之一，依托大数据技术的强大支撑，对海量数据进行智能集成、聚合、重组与关联，将传统馆藏资源转化为信息层与知识层的数据资源，并借助手机客户端、微信平台及虚拟图书馆等渠道，实现跨时间、空间、地域与行业的资源共享与推送。用户因此能够利用便捷的数字化工具，轻松完成阅读材料的浏览、检索、在线阅读、收藏及互动分享，彻底摆脱纸质媒介的限制，享受随时随地的阅读与研究自由。这种高效直接的虚拟营销方式，以其简单快捷、无时空约束的特性，正逐步成为图书馆阅读推广的主流模式。

与此同时，实体线下营销服务亦在“互联网+”的浪潮中焕发新生。它摒弃了传统图书馆单一被动的宣传手段，转而利用互联网环境构建互动营销体系。通过精准推送用户感兴趣的服务项目，鼓励用户通过订阅、点评与咨询等方式主动反馈需求，图书馆据此量身定制线下活动，邀请用户亲身体验与参与。这种以用户为中心的服务模式，不仅确保了服务的针对性与有效性，还极大地增强了图书馆与用户之间的沟通与联系，提升了用户对图书馆的认同与好感，共同推动了图书馆服务向更加人性化、精准化的方向发展。

其次，泛在化营销服务。“互联网＋图书馆”深度融合物联网、大数据、云计算及人工智能等前沿技术，重塑了服务模式，实现了泛在化服务的愿景。物联网作为感知层，源源不断地采集各类数据，为图书馆构建起庞大的数据生态。云计算则扮演处理中枢的角色，对这些海量数据进行深度提炼、有序整理、精准分类与高效存储，转化为宝贵的用户行为轨迹、兴趣偏好等洞察信息。在此基础上，智能识别、跟踪与推送机制被激活，使得图书馆服务跨越时空限制，只要有网络连接，服务即触手可及。这种服务模式摒弃了传统意义上的特定对象、内容与方式，实现了人与人、物与物及人与物之间的无缝智能互联，让图书馆服务如影随形，无处不在。

人工智能与大数据的深度融合，为泛在化营销服务注入了新的活力。AI 技术能够智能描绘用户画像，精准捕捉性别、年龄层及潜在需求等关键信息，构建出多维度的用户分析模型，进而实现需求场景的即时匹配与推广资源的精准投放。同时，通过创新的语音交互、趣味游戏、即时问答等多种形式，不仅丰富了用户互动体验，更在轻松愉悦的氛围中深化了用户对资源的理解，增强了推广项目的吸引力。场景化展示策略的运用，进一步激发了用户的探索欲与参与感，促使他们主动拥抱图书馆提供的各类营销服务。

总而言之，泛在化营销服务已成为图书馆在互联网时代的标志性服务范式。它依托于泛在化的网络架构、资源池、技术平台及服务生态，确保用户无论身处何地、何时，都能无缝接入图书馆资源与服务，甚至在不经意间已受益于图书馆的智慧与助力，展现了图书馆服务前所未有的广度与深度。

最后，精准化营销服务。在“互联网＋”时代背景下，数据洪流以前所未有的速度席卷各行各业，其中图书馆作为知识资源的宝库与信息传播的核心阵地，亦不可避免地被这股数据浪潮深刻影响。面对呈指数级增长的海量数据，包括资源数据、用户行为数据、门禁管理数据、借阅记录、资源利用率统计及访问模式等多元化信息的不断涌现，图书馆传统的服务模式面临着前所未有的挑战与机遇。为了有效应对这一变革，图书馆界积极探索精准化营销服务策略，力求在信息的海洋中精准导航，为用户提供个性化、高效的服务体验。

精准化营销服务，作为图书馆适应网络信息社会发展的重要举措，其核心在于通过深度剖析用户心理与行为特征，实施精细化管理和定制化服务。这一过程涵盖了精准信息获取、精准用户推广、精准资源推送及精准决策预测四大关键领域。具体而言，图书馆借助先进的技术手段，如大数据分析、人工智能算法等，对用户信息进行全面而精准的收集与分析，不仅限于用户的基本属性（如姓名、性别、年龄等），更深入用户的行为习惯（如借阅偏好、搜索行为、互动记录等）及关联信息（如社交网络活动、消费习惯等），从而构建出用户需求的立体画像。

在此基础上，图书馆能够实施精准的用户推广策略，根据用户的差异化需求，设计并推送个性化的营销信息与活动方案。例如，对于高频借阅者，提供优先服务权限、定制化书单推荐及跨馆借阅特权等增值服务；对普通用户，则注重普及图书馆日常服务信息，增强用户黏性；而针对潜在用户，则通过兴趣关联服务激发其使用意愿。这种分层次的推广策略，旨在最大限度地满足各类用户的独特需求，提升服务的吸引力和满意度。

精准资源推送则是图书馆精准化服务的重要一环。通过学科专业分类与用户需求分析，图书馆能够精准识别并匹配用户的学术需求，提供定制化的资源推送服务。这不仅包括图书、期刊等传统文献资源的精准投放，还涵盖了在线课程、数据库访问权限、学科前沿资讯等多元化资源的个性化推荐，帮助用户高效获取所需知识资源，提升学习效率与科研产出。

精准决策预测为图书馆的未来规划与用户服务提供了科学的决策依据。通过对大数据的深度挖掘与分析，图书馆能够预测用户未来的行为趋势与需求变化，及时调整服务策略与资源配置，为用户提供更加前瞻性的支持与指导。这种基于数据的决策方式，不仅提升了图书馆的管理效率与决策科学性，也进一步增强了用户对于图书馆服务的信任与依赖。

精准化营销服务作为“互联网+图书馆”时代下的一种创新服务模式，正以其独特的优势与魅力，引领着图书馆服务向更加人性化、智能化的方向迈进。它不仅有效应对了海量数据带来的挑战，更在提升用户满意度、增强图书馆核心竞争力方面发挥着不可替代的作用。

二、全方位的营销渠道

自媒体是指普通大众通过网络等途径向外发布自身的事实和新闻的传播方式，是人们追求一种简单、快捷、趣味性需求的表达方式。其内容包括一些规范性及非规范性信息，具有私人化、平民化、普泛化、自主化特征。随着5G网络技术发展，“互联网+图书馆”将更加频繁地利用自媒体来作为内容的传播核心，它的碎片化、短视频、自主性等特性越来越受广大用户青睐：一方面，它能够在短时间内、以丰富的短视频方式表达各种各样心情，充分展现出个人性格、特征、喜好、情绪等内容，无论从商业角度还是个性表达角度都具有直观、简洁、明了的优势；另一方面，它可以通过个人力量带动大众力量，用户可利用网络社交工具，如微博、微信等，将自己亲眼所见、亲耳所闻的事件进行发布，形成讨论热点或热门话题，吸引更多用户来参与或发表观点。因此，图书馆可以利用自媒体的传播力量来进行阅读营销推广，利用名人效应或圈粉效应来吸引众多用户关注，将好书、新书、经典图书利用短视频或名人推荐方式进行宣传推广，让用户成为传播主体，形成一传十、十传百、百传千的传播效应，营造全民阅读的氛围。

首先，自媒体是传播核心。自媒体作为一股不可忽视的力量，正深刻改变着信息传播的方式与格局。它赋予了普通大众以简单、快捷、趣味性的途径，通过网络平台自由发布个人经历与见解，内容覆盖规范与非规范信息，展现出私人化、平民化、普泛化及自主化的鲜明特征。在5G技术浪潮的推动下，“互联网+图书馆”模式将自媒体视为内容传播的核心引擎，充分利用其碎片化、短视频化及高度自主性的特点，以迎合广大用户群体的偏好。

自媒体以其独特的魅力，在短时间内通过生动的短视频形式，直观展现个人情感与特色，无论是商业推广还是个性展现，都彰显出简洁明了的优势。更重要的是，它激活了个人与大众之间的连接，用户借助博客、微博、微信等社交媒介，将亲身经历转化为网络热议话题，引发广泛讨论与共鸣。

在此背景下，图书馆应把握自媒体的传播势能，创新阅读推广策略。通过名人效应与社群影响力，将优质图书、新书速递及经典之作以短视频或名人推荐的形式呈现，激发用户的兴趣与参与热情。用户不仅是信息的接收者，更是传播链上的活跃节点，形成裂变式的传播效应，从一人影响十人，再到百人、千人，最终汇聚成推动全民阅读的强大力量，共同营造浓厚的书香社会氛围。

其次，新媒体是传播载体。新媒体，作为数字技术的璀璨结晶，依托计算机网络、无线通信网及卫星等传输渠道，并巧妙融合计算机、手机、数字电视机等多元终端，为用户带来了一场信息传播与服务的革新风暴。这一形态不仅重塑了信息传播格局，更以其强大的互动能力、广泛的覆盖范围、多样的传播路径、迅捷的传播速度及即时的反馈机制，展现出传统媒体难以企及的营销魅力。从早期网站、论坛的萌芽，到博客、微博的兴起，再到当下微信、抖音等平台的繁荣，新媒体不断进化，实现了信息从单向传播到点对点精准触达的跨越。

在图书馆领域，新媒体营销平台，尤其是短视频与直播App的崛起，正成为推广服务品牌、激活阅读活动、通报新书资讯的新宠。它们精准捕捉了当代用户追求碎片化、浅阅读及新鲜体验的心理趋势，通过直观、精炼且富有创意的内容呈现，有效激发了公众对图书馆的兴趣与参与度。这一趋势预示着，借助新媒体这一活力四射的传播媒介，“互联网+图书馆”的智慧服务模式将步入更加顺畅的发展快车道，持续拓宽服务边界，深化用户体验，引领图书馆行业迈向更加智慧、高效的未来。

最后，全媒体是传播手段。全媒体时代，标志着传统媒体与多媒体的深度交融，开创了媒体跨界营销的新纪元。这一融合不仅涵盖了电视、广播、报纸、杂志等经典媒介形式，还吸纳了跨越时空限制、融合声、图、动画于一体的多媒体元素，实现了从三网融合到万物互联的跨越性发展。随着社交媒体的风靡与“AI+5G”技术的革新，直播互动与即时通信成为用户的新宠，全媒体服务应运而生，广泛渗透于社会生活的方方面面，如5G赋能的全媒体春晚直播、高效便捷的远程会议、精密复杂的机器臂医疗手术，以及智慧交通系统的全面升级，均彰显了全媒体服务智慧化、个性化、泛在化的特性。

在此背景下，“互联网+图书馆”亦需紧跟时代步伐，探索全媒体跨界营销新路径。通过精准把握用户群体特征，打造精炼而吸引人的营销内容，融合交互体验与口碑传播策略，构建“媒体—用户—服务”三位一体的紧密连接。此模式旨在将各类媒体平台转化为营销的主战场，使每位用户都成为潜在的传播媒介，形成全天候、全方位的营销覆盖。通过这样立体多维的全媒营销体系，图书馆不仅能够拓宽服务边界，提升品牌影响力，还能更加紧密地连接用户，满足其多元化、个性化的知识需求，共同推动图书馆服务向更加智慧、开放、互动的未来迈进。

三、常态化的营销机制

为了深化营销手段、拓宽营销渠道，图书馆亟须构建一套科学、系统且常态化的营销机制，以驱动营销活动的持续成功。“互联网＋图书馆”模式巧妙融合了物联网、大数据、云计算等先进技术，深入洞察用户心理、活动轨迹、生活习惯、兴趣偏好及社交模式，从用户视角出发，创新营销策略，旨在搭建起一座信任与沟通的桥梁，实现营销的主动化、精准化与适时化。这一机制致力于将营销活动转化为用户的愉悦体验、主动接纳与刚性需求，让服务成为用户日常生活中不可或缺的一部分，从而确立一种常态化的服务模式，促进图书馆与用户间的双赢局面。

常态化营销机制的核心要素包括：塑造鲜明的品牌形象，以增强品牌认知与忠诚度；营造愉悦的服务体验，让用户享受每一次互动；促进积极的双向交流，鼓励用户反馈，持续优化服务；以及实施定期的效果评估，通过数据驱动决策，确保营销活动的持续优化与成效提升。这四个方面相互支撑，共同构成了评价图书馆营销成效的关键维度，为图书馆在数字化时代下的营销策略制定与执行提供了坚实框架。

（一）良好的品牌效应

在互联网编织的广袤社交网络中，QQ 群、微信群、朋友圈及各类兴趣社群如雨后春笋般涌现，构建了错综复杂的个人社交图谱。信息以惊人的速度穿梭其间，任何热点话题都能在瞬息间触达每个角落的个体。面对如此强大的传播效能，“互联网＋图书馆”应把握机遇，积极拥抱网络营销策略，精心塑造并推广自身品牌形象。通过利用拥有庞大用户基数的互联网平台，图书馆不仅能够迅速积累正面口碑，还能在为用户提供优质服务的过程中，激发其内心的满足与荣耀感，促使他们自发成为品牌的传播者，形成一股由内而外、层层递进的口碑浪潮，为图书馆赢得更广泛的社会认知与认可。

（二）愉悦的体验感受

“互联网＋图书馆”的革新之旅，借助前沿技术如人工智能与 5G 的赋能，正引领用户步入一个前所未有的体验时代。通过深度技术改造与升级，图书馆不仅重塑了服务形态，更激发了用户的探索欲与参与热情，让每一次访问都成为一场愉悦的发现之旅，促使他们逐渐成为图书馆的忠实拥趸。

在智能科技的驱动下，高性能智能终端以其卓越的性能与流畅的交互体验，让信息传输、处理及设备控制变得前所未有的智能与高效，进一步激发了用户通过网络平台展现自我、参与互动的热情。网络直播作为新兴的营销手段，为图书馆搭建起实时互动的舞台，用户在与主播的交流中感受到被重视与连接，新书推荐也因此变得更加生动立体，有效激发了读者的阅读兴趣。

同时，虚拟现实技术的融入，更是为用户开启了一扇通往沉浸式体验的大门，通过多感官交互模拟自然场景，让用户在虚拟世界中自由探索，享受身临其境的奇妙感觉。然而，技术之外的人文关怀同样不可或缺，图书馆需以温情的语言、细致的服务，构建温馨的交流氛围，让用户感受到家的温暖。

尤为重要的是，在享受技术便利的同时，用户个人隐私的安全防护成为图书馆不可忽视的责任。面对网络时代的潜在风险，图书馆应筑起坚固的信息安全防线，确保用户身份信息、数据资料及研究成果的安全无虞，让用户在使用服务时能够无后顾之忧，真正体验到安心与愉悦。这种对用户隐私的尊重与保护，不仅是图书馆服务品质的重要体现，更是其营销成功的关键所在。

（三）积极的互动交流

传统互动模式受限于时空，主要通过问答、交谈等间接方式进行意见交流，而互联网则彻底革新了这一格局，让即时通信与反馈成为可能。在“互联网+图书馆”的语境下，微信、QQ、短视频及在线直播等新媒介成了连接图书馆与用户的桥梁。通过这些平台，图书馆不仅能够以图文并茂的形式展示营销方案，吸引用户参与并通过社交分享获取奖励，享受增值与特色服务，从而借助用户的社交网络实现口碑传播；同时，视频直播的引入更是极大地增强了互动性，图书馆能定时开播，融合问答、抽奖等环节，直观展示最新业务、技术与服务，激发用户热情，促进深度参与。直播回放功能则确保了信息的持久传播与用户的随时回顾，留言反馈机制则为用户表达意见提供了便捷渠道。积极互动是“互联网+图书馆”模式下沟通的核心，它促进了图书馆对用户需求的精准把握与服务策略的动态调整，同时也让用户的声音得以迅速反馈，形成图书馆与用户间紧密配合、共融共生的良性循环。

（四）定期的效果评估

效果评估作为营销策略优化不可或缺的一环，其核心在于通过周期性地对营销规划、工具应用、实施手段及成果进行全面审视，以数据为镜，映射营销成效，指引策略调整方向。针对多样化的营销渠道，我们应采取定制化评估策略，确保结论的客观性与科学性。传统营销侧重问卷、访谈与统计，捕捉用户反馈与参与热情；网站营销则聚焦于注册、点击、收藏、转载等量化指标，衡量在线互动深度；微信营销则通过到达、打开、阅读、参与及停留时间等维度，洞察用户兴趣与忠诚度。评估过程中，我们需秉持全局视角，避免片面论断，持续监测以累积全面认知。

大数据与云计算技术为长期、系统的评估工作奠定了坚实基础，它们能够剥离主观偏见，以海量客观数据为支撑，精准刻画营销实效，特别是在“互联网+图书馆”领域，用户每一次网络行为均留下数字足迹，成为评估的重要依据。图书馆借此得以实时追踪用户行为轨迹、参与度及访问规律，动态调整策略，累积成功经验，为后续营销蓝图绘制奠定坚实基础。

构建“互联网+图书馆”的繁荣生态，需依托多元化营销手段、全方位渠道布局与常态化运营机制，共同编织一张吸引用户、提升体验的网。这一过程中，图书馆应致力于打造一个开放包容的服务环境，搭建互动交流的智慧空间，运用智能技术赋能专业服务，确保内容精准高效，合作广泛深入。最终，用户将深刻感受到图书馆的价值所在，自发成为其推广大使，共享知识盛宴，共舞于无限的网络知识宇宙之中。

第四章

智慧图书馆技术支持

第一节　物联网与 RFID 技术及其在图书馆的应用

一、物联网与 RFID 技术基础

（一）物联网与 RFID 的基本概念

物联网，作为互联网的深度拓展，其核心理念在于构建一个万物互联的世界。这一网络体系巧妙融合了各类信息传感设备，如无线射频识别（RFID）、红外传感器、全球定位系统、激光扫描仪及气体传感器等，实现了物体与互联网之间的无缝连接、信息交换、智能识别、精准定位、动态跟踪、有效监控及高效管理。其中，RFID 技术作为物联网关键技术之一，通过无线射频的方式，对附着于物体上的信息载体进行非接触式读写操作，促进了数据的无线传输与交换，彰显了其在自动识别领域的独特价值。

（二）RFID 与物联网的区别

当前，RFID 技术在众多非开放式领域内的事务管理中发挥着重要作用，但每个企业或单位往往根据其特定需求建立了独一无二的识别协议与标准，这在一定程度上限制了信息的流通与共享。相比之下，物联网技术则基于统一的协议和标准，构建了一个开放式的连接平台，其核心优势在于实现了信息资源的全球化共享。

在数据存储层面，RFID 技术倾向于将关键数据直接存储在嵌入被识别物体中的 RFID 芯片上，这种方式虽然保证了数据随物体移动而移动，但限制了数据的远程访问与共享能力。物联网技术则另辟蹊径，将物品信息集中存储在云端物联网平台上，通过物联网设备的实时数据采集与监控，用户可以在任何有网络连接的地方访问这些数据，极大地增强了数据的可访问性和灵活性。

应用领域与场景方面，物联网展现出了前所未有的广泛适应性。它不仅融合了红外、地磁感应、RFID、条码识别、无线通信等多种识别技术，还通过整合这些技术，在多个行业实现了高效准确的识别应用。其中，RFID 技术以其高准确率、长感应距离

和大信息量等显著优势脱颖而出，不仅限于物联网范畴，还深入渗透到微波通信、电磁技术、集成电路等多个高科技领域。

从开放性的角度来看，物联网技术真正实现了从封闭到开放的跨越。它打破了传统互联网的界限，将传感网、移动通信网、移动互联网等多种信息网络无缝连接，形成了一个覆盖全球、随时随地可接入的开放式系统。在这一框架下，RFID 技术的应用也呈现出两种形态：开放式与非开放式。开放式 RFID 系统通过全球唯一的 RFID 代码，实现了跨局域网的数据交换与信息共享，如跨国企业的全球供应链管理。而非开放式 RFID 系统则相对封闭，其数据交换与共享仅限于本地局域网内部，如图书馆图书管理、企业资产管理和人员考勤管理等，这些系统虽然高效服务于特定组织，但在数据互联互通上存在一定局限。

物联网技术以其全球化的资源共享、统一的协议标准及广泛的适用性，正逐步引领着信息识别与管理的新潮流，而 RFID 技术作为物联网技术的重要组成部分，也在不同开放程度的系统应用中发挥着不可或缺的作用。

二、RFID 技术应用于图书馆

（一）国内图书 RFID 标准

我国图书馆领域相关标准的制定工作，在文化和旅游部门的统筹领导下有序展开，由国家图书馆携手各级公共图书馆、高校图书馆及中国电子技术标准化研究院等专业机构共同参与标准的起草与研制。这一系列标准最终经由国家标准化管理委员会的统一审核与发布，确保了标准体系的权威性与统一性。

（二）图书馆 RFID 技术应用

1. 实现读者自助批量借还图书

传统图书馆依赖于条码与磁条技术处理图书借还流程，这一过程往往需要图书馆员逐册翻阅图书扉页，手动扫描条码并执行消磁操作，不仅耗时费力，还极大地限制了借还效率。相比之下，RFID 技术的引入彻底革新了这一局面，它赋能自助借还机，内置 RFID 智能标签读写器及 RFID 读者卡或身份证感应器，实现了图书信息的非接触式快速读取。凭借 RFID 技术卓越的防碰撞能力，系统能够同时精准识别并处理多本图书的信息，极大地加速了图书借还流程，不仅提升了工作效率，也显著增强了读者的服务体验，让图书馆服务更加高效便捷。

2. 实现图书快速盘点作业

图书馆创新性地引入 RFID 技术，构建了一套高效的移动盘点系统，极大地优化了图书盘点流程。该系统核心在于装备有 RFID 读写器的移动盘点车，能够非接触式地迅速扫描图书上的 RFID 标签及层架标，实现图书的快速定位、排架与流通资料统计，显著减轻了馆员的工作负担，并加速了数据收集效率。此系统不仅支持实时无线网络连接，确保数据即时更新，还具备离线盘点功能，灵活性十足。馆员通过移动盘点车上直观的人机交互界面，即可轻松完成盘点、定位与统计任务，提升了图书馆运营的整体效能。

3. 实现图书典藏管理工作

图书馆的传统管理模式中，开架与闭架书库的并存使得图书管理成为一项繁重任务，特别是当图书被借阅或随意放置导致乱架、错架现象频发时，图书馆管理员不得不投入大量时间与精力去搜寻、归位这些散落的文献，工作负担沉重。然而，RFID 技术的引入为这一难题提供了有效解决方案。通过将图书的原始架位信息精准录入 RFID 系统，管理员只需携带手持式阅读器进行快速扫描，即可即时获取乱架图书的准确位置信息，从而大幅简化了排架与整架流程，使图书管理工作变得更加高效便捷，有效减轻了管理员的工作强度。

4. 实现图书精准防盗

相较于传统的条形码与磁条防盗系统，其依赖人工消磁且易导致误报问题，RFID 技术的应用为图书馆防盗带来了革新。RFID 图书防盗系统巧妙地在防盗通道门内置阅读器，实时扫描经过图书的 RFID 电子标签，精准读取标签芯片内的数据，从而实现智能防盗报警。该系统通过集成的阅读器自动甄别图书的借阅状态，有效区分违规夹带与正常借阅图书，大幅降低了漏报与误报的发生率，减少了不必要的误会与干扰，提升了图书馆的安全管理效率与用户体验。

第二节　虚拟化技术及其在图书馆的应用

一、虚拟化技术

（一）虚拟化技术的基本概念

虚拟化技术作为一种革命性的 IT 资源管理方法，其核心在于通过软件手段映射与抽象物理资源，构建起一个管理层，进而简化和优化资源的管理与控制流程。该技术重新定义了 IT 资源的边界，使得服务器、存储及网络资源得以动态配置、灵活调度与跨域共享，极大地提升了资源利用率，降低了运维成本，并加速了服务部署速度。更重要的是，虚拟化技术构建了坚实的安全与可靠性基石，使 IT 资源能够更加灵活地支撑社会各界的多样化应用需求，真正转型为社会基础设施的一部分。

具体到实现层面，虚拟化技术能够将单一物理计算机转化为多个逻辑上独立的虚拟计算机，这一过程不仅是对物理资源的深度抽象，也是对计算能力的模拟、隔离与共享的全面展现。每台虚拟计算机均能承载独立的操作系统与应用程序，它们在各自的虚拟环境中独立运行，互不干扰，这不仅确保了应用的隔离性与安全性，也极大提升了物理硬件的工作效能与整体系统的灵活性。

（二）常见的虚拟化技术

1. KVM 虚拟化技术

KVM，作为内核虚拟化的杰出代表，深深植根于 Linux 内核之中，成为系统虚拟化领域的一颗璀璨明星。这一技术并非从零开始构建全新的虚拟化层，而是巧妙地利用了 Linux 内核自身的强大功能与调度机制，通过加载特定模块，将 Linux 内核直接转变为一个高效的 Hypervisor。KVM 的诞生，得益于以色列创新企业 Qumranet 在 VDI 产品开发过程中的深刻洞察与技术创新，它不仅简化了虚拟化技术的复杂性，还极大地推动了虚拟化技术在 Linux 生态系统中的普及与应用。

KVM 架构的精妙之处在于其双组件设计：KVM 模块与用户空间中的 QEMU。KVM 模块，作为整个虚拟化架构的心脏，承担着初始化 CPU 硬件、激活虚拟化模式及为虚拟客户机运行提供坚实支撑的重任。它专注于利用硬件辅助虚拟化技术（如 Intel VT 和 AMD - V），确保虚拟化过程的高效与稳定。在 Intel 平台上，KVM 模块的工作流程细致入微：从加载时初始化内部数据结构，到检测 CPU 特性并激活虚拟化模式，再到设置 VMXON 指令将系统切换至根模式，每一步都精心设计，以确保虚拟环境的安全与性能。此外，KVM 还通过创建特殊设备文件/dev/kvm，为用户空间程序（如 QEMU）提供了与内核进行交互的桥梁。

另外，QEMU 作为用户空间的重要组成部分，虽然并非 KVM 的固有部分，却扮演着不可或缺的角色。QEMU 以其纯软件实现的虚拟机技术闻名，虽然性能上相较于硬件辅助虚拟化有所不及，但其广泛的平台兼容性和完整的虚拟化功能集（包括处理器、内存及多种虚拟设备的模拟）为 KVM 提供了丰富的虚拟环境构建基础。KVM 通过集成并优化 QEMU 的代码库，实现了对虚拟设备的高效模拟与管理，使得虚拟机在输入/输出操作时能够无缝切换回 QEMU 处理，从而保证了虚拟机的完整功能与用户体验。

总之，KVM 通过其独特的架构设计与对 QEMU 的巧妙集成，实现了硬件虚拟化与软件模拟的优势互补，为用户提供了高性能、高兼容性的虚拟化解决方案。这一技术不仅简化了虚拟化应用的开发流程，还极大地推动了云计算、大数据等领域的发展，成为现代 IT 基础设施中不可或缺的一部分。

2. Xen 虚拟化技术

Xen 作为一种前沿的裸机虚拟化解决方案，直接运行于系统硬件之上，作为第一类 hypervisor，它构建了裸金属架构的核心。Xen 不仅兼容全虚拟化技术，更以其半虚拟化特性著称，通过在底层硬件与上层虚拟机之间巧妙插入虚拟化层，实现了系统资源的逻辑化池化管理。这一机制使得 Xen 能够动态、灵活地分配计算资源给各类操作系统及应用程序，确保虚拟机中的系统仿佛直接运行于物理资源之上，体验无缝对接。

Xen 的一大亮点在于促进了 hypervisor 与虚拟机之间的直接通信，显著提升了交互效率。尤为值得一提的是，其半虚拟化技术极大地优化了性能表现，即使未经修改的操作系统也能在 Xen 上高效运行，无须依赖复杂的硬件仿真过程。这一特性让虚拟机能够直接感知到 hypervisor 的存在，无须模拟虚拟硬件环境，从而解锁了设备的高性能潜力，确保了资源利用的最大化与操作效率的提升。

3. VMware 虚拟化技术

（1）VMware Workstation（桌面版虚拟化平台）

VMware Workstation，作为VMware公司旗舰级虚拟化软件产品，专为台式机和工作站设计，自推出以来便引领着虚拟化技术的前沿。这款具有里程碑意义的产品，是VMware公司商业化探索的首秀，其早期创新性地运用了公司标志性的二进制翻译技术，即在x86 CPU原生硬件虚拟化技术尚未普及的时代，便率先为市场提供了纯软件驱动的全虚拟化方案。VMware倾注大量研发资源于二进制翻译技术的优化与精进之中，该技术的卓越表现甚至超越了同期第一代CPU硬件虚拟化产品的性能，展现了软件虚拟化技术的无限潜力。值得注意的是，VMware Workstation与KVM虚拟化技术共享一个运行前提，即均需在宿主操作系统之上部署运行，这一共同点也映射出虚拟化技术在不同实现路径下的共通之处。

（2）VMware ESX Server（企业服务器虚拟化平台）

VMware ESX Server，一款直接运行于硬件之上的企业级虚拟化平台，其卓越之处在于支持单个虚拟机并发利用多达四个物理处理器，极大地提升了计算效能。该平台与VMFS紧密协作，实现了多个ESX服务器间块存储资源的无缝共享，进一步增强了资源管理的灵活性与效率。VMware还构建了一套全面的虚拟化管理生态系统，其核心为虚拟中心，该中心集成了包括Vmotion（支持虚拟机实时迁移）、DRS（动态资源调度以优化物理资源利用）、HA（高可用性保障硬件故障自动恢复）、集成备份解决方案（实现LAN－free环境下的虚拟机自动备份）、Vmotion存储器（促进虚拟机磁盘的灵活迁移）及更新管理器（自动化补丁与版本管理）在内的多项关键功能，全面赋能虚拟化IT环境的智能化管理与运维。

此外，VMware引领行业潮流，推出了vSphere——一个基于软件定义计算、存储与网络的现代基础设施平台，特别是其超融合基础架构版本，更是将虚拟化技术推向了新高度。vSphere通过引入基于HTML5的vSphere Client，为vSAN管理员带来了前所未有的统一且直观的管理体验，同时注入了新功能和优化的工作流程，极大地简化了vSAN操作。vSphere的核心价值在于它成功地将应用程序与操作系统从底层硬件中解耦，这一变革不仅简化了IT操作流程，还允许用户以资源池的形式管理服务器资源，确保应用程序享有专属资源的同时，整个IT环境在保持高度简化的同时，也具备了强大的恢复能力，从而为企业业务的连续稳定运行奠定了坚实基础。

4. Docker 容器虚拟化技术

Docker作为一款前沿的软件容器解决方案，针对运行环境与配置管理的复杂性提供了高效的容器虚拟化技术。其核心基于Linux容器技术，实现了一种轻量级的操作系统虚拟化方案。Docker通过构建一套标准化的容器创建、部署与运行框架，开创了容器云与终端一体化的开放平台模式，显著加速了开发到部署的全流程效率。其迅速崛起的原因，在于云计算浪潮中，Docker能够提供标准化的服务方案，有效补充乃至在某些场景下替代传统虚拟化技术，满足行业对灵活性与效率的双重追求。

从技术层面剖析，Docker 的虚拟化机制侧重于进程级而非硬件级，它直接在宿主机的操作系统内核上运行容器，实现了资源的高效隔离与利用，所有容器共享同一操作系统内核，确保了环境的一致性。架构上，Docker 相较于传统虚拟化技术更为精简，省去了 Hypervisor 层与 Guest OS 层，仅通过 Docker Engine 实现资源的调度与隔离，使得应用直接运行于宿主操作系统之上，从而在体积、启动速度及性能上更接近于裸机，展现出卓越的性能优势。

应用场景上，Docker 与虚拟化技术各有千秋，Docker 在软件开发、测试阶段展现出快速迭代与部署的优势，而虚拟化技术在生产运维环境中则以其强大的隔离性与资源管理能力见长，两者相辅相成，共同推动着 IT 基础设施的现代化进程。

二、虚拟化技术应用于图书馆

（一）图书馆虚拟化管理的优势分析

1. 数据迁移简便易行

在虚拟机技术兴起之前，物理机之间的系统迁移高度依赖于烦琐的系统备份与还原流程，这一过程不仅耗时耗力，还需手动在源主机上备份业务系统与数据，通过存储介质中转，最终在目标主机上恢复，效率低下。随着虚拟化技术的飞跃，系统迁移迎来了前所未有的灵活性与多样性，涵盖了 P2V（物理机到虚拟机）、V2V（虚拟机到虚拟机）、V2P（虚拟机到物理机）等多种模式。特别是在数字图书馆这一特定领域的虚拟化管理实践中，V2V 迁移模式因其能够在不同物理服务器间无缝迁移虚拟服务器，且迁移过程迅速高效，对源主机性能影响微乎其微，而成为最为广泛采用的技术方案。

2. 隔离措施保障数据安全

在构建数字图书馆虚拟化解决方案的基石中，分区扮演着至关重要的角色。这一基础组件确保了所有虚拟计算机之间的完全隔离，这是维护系统稳定性和安全性的关键。通过隔离机制，各虚拟机上的进程、DLL 动态链接库及应用程序被严格区分开来，有效避免了相互间的潜在干扰，保障了每个虚拟环境的独立性和纯净性。相较于传统的物理机环境，虚拟化技术通过其独特的组件架构和访问节点的灵活配置，不仅提升了系统的灵活性和可扩展性，还显著降低了虚拟服务器遭受常规性网络攻击的风险。这是因为虚拟化层为数据访问和存储提供了额外的安全屏障，使得数据在虚拟环境中得到更加周全的保护，从而增强了数据的安全性与完整性。

3. 服务器利用率得到提升

在数字图书馆虚拟化管理框架内，构建高效的虚拟化架构对于提升物理服务器承载能力是至关重要的。理想状态下，当硬件资源充裕时，单个物理机能够支撑起更多虚拟服务器的运行，从而极大化服务器的资源利用率。尽管虚拟化技术本身对虚拟服务器数量的设置并无硬性上限，但实践中必须审慎权衡，细致考量性能损耗这一关键因素。合理规划虚拟化服务器的部署规模，旨在找到一个既能确保足够虚拟服务器数量以应对需求增长，又能有效控制性能损耗、维持系统整体性能的平衡点，这是实现数字图书馆虚拟化高效运维的关键所在。

4. 部署效率大大提高

面对图书馆内机房服务器、电子阅览室终端、办公区计算机终端及服务区查询机等众多设备的庞大体系，频繁的系统故障无疑给管理工作带来了沉重的负担，不仅耗时耗力，还影响了整体服务效率。为此，引入数字图书馆虚拟化管理方案成为破解之道。该方案核心在于服务器虚拟化与桌面终端虚拟化等技术的综合应用，这些技术能够显著优化设备部署流程，实现资源的快速调配与高效利用，从而有效减轻管理负担，大幅降低人力资源成本。通过虚拟化，图书馆能够构建一个更加灵活、可扩展且易于维护的 IT 环境，为读者提供更加稳定、高效的信息服务体验。

5. 灾难恢复速度快

灾难恢复策略作为虚拟化服务器部署中的核心考量，充分利用了虚拟机跨物理服务器无缝迁移的能力，构建起坚实的灾难恢复体系。通过部署虚拟化管理工具，该方案实现了虚拟机镜像的灵活创建、即时启动、安全停止与高效保存，为应对突发灾难提供了强有力的技术支撑。为加速虚拟机部署流程，业界提供了多样化的工具集，这些工具能够深入分析物理服务器配置，轻松从现有系统生成 VMDK 或 VHD 格式的虚拟机磁盘文件。一旦灾难发生，这些预先准备的虚拟机镜像可迅速部署至恢复站点，确保业务连续性不受影响。在数字图书馆虚拟化管理的语境下，这一策略进一步融合了虚拟化、先进存储解决方案及云计算技术的优势，构建起一套高效、可靠的灾难快速恢复机制，为图书馆自动化服务的持续稳定运行保驾护航。

（二）虚拟存储技术在数字图书馆中的应用

1. 数字图书馆虚拟化存储的设计原则

（1）经济性的原则

尽管图书馆作为非营利性机构，其运营不以盈利为直接目标，但在规划数字化图书馆的虚拟化存储方案时，性价比的考量同样不可或缺。理想状态在于，通过精心设计的方案，以最经济合理的初始投入，最大化地提升存储系统的使用价值，实现资源的高效配置与长期效益。这不仅是图书馆管理者所追求的目标，也是所有参与者共同的期望，旨在为用户带来更加丰富、便捷的数字资源访问体验，同时确保投资回报的最大化。

（2）可冗余的原则

数字图书馆虚拟化存储技术的开放性设计，赋予了其与其他硬件产品无缝集成的能力，确保了与多厂商设备的广泛兼容性，为系统未来的扩展性奠定了坚实基础。在面对未来技术迭代与升级需求时，这一特性不仅保障了系统和应用的连续性，还确保了与新兴技术的无缝对接。因此，在规划与实施数字图书馆虚拟化系统之初，我们就应将可升级性纳入核心考量，确保软硬件架构均建立在易于扩展与升级的基础之上。这样做不仅有助于简化系统未来升级换代的流程，还能有效提升系统应对技术变革的能力，确保数字图书馆服务能够持续、稳定地演进。

（3）易于管理方便维护原则

在数字图书馆存储的虚拟化进程中，系统网络架构的稳健性、数据存储备份的可靠性及应用软件管理的高效性，共同构成了确保存储系统高可用性的关键支柱。鉴于图书管理员在日常工作中频繁面临数据维护、备份与管理的繁重任务，设计一套既易于管理又便于维护的存储系统显得尤为重要。这一原则旨在通过简化操作流程、优化管理工具，从而显著减轻管理员的工作负担，使其能更专注于提升服务质量与用户体验，而非深陷于烦琐的技术细节之中。

2. 数字图书馆虚拟化存储的实现

（1）虚拟化技术的实现方法

随着虚拟化存储技术的迅猛发展，信息技术人员正积极探索与革新，以满足日益增长的信息存储需求。他们通过多维度策略推进虚拟存储的实现：一是增强基础设施，部署虚拟服务器、虚拟管理器平台及网络中间件等软硬件组件，共同构建虚拟存储环境；二是利用 SCSI 互联技术，结合高速千兆以太网，实现数据的高效存储与备份；三是在虚拟化层级引入 I/O 调度机制，优化存储性能，促进存储空间的合理分配与利用；四是深入剖析传输瓶颈根源，针对性地应用虚拟存储解决方案，并采纳分布式存储与并行传输策略，以突破传输限制，提升整体存储效能。这些举措共同推动着虚拟化存储技术向更高层次迈进。

（2）存储虚拟技术的实施

为了使虚拟化存储技术在市场中获得广泛认可与应用，深入掌握相关技术知识是不可或缺的前提。要充分发挥虚拟存储技术的潜力，管理员需对图书馆数据的生命周期有深刻的理解，依据数据生命周期的不同阶段，精准执行内容备份、存储数据类型判断等关键任务。基于当前虚拟存储技术的成熟特性与优势，构建一个从客户端访问直达虚拟存储中心的存储区域网络架构虚拟存储模型成为理想选择。此拓扑结构巧妙地将复杂的内部架构对用户端透明化，通过存储管理与信息智能化的双重支撑，逻辑上在虚拟环境中将分散资源无缝整合为一个统一的整体，极大地简化了终端用户的操作体验与管理流程。

（3）虚拟化服务器的设计

针对数字图书馆对虚拟存储的特定需求，我们规划了一套全面的虚拟化平台构建方案，该方案围绕双核双 CPU 服务器的采购与现有网络存储资源的整合展开。实施步骤聚焦于确保虚拟机访问的一致性与数据高效稳定传输，通过为各类应用系统量身打造虚拟服务器实例，实现负载均衡，优化系统性能。所有新部署的服务器均无缝集成至 EXS 集群中，实施集中化管理与资源动态调配，提升运维效率。

在拓扑结构设计上，我们充分考虑了图书馆信息量的庞大需求，采用磁盘阵列 RAD 作为核心存储解决方案，构建了一个大容量、高可靠的数据中心。这一设计不仅极大提升了数据存储能力，还通过分散存储策略平衡了数据的输入输出负载，有效降低了硬件故障风险。同时，硬盘容量的扩充不仅增强了数据冗余度，还内置了先进的容错机制，显著改善了存储系统的整体性能。用户端仅需通过账号验证，即可便捷访问数字图书馆内的丰富信息资源。

此外，方案中融入了冗余设计思维，确保在单一设备突发故障时，系统仍能持续提供稳定的数据访问服务，从而全方位保障了数字图书馆服务的连续性与数据安全性。

(4) 应用结果分析

采用高性价比的集中式存储方案，不仅简化了数据管理流程，通过单一控制台即可高效调控存储效率与成本，避免了不必要的维护与管理人力投入。该方案还依托虚拟存储技术，为处理连续大文件提供了卓越的性能支持，通过链路聚合组策略实现带宽线性扩展，显著增强了主机性能与可用性，并内置冗余机制，确保单个网卡故障时，备用网卡即时接管，保障服务不中断。数据安全性方面，本系统采用 RAD－5 动态磁盘架构，有效抵御单硬盘故障风险，结合热备份功能，实现数据自动恢复，极大提升了系统可靠性。此外，系统设计上采用模块化架构，便于按需扩展带宽与容量，新增磁盘阵列能够无缝融入现有虚拟化管理体系，展现出超越硬件限制的强大扩展性与兼容性，确保了整体系统的冗余能力与长期发展的灵活性。

第三节 大数据技术及其在图书馆的应用

一、大数据技术

（一）大数据的基本概念

大数据，作为当代信息时代的核心要素，其定义因研究视角而异，但核心共识在于其需借助创新处理模式方能解锁海量、高速增长且形态多样的数据宝藏，进而强化决策效能、深化洞察能力并优化业务流程。这一数据洪流已全面渗透至各行业与业务领域，转型为关键的生产驱动力。大数据不仅预示着生产效率的新飞跃，也预示着消费者福祉的显著提升，源自对庞大数据资源的深度挖掘与智慧应用。

具体而言，大数据指的是那些超越了传统软件工具处理能力的庞大数据集，它们在规模、速度与复杂度上均对传统方法构成挑战。这些数据，无论是结构化的数据库记录还是非结构化的文本、图像、视频等，共同构成了行业或跨机构合作的数字资产。处理这些数据，需要采用前沿技术手段，以突破传统界限，实现数据的即时流转、精准预测、深度洞察及高效决策支持。简而言之，大数据技术的核心在于从纷繁复杂的数据海洋中迅速提炼出有价值的信息，赋能各行各业，开启智慧决策的新篇章。

（二）大数据的特征

大数据作为当代信息技术的核心驱动力之一，其特性远不止于基础描述的范畴，而是深刻影响着各行各业的运作模式与决策过程。IBM 提出的“5V”模型，即 Volume（大量性）、Variety（多样性）、Velocity（高速性）、Value（低价值密度）与 Veracity（真实性），为理解大数据提供了全面视角。

Volume 强调了大数据的体量之巨，意味着处理的数据量已远远超出了传统数据库系统的承载能力，需要采用分布式存储和并行处理技术来应对。这种海量数据的积累，为深度分析提供了丰富的素材库。

Variety 揭示了数据类型的广泛与复杂，从结构化数据如数据库记录，到半结构化如 XML 文档，再到完全非结构化的文本、图像、音频、视频等，无所不包。这种多样性要求大数据处理系统具备强大的数据整合与解析能力，以充分挖掘各种类型数据中的潜在价值。

Velocity 则聚焦于数据的生成与处理速度，微信每分钟千万级信息的即时传输只是冰山一角。在实时交易系统、金融分析、网络监控等领域，数据的快速流转与即时处理能力成为关键竞争力，要求系统具备低延迟、高并发的处理特性。

Value 低价值密度特性指出了大数据时代的挑战之一：如何在海量、多样的数据中筛选出有价值的信息。这依赖于先进的机器学习、数据挖掘技术，结合业务逻辑，从庞杂的数据沙海中提炼出金子般的洞察。这一过程不仅考验技术实力，更需深厚的行业理解力。

Veracity 作为新增维度，强调了数据质量的重要性。在数据泛滥的时代，确保数据的准确性、完整性和可信赖度成为构建可信分析结果的基石。数据清洗、验证与溯源机制的建立，对于维护数据生态系统的健康至关重要。

此外，大数据还展现出易变性与收益性的显著特点。易变性反映了数据环境的动态变化，要求数据处理与分析策略具备灵活性，能够实时适应数据状态的变化。而收益性则是大数据价值的直接体现，通过智慧旅游、精准营销、风险管理等多个场景的应用，大数据不仅优化了资源配置，还创造了前所未有的经济价值和社会效益，展现了其作为新时代“石油”的巨大潜力。

（三）大数据技术的架构

大数据技术架构精妙地划分为六大层次，自底向上依次为数据采集、处理、存储、计算、服务及应用。采集层作为基石，广泛汇聚各类异构系统中的数据源，确保信息的全面覆盖。紧接着，处理层针对数据多样性与低价值密度特性，实施清洗、格式化与内容转换等精细作业，剔除杂质，提炼精华，为业务应用奠定坚实的数据基础。存储层则承担起海量数据的保管重任，区分为永久存储确保数据安全无虞，与临时存储追求极致访问速度，两者互补，满足不同场景需求。

计算层是数据处理的核心，细分为离线与在线两大模式。离线计算以深度分析见长，虽耗时较长却能洞察未来趋势；在线计算则强调即时响应，满足实时数据需求的紧迫性。服务层作为桥梁，通过 API 接口开放数据资源，促进数据在业务系统中的流通与应用。最终，应用层作为技术架构的巅峰，直接面向用户，涵盖信息检索、预测评估、决策支持等多元化功能，实现大数据价值的最大化展现，让技术成果惠及每一个终端用户。

（四）大数据关键技术

1. 数据接入

数据接入是构建大数据平台不可或缺的一环，它涵盖了从多种数据源中提取并整合数据至统一平台的过程，包括但不限于实时数据流、文件型数据、消息队列记录、系统日志、文本内容、图像资料乃至视频素材的接入。为实现高效、灵活的数据接入，当前业界广泛采用了一系列先进技术，如 Kafka 用于处理高吞吐量实时数据流，ActiveMQ 和 ZeroMQ 作为消息中间件促进数据交换，Flume 专注于日志数据的采集与传输，Sqoop 则擅长于关系型数据库与 Hadoop 之间的数据迁移。此外，基于 Socket 编程框架如 Mina 和 Netty，以及传统的文件传输协议 ftp/sftp，也是实现数据接入的有效手段，它们共同构成了大数据接入技术的多元化生态体系。

2. 数据存储

大数据环境下，数据形态丰富多样，主要包括结构化数据、非结构化数据以及半结构化数据三大类。结构化数据遵循严格的二维表格格式，每行代表一个实体记录，列则定义了这些记录的共同属性，通常通过关系数据库系统进行有效存储与管理。相反，非结构化数据则缺乏统一的组织模型，形式多样，涵盖文本、音频、图像、视频等多种类型，这类数据更适合采用非关系型数据库进行存储与查询，以灵活应对其异构性与多样性。半结构化数据则位于两者之间，虽具有某种结构，但不完全符合关系数据库的传统模型，如 XML 和 JSON 等，它们在表达复杂数据关系时展现出独特的优势，但处理上需特别考虑其模式灵活性的特点。

针对不同类型的数据特性，业界发展出了一系列专门的大数据存储技术，以应对大规模数据处理的挑战。这些技术包括但不限于 Hadoop 生态系统中的 Hdfs 用于大规模分布式文件存储，Hbase 和 Hive 分别针对列式存储和数据仓库需求，Amazon 的 S3 提供云端对象存储解决方案，Kudu 则结合了列式存储与实时随机读写能力。对于非结构化或半结构化数据，MongoDB、Neo4J 分别适用于文档型数据和图形数据的存储与查询，而 Redis 以其高性能的内存数据存储特性著称。此外，Alluxio 作为内存级分布式存储系统，能够加速大数据应用的数据访问速度；Lucene、Solr、ElasticSearch 等搜索引擎技术则专注于文本数据的快速索引与搜索，进一步提升了大数据处理与分析的效能。

3. 数据分析与挖掘

数据分析与挖掘领域涵盖广泛，从离线分析到准实时乃至实时分析，涵盖了数据处理的不同时间维度。此外，还涉及图片识别、语音识别等特定领域的智能分析技术。为实现这些复杂分析任务，大数据分析与挖掘技术栈提供了强大的支持，包括 MapReduce 这样的分布式批处理框架，Hive 与 Pig 等 SQL - like 查询语言工具，以及 Spark、Flink 等面向大规模数据处理的实时计算引擎。此外，Impala、Kylin、Tez 等优化了查询性能，而 Akka、Storm、S4 等则专注于流式数据处理。机器学习库如 Mahout、MLlib 的融入，更是让数据分析与挖掘过程能够深度融合机器学习算法，从而挖掘出数据背后的深层价值，实现更为精准与智能的数据处理与分析。

4. 大数据共享与交换

大数据共享与交换的完整流程涵盖了从数据源头到最终应用的多个关键环节，具体包括数据接入、清洗、转换、脱敏与脱密处理、数据资产管理，直至最终的数据导出。这一系列操作旨在确保数据在共享与交换过程中的质量、安全性及合规性。当前，为了实现高效、可靠的大数据共享与交换，业界已发展出多种主流技术，包括但不限于 Kafka 用于高吞吐量的实时数据流处理，ActiveMQ 与 ZeroMQ 专注于消息队列服务，提供灵活的消息传递机制；Dubbo 和基于 Socket（如 Mina、Netty）的通信框架则支持高效的远程过程调用；ftp/sftp 技术则适用于文件的批量传输，确保数据安全；而 RestFul API 和 WebService 接口则成为 Web 服务间数据共享与交换的标准化手段，促进了不同系统间的无缝集成与互操作性。这些技术的综合应用，为大数据共享与交换提供了强大的技术支撑。

5. 大数据展现

大数据的展现形式丰富多样，既包括传统的数字信息直接展示方式，也融合了直观生动的可视化图表呈现。在可视化图表领域，散点图、折线图、柱状图等经典图表类型经久不衰，而地图、饼图、雷达图等则依据特定需求提供多维视角。此外，箱线图、热力图、关系图等高级图表形式进一步丰富了数据可视化的表达手段，矩形树图、平行坐标、桑基图等则以其独特的视觉语言揭示数据间的复杂关系。漏斗图、仪表盘等则常用于流程监控与绩效展示场景。为实现这些多样化的可视化效果，Echarts、Tableau 等先进的大数据可视化技术应运而生，它们不仅简化了数据可视化的制作过程，还极大地提升了数据展现的美观度与理解度。

二、大数据技术应用于图书馆

随着互联网浪潮的汹涌澎湃与大数据技术的日新月异，各行各业对大数据赋能的渴求日益高涨，这一趋势正驱动着众多企事业单位加速向大数据领域转型，图书馆领域亦不例外。大数据技术在图书馆的应用，如同为传统服务插上了智慧的翅膀，深度挖掘图书资源与读者行为数据，不仅拓宽了服务视野，更促进了个性化、智能化服务模式的形成，让图书馆能够以更加精准、高效的方式服务于每一位读者，共同步入智慧服务的新纪元。

（一）大数据背景下图书馆的基本特征

大数据背景下的图书馆同样具有大数据的“5V”特点，即大量性、多样性、高速性、低价值密度和真实性。与此同时，它还具备数据多变化、服务精准化和服务高效化等基本特征。

1. 数据多变化

图书馆领域的大数据同样展现出高度的动态性与实时性，这一特性与其他行业大数据无异。在图书馆的日常运营中，流通数据如同流动的河流，随着读者借书、还书活动的持续进行而不断刷新，每一刻都记录着新的交互痕迹。同时，馆藏书目数据也非静态，当采编部门不断将新书信息录入馆藏系统时，这一数据池便随之扩容与更新，反映着图书馆藏书的最新状态。这一系列变化凸显了图书馆大数据的多变性，即数据处于持续、快速且不可预测的变化之中。

2. 服务精准化

在大数据技术的赋能下，图书馆服务正迈向精准化新纪元。通过深度挖掘读者在图书馆自动化系统中留下的身份信息、详尽的检索轨迹、历史借阅记录、特定阅览区域偏好及数字资源的下载行为等多维度数据，图书馆能够全面剖析读者特征，精准构建个性化读者画像，进而实施定制化推荐服务，这是大数据驱动图书馆服务精准化的鲜明标志。此外，大数据技术还具备前瞻性分析能力，它能洞悉读者行为模式，精准预测其未来对知识服务的需求走向，不仅服务于个体，更能宏观把握特定地域读者的知识需求共性及该区域的整体文化水平，为图书馆资源优化与服务策略调整提供科学依据。这一系列举措，共同勾勒出大数据背景下图书馆服务智能化、个性化与前瞻性的新图景。

3. 服务高效化

在大数据的赋能下，图书馆服务展现出前所未有的高效化特征。通过将核心资源与服务无缝对接至互联网，利用网页链接或 API 接口的便捷通道，图书馆打破了物理空间的限制，使读者即便身处馆外也能即时访问所需资源，享受个性化服务。特别是对于外购数字资源，大数据技术与馆外访问系统的结合，有效解决了版权访问限制问题，让资源获取更加灵活高效。此外，面对特殊时期，图书馆迅速调整服务模式，将线下讲座、展览等活动转移至云端，通过云直播等互动形式，让读者足不出户便能参与，极大地提升了服务的可达性与满意度，充分展现了大数据背景下图书馆服务的高效与便捷。

（二）图书馆应用大数据技术的价值

1. 有利于整合图书馆数据资产

大数据技术在图书馆应用的首要步骤是实施全面的数据资源盘点，这一举措对于图书馆而言，如同一次详尽的资产清查，有助于精准掌握自身“数据家底”，实现对图书馆数据资产的实时动态监控。紧接着，数据整合环节作为大数据技术应用的核心策略，其重要性不言而喻。通过运用先进的大数据中台开发套件，图书馆能够跨越技术壁垒，将原本孤立分散的异构数据资源系统紧密联结，构建一个规则统一、内容连贯的数据生态体系，从而有效消除数据孤岛现象，促进数据资产的高效流通与深度利用，为图书馆智能化服务奠定坚实基础。

2. 有利于提升图书馆读者服务效能

图书馆大数据技术的深度应用，显著提升了读者服务的效能与智能化水平。具体体现在多个方面：其一，通过引入“阅读记忆”功能，系统能够自动追踪并记录读者的电子书阅读进度，下次访问时直接跳转至上次停留的页码，极大地提升了阅读连续性与便利性。其二，借助智能提醒系统，当读者借阅的图书即将到期时，系统会及时发送通知，有效避免了逾期情况的发生，增强了服务的主动性与贴心度。其三，大数据技术的分析能力被充分发挥，通过对读者历史借阅记录、资源下载行为等数据的深度挖掘，系统能够精准识别读者的兴趣偏好，并据此推送个性化的图书推荐，实现了服务的定制化与精准化。这些智慧服务的实施，不仅增强了读者的满意度与忠诚度，也全面提升了图书馆服务效能，展现了大数据技术在图书馆领域的巨大潜力与价值。

3. 有利于提高图书馆馆员的管理水平

图书馆大数据的可视化展现如同一扇明窗，让图书馆馆员及决策层领导对图书馆的运营状态一目了然，轻松驾驭服务数据，灵活调整管理策略。这一能力不仅体现在通过区域客流统计精准调控馆藏布局，优化读者体验；还体现在依据馆藏文献利用率科学规划复本采购，确保资源高效配置；更在于根据外购资源库访问量智能决策下一年度的采购计划，实现资源精准投放。大数据驱动的图书馆服务数据，如同智囊团一般，显著提升了图书馆的管理智慧与精细化水平。

同时，大数据技术的引入，正深刻改变着图书馆数字资源的面貌，推动其向共知、共建、共享的新模式迈进，精准对接每一位读者的个性化需求。在海量数据的滋养下，辅以先进的机器学习算法，图书馆大数据正逐步进化为一位虚拟的智慧大脑，它不仅通晓图书馆的一切，更能深刻洞察读者的内心世界，为图书馆服务带来前所未有的创新与变革。

第四节　5G 网络技术及其在图书馆的应用

一、5G 技术

（一）5G 技术的三大核心特征

在迈入 5G 时代之前，移动通信技术的迭代主要聚焦于提升数据传输速率，力求为用户提供更流畅的网络体验。然而，随着 5G 技术的横空出世，其应用场景显著拓宽至物联网等多元化领域，对性能指标的追求也随之变得更为全面与苛刻。5G 不仅延续了前代对高速率的追求，实现了每秒高达 1 Gb 的数据传输速度，更在时延与连接密度上取得了突破性进展，提供了低至毫秒级的响应时间和每平方千米百万级的接入连接数。这三者——高速率、低时延与大连接，共同构成了 5G 技术最为耀眼的三大核心优势，引领着移动通信技术进入了一个全新的发展阶段。

1. 高速率

移动通信网络的演进始终聚焦于追求更高的数据传输速率，这一特征在 5G 时代尤为显著，成为其与 4G 及之前各代技术相区分的关键标志。从 2G 的 9.6 kb/s 起步，历经3G的2 Mb/s飞跃，再到4G时代实现的100 Mb/s峰值速率，每一次技术迭代都见证了数据传输能力超过十倍的惊人增长。而5G则更是将这一趋势推向极致，其下载速率可轻松超越1 Gb/s，意味着用户能在眨眼间完成一部1 Gb大小超高清电影的下载，彻底颠覆了我们对数据传输速度的传统认知。

这一速率上的巨大飞跃，不仅标志着技术层面的重大突破，更预示着用户体验将迎来质的飞跃。在5G赋能的广阔带宽与超高速率下，一系列前沿的多媒体应用如4K/8K高清视频、沉浸式3D体验、VR/AR虚拟现实与增强现实技术，乃至全息影像等，都将从实验室走向千家万户，成为我们日常生活的一部分。教育领域便是其中一个生动例证：在5G网络的支持下，远程教育将摆脱4G时代因带宽不足导致的卡顿困扰，为无法亲临课堂的学生提供流畅无阻的学习体验。更令人振奋的是，借助VR/AR技术，偏远地区的孩子也能与城里的同龄人并肩坐在虚拟教室中，共享优质教育资源，实现教育公平的崭新图景。

2. 低时延

在移动通信的发展历程中，从最初的技术迭代至4G时代，网络主要聚焦于满足人与人之间的通信需求，对于信息传输的时延要求相对宽松，通常140 ms的时延在听觉与视觉交流中并不构成显著障碍。然而，随着科技的进步与新兴应用场景的涌现，如无人驾驶汽车的即时制动响应、无人机编队的精密协同飞行，以及远程医疗手术中不容有失的操作指令传输，传统网络时延标准显得力不从心。这些领域对通信的实时性提出了前所未有的高要求，任何细微的时延都可能引发严重后果。

在此背景下，5G技术应运而生，其无线传输时延被大幅缩减至毫秒级别，为时延敏感型业务提供了强有力的支撑。通过一系列先进技术的集成与优化，5G不仅实现了从4G时代普遍存在的10 ms以上时延到1至10 ms范围内的时延的显著跨越，更使得诸如无人驾驶的紧急制动、无人机集群的精准操控、远程手术中的即时操作成为可能。这一突破性的进展，不仅提升了用户体验，更在关键领域保障了安全，让电视直播的实时互动更加流畅，让医生在远程操控时也能感受到仿佛置身手术室般的即时反馈。

3. 大连接

5G网络的宏伟愿景在于构建一个无所不在的万物互联世界，这一目标远超越了传统手机终端的连接范畴，而是将触角延伸至各行各业的多样化物联网设备。随着5G技术的普及，联网设备的数量将迎来井喷式增长，而5G网络凭借其每平方千米支持百万级别用户连接的能力，为密集的城市核心区和工业区域提供了强大的网络接入保障。这一特性不仅促进了物联网终端之间的实时互联，更推动了万物互联时代的到来，深刻改变着人们的工作与生活模式，使城市管理迈向前所未有的高效与智能。

在智慧城市的建设中，5G网络成为不可或缺的基础设施。通过在城市基础设施中嵌入传感器模块，我们能够实时捕捉人、车、物乃至家庭日常消费的各类信息，这些数据如同城市的神经末梢，为城市管理和规划部门提供了详尽而精准的决策依据。基于这些数据，城市管理者能够精准识别并优先升级亟须改善的城市功能，实现资源的优化配置。同时，5G网络还极大提升了城市的应急响应速度。在紧急情况下，如火灾等突发事件，传感器能够迅速感知并自动向相关部门发出警报，确保消防等部门能够第一时间获得准确信息，快速调配资源，选择最佳路径前往现场，有效缩短响应时间，最大限度地保护人民生命财产安全。

（二）5G的关键能力指标体系

迈入21世纪的第二个十年，国际电信联盟正式确立了5G移动通信技术的核心关键能力指标体系，这一体系全面覆盖了未来通信网络所需的多维度能力。除了承袭并优化传统指标如峰值速率、移动性支持、传输时延及频谱效率外，ITU还前瞻性地引入了用户体验速率、连接数密度、流量密度及能效四项关键能力指标，以全面适应并驱动5G技术在多样化场景下的广泛应用与业务创新。

具体而言，5G技术承诺为用户带来前所未有的体验速率，其范围为0.1 Gb/s至1 Gb/s，这一飞跃性的提升将强力支撑包括移动虚拟现实（VR）在内的极致业务体验，开启沉浸式通信新纪元。同时，5G的峰值速率更是高达10 Gb/s至20 Gb/s，配合每平方米高达10 Mb/s的流量密度，预示着其能够轻松应对未来移动数据流量的千倍级增长挑战，为数字世界的蓬勃发展奠定坚实基础。

在物联网领域，5G的连接数密度更是达到了惊人的每平方千米100万个连接点，这一能力将极大促进海量物联网设备的互联互通，推动智慧城市、智能制造等领域的深度发展。而毫秒级的无线传输时延，则确保了5G在车联网和工业控制等高度依赖实时性的场景中展现出卓越的性能，为交通安全与生产效率保驾护航。

此外，5G还在移动速度支持上实现了重大突破，能够稳定支持高达500 km/h的移动场景，这一特性使得高铁乘客也能享受到与地面同样流畅的网络体验。在频谱利用与能效方面，5G相较于4G亦有着显著提升，频谱效率提高3至5倍，能效则实现了百倍的增长，彰显出其在绿色通信领域的巨大潜力。5G技术的八大关键能力指标共同构建了其作为未来通信基石的全方位优势。

二、5G技术在图书馆中的应用场景

（一）5G技术在图书馆中的应用场景实现设想

随着5G技术的日益普及，众多曾被视为遥不可及或实现难度极大的智慧应用场景正逐步转化为现实，并将在图书馆这一知识殿堂中绽放出璀璨光芒。首先，借助5G的增强型移动宽带特性，图书馆将能够为读者打造无与伦比的免费上网体验，无论是超清影视观赏、实时直播参与，还是各类文化活动的线上互动，都能在大规模人群与多设备同时接入的情况下流畅无阻。这不仅丰富了读者的文化生活，也极大地提升了图书馆的公共服务效能。

其次，5G的海量低功耗连接技术为智能楼宇空间服务提供了坚实支撑。在图书馆内，从空调、灯光到电梯、监控等所有设备设施，乃至建筑本身的运行状态，都将被全面接入网络，接受BIM系统与图书馆业务管理系统的智能调度。这一转变不仅实现了安全预警、人流管理、人脸识别等多元化服务，还涵盖了空间预约、室内导航、绿色节能、消防安保及灾害防护等全方位功能，极大地提升了图书馆的管理效率与用户体验。

最后，5G 的低延时高可靠连接（uRLLC）技术则为图书馆的低延时应用场景开辟了新天地。从增强现实教育培训到主题会展的沉浸式体验，从少儿服务的趣味互动到智能查找与推送的高效便捷，uRLLC 技术都展现出了其独特的优势。特别是在与定位/导航、自动盘点机器人等智能设备设施的协同作业中，uRLLC 技术确保了数据传输的即时性与准确性，进一步提升了图书馆服务的智能化水平。当所有智能设备设施实现自动互联与交互，且移动设备均配备标准的 AR/VR 界面功能时，图书馆的创新服务模式将拥有无限可能，持续推动知识传播与文化交流的新篇章。

（二）5G 技术在图书馆中的应用场景

1. 无感借阅

在 5G 网络的赋能下，用户能够享受到前所未有的便捷入馆体验。凭借高速、可靠的 5G 连接，用户在抵达图书馆时，能够迅速且安全地通过集成了人脸识别等先进技术的多重身份验证流程，实现即时认证。这一过程不仅高效，还确保了用户身份的真实性与安全性。

一旦完成认证，用户将无缝接入图书馆的智能生态系统，与智能书架、智能座位系统、门禁闸机及遍布各处的行为探测器等智能设备建立连接。这种全面的互联互通，让用户在图书馆内的活动变得自由无碍。无论是寻找心仪的图书、选择舒适的座位，还是完成图书的借阅与归还，一切操作都可在自然流畅的互动中完成，无须烦琐的手续或等待。

更为贴心的是，图书馆的智能系统会在后台自动处理所有验证与流通手续，无须用户亲自跑动或等待确认。一旦有任何操作完成或需要用户注意的事项，系统将通过用户的终端设备即时发送确认信息或提供必要的帮助信息，确保用户能够随时掌握自己的借阅状态及图书馆内的最新动态。

5G 技术与图书馆智能系统的深度融合，为用户打造了一个高效、便捷、智能的图书馆体验空间。

2. 导览导航

用户踏入图书馆的那一刻起，便能借助终端 App 或馆内配备的先进设备，享受由 5G 超高速移动带宽赋能的个性化导览与导航服务。这项服务巧妙融合了 Wi－Fi 技术与 iBeacon 室内精准定位，即便在未连接 Wi－Fi 的环境下，也能确保用户位置的精准识别。通过这一创新平台，用户不仅能体验到由视频、语音构成的多元化信息传递方式，还能邂逅由虚拟形象引领的沉浸式图书馆导览之旅。在馆内漫步时，用户会依据所在区域自动接收到定制化的服务介绍、资源推荐及活动信息，实现信息的精准推送与个性化匹配。此外，该功能还支持功能区域与座位的便捷导航，以及即时参考咨询服务，全方位提升用户在图书馆的探索体验与学习效率。

3. 超清全景互动直播

超高清视频作为5G时代的前沿应用之一，其在智慧图书馆领域的潜力同样不可小觑。凭借5G网络卓越的承载能力，超高清视频传输的瓶颈被彻底打破，特别是8K分辨率及VR视频的流畅播放成为现实，为图书馆服务模式的创新开辟了新路径。

在智慧图书馆的应用场景中，5G超高清视频技术能够极大地丰富图书馆的互动体验。图书馆可以利用多点定位的高清摄像头，对举办的各类活动、会议进行全景式的互动直播。这种直播方式不仅让观众能够全方位、多角度地观看现场情况，还能通过VR装置实现沉浸式的参与感，仿佛置身于活动之中，与现场嘉宾进行虚拟互动，极大地提升了观众的参与度和体验感。

此外，图书馆还可以运用全景拍摄技术，将馆内的主题空间、特色展区等精彩内容实时远程展示给无法亲临现场的读者。读者只需佩戴VR设备，就能在家中或其他地方享受到身临其境的观展体验，进行虚拟的漫步、探索与互动，感受图书馆独特的文化氛围和学术魅力。

5G超高清视频技术在智慧图书馆中的应用，不仅为图书馆服务模式的创新提供了强有力的技术支持，也为读者带来了更加丰富、多元、便捷的学习和娱乐体验。

4. 智慧书房

主题空间作为图书馆公共文化服务的重要组成部分，致力于为用户打造个性化、专属化的学习与研究环境。这些空间不仅支持个人或小组的预约，还能根据用户的特定需求，如研究主题或交流目的，精心配置相应的信息资源与高端设备。更进一步，通过引入5G与物联网技术深度融合，我们能够实现空间内所有设备与用户终端的高效网络组网，为用户在资源获取、信息交互及环境控制等方面带来前所未有的便捷体验。

在“市民大书房”这一智能概念下，我们为用户提供的不仅是物理空间上的满足，更是全方位、智能化的服务体验。管家式的个性化服务将贯穿于用户使用的每一个细节，从空间布局到设备调试，从信息检索到环境氛围的营造，都力求达到用户的最佳满意度。通过这一系列创新举措，我们旨在将图书馆的主题空间打造成为市民心中理想的知识殿堂，让每一位踏入其中的用户都能感受到知识的力量与智慧的光芒。

5. 智慧场馆

通过深度整合信息与通信技术，图书馆能够实现对核心系统运行状态的全面感测、精准分析与高效整合，从而针对图书馆业务优化、服务质量提升、场馆活动管理、公共安全维护及环保节能等多维度需求，做出即时且智能的响应。这一过程不仅提升了图书馆的运营效率，还极大地增强了用户体验。

而5G技术的引入，更是为图书馆的智慧化转型插上了翅膀。凭借其高速率、低时延、大连接的独特优势，5G技术无缝连接了智能楼宇系统、图书馆的各项业务平台以及用户的智能终端设备，构建起一个高度互联互通的智慧生态系统。在这个系统中，空间管理变得更加智能化，能够根据实时数据自动调整环境设置，如光照、温度、湿度等，以营造最舒适的阅读与学习环境；同时，智能设备之间的自动连接与协同工作，也极大地简化了操作流程，提升了服务效率。

对于到馆的读者和用户而言，这样的智慧图书馆无疑是一个更加友好、便捷、高效的学习与交流空间。他们可以通过智能终端设备轻松获取所需资源，参与线上线下的互动活动，享受个性化的服务体验；同时，在5G技术的支持下，无论是阅读、学习还是休闲放松，都能获得更加流畅、无缝的体验，让每一次到访都成为一次难忘的旅程。

6. 云课堂

图书馆正迈向一个融合实体与虚拟空间的全新时代，其中讲座、会议、培训等多元化活动得以同步开展，跨越了物理界限的限制。在这些活动中，VR技术以其独特的沉浸式体验引领直播互动的新风尚，使参与者仿佛置身于活动现场，而AR技术则巧妙地将相关资料课件以生动直观的方式呈现，增强了学习的趣味性与互动性。授课过程更实现了智能化转录，自动转换成MOOC格式，便于留存、分享乃至授权发布，极大地拓宽了知识的传播边界。

为进一步优化这一融合体验，图书馆可积极引入如华为云与网易有道等领先企业发布的智慧教育系统，其中AI教室的加入将为教学活动注入新的活力。然而，高质量VR/AR业务的实现离不开对带宽与时延的严苛要求。在此背景下，5G技术的超宽带高速传输能力显得尤为重要，它能够有效解决VR/AR应用中普遍存在的渲染能力不足、互动体验受限以及终端移动性差等痛点问题。通过5G的赋能，图书馆能够为用户提供更加流畅、逼真、互动性强的VR/AR体验，从而显著提升服务品质与用户满意度，开启知识传播与共享的新纪元。

第五章

智慧图书馆服务模式创新

第一节　图书馆智慧化个性推荐服务模式

一、基于情景感知的图书馆智慧化个性推荐服务模式

（一）基于情景感知的图书馆个性化推荐服务模型构建的目标

在当今数字化时代，情景已跃然成为媒体领域继内容、形式与社交之后又一不可或缺的核心要素，尤其在移动图书馆信息服务领域，其重要性更是不言而喻。为提升信息服务的质量和效率，研究人员创新性地将情景感知技术深度融合至图书馆的信息服务流程之中，旨在通过精准捕捉并理解用户所处的具体情境，来优化内容推荐策略。这一过程的核心在于，系统需具备强大的情景推理能力，能够细致分析用户的即时需求、信息行为模式及兴趣偏好，并据此构建个性化的内容推荐方案。

用户的情景是复杂多变的，贯穿于整个内容推荐流程之中。首先，是需求情景的识别，它关乎用户生成信息需求时的具体环境，包括静态的个人信息（如年龄、职业、偏好）及环境信息（如地理位置、时间），以及动态的检索行为（如搜索关键词、浏览历史）。这一阶段的精准把握，为后续推荐奠定了坚实基础。

随后，当用户接收到推荐内容时，其情景进一步演化为情绪情景，即用户对信息的接收与反馈所折射出的情感状态。这一转变要求系统不仅能提供信息，还需敏锐捕捉用户情绪变化，从而调整推荐策略，增强用户体验。

在大数据背景下，推荐系统的性能优化与个性化服务的深化成为研究热点。然而，传统推荐系统在面对海量数据与用户复杂多变的需求时，显现出诸多局限性。具体而言，它们往往难以充分获取并保护用户隐私，导致个性化推荐的精准度受限；同时，由于缺乏深度学习与实时分析能力，难以精准捕捉用户的即时需求与状态变化，进而无法实现个性化服务的即时响应与主动推送。

为了克服这些挑战，未来的推荐系统需进一步融合情景感知技术，深化对用户情景的全面洞察与动态追踪。这包括但不限于：开发更加智能的隐私保护机制，确保用

户数据安全的同时提升信息获取的深度与广度；利用机器学习算法，精准预测用户的个性化信息需求，实现推荐内容的高度定制化；加强与可穿戴设备的联动，实时监测用户状态变化，提供即时、精准的个性化服务；以及，通过深度学习技术深入挖掘用户情景背后的深层次需求，使推荐服务更加主动、系统，真正实现个性化服务的智能化与人性化。

（二）基于情景感知的图书馆个性化推荐服务模型构建的原则

1. 泛在服务

情景感知的过程，本质上是一个细致入微地捕捉与分析用户当前所处环境及行为状态的数据收集过程。在图书馆的特定场景下，这一机制尤为关键，因为它允许用户即便处于不断变化的动态环境中，也能享受到无缝衔接的信息服务。用户无须局限于固定的座位或区域，而是可以在图书馆的每一个角落，甚至是行走过程中，都能即时接收到与自身需求高度匹配的内容推荐。

为了实现这一目标，基于情景感知的图书馆推荐系统必须具备高效的数据处理能力，能够迅速捕捉并处理用户在动态变化中的情景信息，包括但不限于位置移动、阅读偏好、社交互动等多维度数据。这些数据随后被妥善存储，为构建精准的情景化模型提供坚实支撑。通过这一模型，系统能够深入理解用户的即时需求与潜在兴趣，从而生成个性化的内容推荐，让信息服务真正做到“随需而至”。

因此，泛在服务的理念自然而然地成了基于情景感知图书馆推荐系统的设计核心。它旨在打破传统服务的时空限制，将个性化、智能化的信息服务无缝融入用户的每一个生活片段，无论是在图书馆内还是外部空间，都能感受到服务的贴心与便捷。这种设计理念不仅提升了图书馆的服务品质与用户体验，也推动了图书馆向更加开放、灵活、智能的方向迈进。

2. 情景化推荐

图书馆的内容推荐服务深植于对用户情景的精准洞察之上，这一服务模式的核心在于推荐系统能够全面且实时地捕捉用户的位置、时间、周遭客观环境及主观情绪等多维度情景信息。通过对这些情景数据的细致感知与分析，推荐系统得以构建出高度个性化的内容推荐策略，旨在主动预见并满足用户的潜在需求。为确保推荐服务的精准度与有效性，系统不仅需具备即时感知用户情景的能力，还需对收集到的情景信息进行严格清洗与高效存储，进而构建出详尽的用户情景模型。在此基础上，系统利用先进的预测算法，深度挖掘并预测用户的情景化兴趣趋势，最终依据科学合理的推荐逻辑，为用户量身定制信息内容的推送方案，实现服务的个性化与智能化升级。

3. 自适应性

图书馆用户的信息需求展现出了显著的泛在性特点，这些需求并非静态不变的，而是随着用户在动态环境中的活动而不断生成与演变的。在这一过程中，用户所处的具体情景成了决定其信息需求的关键因素。为了精准满足用户的这些动态需求，我们的推荐系统采用了情景感知技术，将用户的情景信息作为推荐策略的核心依据。

该系统不仅深度理解用户当前所处的物理环境和社会背景，还具备高度的情景适应性，能够灵活调整推荐策略以匹配用户需求的微妙变化。同时，依托先进的感知智能性，系统能够实时捕捉并解析用户的行为模式、兴趣偏好等关键信息，为个性化内容推荐提供强有力的支持。

尤为值得一提的是，该系统还体现了服务主动性的特点。它不再是被动等待用户提出需求，而是主动出击，根据用户的情景变化预测其潜在需求，并提前准备相关内容进行推荐。这种前瞻性的服务模式，让用户在享受图书馆资源时感受到前所未有的便捷与贴心。

基于情景感知的图书馆内容推荐系统，以用户环境为基石，融合情景适应性、感知智能性与服务主动性三大优势，致力于为每一位用户打造专属的、动态适应的信息服务体验。

4. 推荐内容的有序化

图书馆内容推荐系统面临的一个显著挑战是处理并存储海量且无序的资源库，其中非结构化内容占据了主导地位，这些内容形式多样，涵盖了文档、视频、图片等多种格式。为了提升内容推荐的精准度与效率，推荐系统亟须对图书馆的资源进行系统化、有序化存储与管理。这一过程不仅要求对各类内容进行分类整理，还需建立统一的数据模型与索引机制，以便于快速检索与匹配用户需求。通过实施有序化存储策略，推荐系统能够更有效地挖掘内容价值，促进资源的优化配置与利用，进而为用户提供更加个性化、高质量的内容推荐服务。

二、基于协同过滤的图书馆智慧化个性推荐服务模式

（一）图书馆个性化推荐相关理论介绍

1. 个性化推荐的相关技术

（1）信息检索和过滤技术

信息检索与过滤技术是信息时代不可或缺的两大支柱。信息检索，作为知识获取与科学研究的加速器，涉及将海量信息以计算机可识别的形式组织成索引，并依据用户需求精准查询相关信息的过程。这一过程不仅极大地缩短了信息获取的时间，更是终身学习与工作效率提升的关键。而信息过滤技术，则专注于从浩如烟海的数据洪流中，依据用户设定的标准与偏好，通过智能算法或工具筛选出所需信息，剔除冗余，确保信息流的纯净与高效，为个性化推荐奠定坚实基础。在大数据背景下，过滤技术尤为重要，它如同信息海洋中的净化器，有效提升了网络的运行效率与用户体验。

（2）聚类技术

聚类作为一种数据处理与分析的关键技术，其核心在于通过算法将目标对象集合自动划分成多个类，每类内部对象间高度相似，而不同类间对象则差异显著。随着数据挖掘、个性化推荐、模式识别及统计科学、地理学、市场营销等领域的蓬勃发展，聚类技术的应用价值日益凸显，成为处理海量数据、揭示数据内在结构的重要工具。

与预设类别的分类方法不同，聚类属于无监督学习范畴，它不依赖于事先定义好的类别标签，而是基于数据对象间的相似性或差异性自动发现数据中的隐藏模式，实现未知数据的类别划分。这一特性使得聚类技术在处理未标记数据或探索性数据分析中尤为有效。其简单直观的操作方式，使得即便在不知道具体类别数或是否存在明确分类标准的情况下，也能通过预设的相似性度量标准，将数据自然地划分为多个有意义的类别。

在商业领域，聚类技术能够助力企业根据客户特征划分消费群体，深入分析各群体的消费行为和偏好，为精准营销提供有力支持。而在数据挖掘领域，聚类则能够独立工作，挖掘数据分布的深层次信息，为后续的数据分析和探索性研究奠定基础。

然而，值得注意的是，聚类结果的准确性和有效性高度依赖于数据的质量和预处理步骤。特别的，数据中的异常值或取值范围极端的数据点可能会对聚类过程产生显著影响，因此在进行聚类分析前，我们通常需要对数据进行规格化处理，以确保各维度特征在数值上处于可比状态。

聚类运算的本质是依据事物间的差异属性进行区分，通过比较和归并相似对象来构建类别。这一技术在推荐算法中的应用尤为突出，能够显著降低算法的时间复杂度和空间复杂度，提高推荐系统的效率和准确性，为用户带来更加个性化的体验。

（3）关联规则

关联规则，作为数据挖掘领域的一项重要技术，其核心在于揭示事物之间潜藏的相互关联性，即利用一个或多个事物的状态变化来预测或推断另一事物可能发生的变化。这一概念在商业模式中得到了广泛而深入的应用，尤其是在分析顾客购买行为模式、优化商品陈列与推荐策略等方面展现出了巨大价值。

关联规则算法的实现依赖于两个关键参数：最小支持度和置信度。支持度，作为衡量项集在总数据集中普遍程度的指标，其值反映了项集出现的频繁程度，通常以百分比或具体次数表示。通过设置最小支持度阈值，算法能够有效过滤掉那些出现频率过低的项集，从而聚焦于更有代表性的数据集。而置信度，则是评估在特定先决条件（如某项商品被购买）下，另一事件（如另一项商品随后被购买）发生可能性的度量。高置信度意味着先决条件与结果之间存在强烈的关联性。

数据挖掘中应用关联规则的过程大致可分为两大阶段：首先是寻找高频项目组，即识别那些出现频率高于设定支持度阈值的项集组合。这一阶段的核心在于筛选出频繁共现的项集，为后续规则生成提供基础。其次，基于这些高频项目组，通过计算置信度并与应用场景中的最小置信度要求进行比较，生成强关联规则。强关联规则不仅揭示了项集之间的紧密联系，还为决策者提供了宝贵的洞见，指导其制定更为精准的营销策略、库存管理方案等。

值得注意的是，关联规则挖掘并不仅限于简单的二元关系探索，它还能处理更为复杂的多元关联情况，通过构建多维度的分析模型，深入挖掘数据背后的隐藏规律，为商业决策提供更加全面、深入的支持。随着大数据技术的不断发展，关联规则挖掘技术将继续在各行各业中发挥重要作用，推动数据价值的最大化利用。

2. 个性化图书推荐算法的选择

（1）各种算法与图书推荐的适用性分析

在探讨个性化推荐算法与图书馆服务融合的实践时，我们可以深入剖析不同算法的特性及其与图书馆特定场景的适应性。基于内容的推荐算法，凭借其成熟的技术和对用户历史信息的深度挖掘，能够精准构建用户兴趣模型，无须过多用户干预，这一特点在图书馆环境中尤为宝贵。鉴于图书馆数据以文本和图片为主，且用户信息丰富且准确，基于内容的推荐能够有效规避新用户冷启动、数据稀疏等常见问题，为用户提供更加贴合个人喜好的推荐体验，显著提升用户满意度。

然而，关联规则推荐算法则另辟蹊径，通过分析用户历史行为中的频繁项集来揭示物品间的潜在关联，进而实现相关推荐。尽管该算法在数据量充足时效率卓越，但面对新书或借阅量低的图书时却显得力不从心，难以捕捉非频繁事件，可能导致专业图书被边缘化。因此，在图书馆应用中，关联规则更适合作为辅助工具，在数据资源丰富时提升推荐精度，而非主导策略。

聚类算法作为预处理步骤，其无监督学习的特性使得图书数据能够在推荐流程开始前得到有效分类，提升后续推荐的效率和准确性。聚类算法的多样性为不同应用场景提供了灵活选择，如 K－means 适用于优化距离总和，而基于密度的聚类则更擅长图像识别类任务。在图书推荐中，聚类算法能够预先组织图书信息，为后续推荐算法打下坚实基础。

协同过滤算法，作为推荐系统的明星算法，其高效、个性化强及良好的可操作性使其成为图书推荐领域的优选。该算法通过分析用户评分数据，识别相似用户群体，进而预测用户可能感兴趣的内容，不仅捕捉用户既有兴趣，还能激发新兴趣点，实现热门与个性化推荐的双重效果。在图书馆场景下，协同过滤算法能够充分利用图书馆庞大的资源库和详尽的读者信息，为用户提供既广泛又深入的推荐服务，最大化满足用户的个性化需求。

图书馆个性化推荐系统的构建应综合考虑多种算法的优势，结合图书馆数据特性和用户需求，灵活组合基于内容、关联规则、聚类及协同过滤等算法，以实现推荐效果的最优化。

（2）图书馆个性化图书推荐策略的提出

在构建高效且适应性强的图书馆推荐系统的过程中，深刻理解并综合运用多种推荐算法的优势显得尤为重要。鉴于单一推荐算法往往难以全面覆盖用户复杂多变的需求与偏好，现代推荐系统倾向于采用混合推荐策略，通过融合多种算法来克服各自的局限性，从而提供更加个性化、精准且多样化的推荐服务。

本文提出的混合推荐算法，正是基于这一理念，精心设计了一套综合性的推荐流程。该算法首先对用户信息和图书数据进行深度预处理，这一步骤不仅包括基本的数据清洗、去噪和归一化，还涉及用户行为模式的分析与图书内容的深度挖掘，为后续推荐过程奠定坚实基础。紧接着，算法利用先进的聚类技术，在预处理后的图书数据上构建匹配树，这一结构能够高效地索引和组织图书资源，便于后续快速检索和匹配。

在推荐生成阶段，算法优先采用协同过滤机制，通过计算目标用户与其他用户之间的相似度，寻找其最近邻用户群体。基于这些最近邻的借阅历史和偏好，算法能够生成初步的推荐集。然而，对于新用户或兴趣点较为独特的用户，传统的协同过滤方法可能会遇到冷启动问题，导致推荐集为空或质量不高。为此，算法进一步引入了改进的相似度计算方法，不仅考虑用户与项目（图书）之间的直接交互，还融入了内容特征、上下文信息等多维度因素，以更全面地评估用户和项目之间的相似性或匹配度。

当协同过滤无法产生有效推荐时，改进的相似度计算方法将发挥作用，生成候选推荐集。随后，算法利用先前构建的匹配树对候选集进行高效过滤，筛选出既符合用户兴趣又具备高质量匹配的图书推荐给用户。这一过程不仅解决了新用户和新兴趣点的问题，还显著提升了推荐的多样性和新颖性，避免了传统推荐算法中常见的“信息茧房”效应。

这种混合图书推荐策略通过深度融合多种算法的优势，实现了对用户需求的精准捕捉与高效响应。它不仅能够有效解决单一算法面临的种种挑战，还显著提升了图书馆推荐系统的个性化程度和推荐结果的精确度，为用户带来更加丰富、多样且贴心的阅读体验。

（二）协同过滤推荐算法的介绍

1. 协同过滤推荐技术概述

协同过滤推荐技术，凭借其高效性、高可操作性和强大的个性化能力，正逐步确立其在推荐领域的领先地位。其核心精髓在于深度剖析用户的历史行为数据，精准捕捉用户的兴趣焦点，并以此作为基准，在广阔的用户群体中寻觅兴趣相仿的同类用户群体。随后，通过分析这些同类用户的评价反馈，对目标项目给予当前用户的潜在评分进行精准预估。这一机制生动体现了“人以群分，趣以类聚”的社会现象，如同宿舍内成员因共同爱好而相互影响观影选择，协同过滤正是基于这样的群体行为模式来构建推荐逻辑。

在实际应用中，协同过滤推荐系统巧妙地整合了同类用户的评分数据，以填补当前用户对特定项目的评分空白，实现个性化预测。评分的高低直接映射了用户的偏好强度，是推荐决策的关键依据。关于评分数据的收集，业界普遍采用显式与隐式两种途径。显式评分依赖于用户主动对体验过的项目进行评价，虽直观却稀缺且易受主观干扰，难以确保全面性和真实性。相比之下，隐式评分则无须用户直接参与，推荐系统通过深度挖掘用户的历史访问轨迹、使用习惯等间接信息，自动计算用户对项目的潜在兴趣评分，这种方法虽需前期数据预处理投入，但能够更客观、准确地反映用户真实兴趣，为推荐质量提供坚实保障。

2. 协同过滤算法分类

随着信息技术和个性化推荐技术的发展，协同过滤不断融入了新的技术和思想，从而出现了更细化的分类方法，目前基本上国内外都比较认可的划分方法是将协同过滤算法划分为基于内存的推荐、基于模型的推荐和混合协同过滤推荐三类，下面我们分别介绍。

（1）基于内存的推荐方法

在推荐系统中，基于内存的推荐方法占据核心地位，其核心在于利用存储在内存中的两类关键信息：用户信息与项目信息。这两类信息的运用分别催生了基于用户的协同过滤算法和基于项目的协同过滤算法，两者共同之处在于均依赖于用户的历史访问记录来生成推荐。

首先，基于用户的协同过滤算法聚焦于用户间的相似性，其核心理念在于“人以群分”。该算法通过统计分析，将具有相似兴趣偏好的用户聚集成组，随后利用组内其他用户的兴趣来预测并推荐可能吸引目标用户的资源。这种方法的优势在于其直观性和高效性，能够精准捕捉用户间的共同兴趣点，如 A 用户因喜爱《蝙蝠侠》和《星际穿越》而被推荐同样受 B 用户青睐的《钢铁侠》。

其次，基于用户的协同过滤算法通过计算用户间的相似度，将行为模式相近的用户归入同一群组，并在群组内共享和推荐各自感兴趣的资源。这一过程实质上是对用户评分矩阵的利用，通过参考邻居用户的评分来预测目标用户对未接触项目的评分，从而实现个性化推荐。

最后，面对用户评分矩阵稀疏的挑战，基于用户的协同过滤算法的效果可能大打折扣。此时，基于项目的协同过滤算法便显露出其独特优势。该算法着眼于项目特征的稳定性，认为项目间的相似性相较于用户兴趣的变化更为持久。它通过分析用户已评价项目的特征，寻找与目标项目相似的其他项目，构建项目的最近邻集合，并据此预测目标项目的评分，从而为用户提供推荐。

基于项目的协同过滤算法不仅有效缓解了用户评分稀疏的问题，还在某些情境下展现出比基于用户算法更高的推荐准确性。它通过对商品间相似度的精确计算，确保了推荐结果既符合用户兴趣，又具有较高的新颖性和多样性。

（2）基于模型的协同过滤

在推荐系统的演进历程中，一种融合了多样机器学习技术的创新路径正日益受到青睐。这种方法不仅汲取了传统协同过滤算法的智慧，还广泛集成了贝叶斯网络、聚类技术、潜在语义检索及神经网络等先进算法，共同构建了一个更为智能、高效的推荐框架。其核心在于，通过训练一个精密的推荐模型，该模型能够实时分析用户兴趣，即时生成个性化推荐，有效应对数据稀疏性的挑战。

此推荐模型的优势显著，它不仅内存占用小，推荐质量上乘，更在实时性与可扩展性方面表现出色，极大地提升了用户体验。然而，模型的构建并非一蹴而就，它需要时间的沉淀与数据的滋养，因此，模型往往滞后于数据动态变化的步伐，定期维护与更新成为保障其效能的关键。此外，模型构建过程的复杂性不容小觑，高空间复杂度和时间复杂度要求开发者将其部署于线下环境，以确保系统运行的稳定性与效率。

在这一背景下，数据挖掘与人工智能技术的深度融合为推荐系统带来了前所未有的机遇。研究者们纷纷探索将聚类模型、因子模型及贝叶斯网络模型等先进模型融入协同过滤框架，以期实现算法性能与推荐质量的双重飞跃。聚类模型，无论是用户聚类还是项目聚类，均遵循“先聚类，再协同”的策略，通过缩小搜索范围，简化计算复杂度，提升了推荐效率。而因子模型，特别是奇异值分解技术，以其强大的矩阵分解能力，有效降低了评分矩阵的维度，缓解了数据稀疏问题，为推荐系统提供了更为紧凑、有意义的数据表示。

贝叶斯网络作为不确定性知识表达与推理的杰出代表，其在推荐系统中的应用同样引人注目。通过构建基于图论和概率分析的有向无环图，贝叶斯网络不仅直观展示了变量间的因果关系，还通过条件概率表精确量化了这些关系的强度。这一特性使得贝叶斯网络在处理复杂、不确定性高的推荐场景时展现出独特的优势，能够更准确地捕捉用户偏好，提升推荐的精准度与个性化水平。

这些融合了多种机器学习技术的推荐模型，正逐步构建起一个更加智能、高效、适应性强的推荐生态系统，为用户带来前所未有的个性化体验。随着技术的不断进步与应用的持续深化，我们有理由相信，未来的推荐系统将更加精准地理解用户需求，更加灵活地应对数据挑战，为数字经济的发展注入新的活力。

（3）基于混合的协同过滤

混合的协同过滤算法代表了推荐系统领域的一种创新趋势，它旨在通过巧妙的策略融合，将不同推荐技术的精髓集于一身，从而克服单一算法在应用中的局限性，提供更加全面、精准且用户友好的推荐体验。这种算法设计的出发点，建立于对各类推荐技术优缺点的深刻洞察之上，力求通过取长补短，实现推荐效果的质的飞跃。

在混合协同过滤算法的构建过程中，我们通常会以一种主流的推荐算法作为基础框架，比如基于内存的推荐算法，因其直接操作内存中的数据，响应速度快且易于实现，成为许多混合策略的首选。然而，为了进一步提升推荐的深度和广度，开发者会引入基于内容的推荐方法作为补充。基于内容的推荐侧重于分析项目（如图书、电影等）自身的特征属性，与用户已知的偏好进行匹配，这对于处理新用户冷启动问题或解决评分数据稀疏性问题尤为有效。

通过将这两种截然不同的推荐逻辑有机结合，混合协同过滤算法能够在多个维度上提升推荐质量。一方面，它保留了基于内存推荐算法的高效性和实时性，能够快速响应用户的最新行为变化，生成即时推荐；另一方面，借助基于内容的推荐逻辑，算法能够深入挖掘项目的内在特征，为用户提供更加丰富多样的推荐选项，尤其是在面对新用户或数据稀疏情况时，展现出更强的适应性和鲁棒性。

此外，混合协同过滤算法还具备灵活性和可扩展性，开发者可以根据实际需求，进一步融入其他推荐技术的元素，如矩阵分解、深度学习等，以进一步优化推荐算法的性能。例如，引入矩阵分解技术可以帮助算法更好地处理大规模稀疏数据集，提高推荐的准确性和效率；而结合深度学习模型，则能利用神经网络强大的非线性映射能力，捕捉用户与项目之间复杂的交互关系，实现更加智能化的推荐。

总之，混合协同过滤算法通过精心设计的融合策略，将多种推荐技术的优势整合在一起，不仅解决了单一算法面临的各种挑战，还极大地丰富了推荐系统的功能和应用场景，为用户带来了更加个性化、精准且令人愉悦的推荐体验。随着技术的不断进步和推荐需求的日益多样化，混合协同过滤算法必将在未来推荐系统的发展中扮演更加重要的角色。

第二节　基于智能机器人的智慧图书馆服务模式

一、智能机器人相关技术

（一）定位识别技术

在图书馆管理领域，定位系统扮演着至关重要的角色，其中条形码结合磁条技术因其操作简便、成本效益高及耐用性强的特点，成为国内外众多图书馆的首选。然而，这一系统在智能化转型的浪潮中逐渐显露出局限性：一方面，手动在图书中植入磁条的工作繁重且难以自动化，不符合机器人辅助作业的趋势；另一方面，条形码的信息承载能力有限，难以满足图书馆智能机器人对高精度、大容量信息定位的需求，从而限制了其在智能机器人应用场景中的适用性。

相比之下，RFID（无线射频识别）图书盘点系统展现出了更为先进的潜力。该系统通过 RFID 读写器快速扫描书架上的图书标签，高效采集图书与书架信息，并将这些数据实时上传至数据库。图书馆的前端部门则能依据这些数据，轻松匹配并展示图书的在架数量及详细信息，极大地提升了图书管理的效率与准确性。RFID 技术的应用，不仅克服了条形码技术的局限性，还为图书馆的智能化管理开辟了新的路径。

（二）自主导航系统

自主导航系统凭借其内置的多种传感器套件，精准地捕捉车辆的位置与行驶方向，随后运用复杂的数学算法规划出最优行车路径。这一过程的关键在于，系统能将规划的路径与内置的电子地图数据进行实时比对，精确锁定车辆在地图中的具体位置，并即时计算出通往目的地的最优方向及剩余距离。这些信息通过直观的显示界面呈现给用户，实现了高效便捷的导航服务。

在机器人自主导航领域，技术的多样性尤为突出，包括但不限于电磁导引、光学导引、激光导引及机器视觉导引等先进手段，每种方法都有其独特的适用场景与优势。具体到图书馆环境，室内导航系统普遍采用地图模型导航与人工路标导航相结合的方式。地图模型导航依赖于精确的室内地图与路径规划算法，而人工路标导航则侧重于预先设定导航路径，并借助高灵敏度的传感器识别地面上的特定路标或导航线，引导机器人精确无误地沿预设路线行进，从而实现高度自主化的室内导航功能。

（三）语音识别技术

随着计算机技术的飞速进步，语音识别技术已日臻完善，这使得计算机能够迅速捕捉用户的语音指令，精准解析并据此执行相应操作。这一技术的核心原理涉及六个关键环节：首先，通过语音采集设备如话筒、电话等捕获原始语音信号；随后，进入数字化预处理阶段，包括模拟信号到数字信号的转换、噪声过滤及预处理步骤，以优化信号质量，特别是通过高频补偿技术弥补语音传播中的自然衰减，确保信号覆盖全频段，便于后续分析；紧接着是参数分析，此阶段聚焦于特征参数的提取，如采用线性预测倒谱系数等方法，从语音帧中精炼出对识别至关重要的信息；之后，这些特征参数会与预先构建的标准语音模型库进行比对，该模型库的精确度和全面性直接关乎识别效果的好坏；最后，识别结果得以生成并输出至应用层，实现指令的执行。

在构建模型库的过程中，语音训练是不可或缺的一环，它通过收集并处理大量语音样本，建立起一套标准特征模板库。识别时，系统则运用欧式距离测度等方法，将待识别语音的特征与模板库中的特征进行高效匹配，通过细致的比较分析，最终判定并输出最匹配的识别结果。这一系列流程共同构成了现代语音识别技术的坚实基础，推动了人机交互向更加自然、高效的方向发展。

（四）人机交互

在智慧图书馆的建设蓝图中，妥善平衡人机交互的发展关系是至关重要的一环。智能机器人的研发旨在赋予其类似人类的智能水平，使之能够高效执行指令、完成任务，并及时给予反馈，从而促进人机之间的无缝交互。人机交互技术，作为计算机科学的核心领域之一，通过精巧设计的输入与输出设备，搭建起人与计算机之间的沟通桥梁，使得双方能够流畅对话、信息共享。

这一技术深刻地定义了人与机器间的互动模式：机器借助显示设备主动传达信息或请求，而人则通过输入设备积极响应，形成双向的信息流通循环。人机交互的终极目标在于深刻洞察用户需求，把握用户在使用过程中的心理动态与行为模式，并将这些宝贵洞见融入产品设计之中，旨在重塑生活场景，使之更加便捷高效。

当前，人机交互技术已实现了语音合成与识别、图像识别、即时翻译等前沿功能，其应用触角广泛延伸至日常生活的每一个角落，从简单的电话交流到复杂的公共交通系统，无不体现着人机交互的智慧光芒。然而，良好的人机交互设计如同双刃剑，设计得当则能极大提升生活品质，反之则可能成为负担。因此，深入细致的用户调研与需求分析成为确保人机交互技术真正惠及民众的关键所在，唯有如此，方能推动智慧图书馆乃至整个社会向更加人性化、智能化的未来迈进。

二、基于智能机器人的智慧图书馆服务设计与实现

（一）图书管理服务实现

1. 多模态的图书信息特征识别

为了显著提升图书信息识别的精确性，我们融合了超高频 RFID 感知技术与图像识别技术的双重优势。这一创新方案首先利用 RFID 技术的信号识别功能，通过捕捉并分

析信号中携带的图书标签信息，实现图书的基本识别。进一步，通过深入挖掘RFID信号的强度与相位特征，我们能够精确追踪图书的物理位置，实现图书在书架上的精准定位。

与此同时，为应对RFID信号可能遭遇的不稳定问题，我们引入了图像识别技术作为辅助手段。这一技术能够有效捕捉书架区域的视觉信息，通过复杂的图像分析算法，不仅弥补了信号不稳定导致的图书漏读或多读现象，还显著降低了识别过程中的误读率。图像识别技术不仅能够独立验证RFID识别的结果，还能在必要时独立完成图书信息的识别任务，确保每一本图书都能被准确无误地归类到相应的书架号及层数，并精确确定其在书架层上的相对排列顺序。

结合超高频RFID与图像识别技术的综合解决方案，构建了一个高效、精准且鲁棒的图书信息识别机制，为图书馆管理带来了前所未有的智能化与便捷性。

2. 多模态图书姿态特征探测

在构建高效准确的图书盘点系统中，多模态智能图书管理机器人融合了分类模型与图像识别技术的优势，显著提升了图书各种姿态的探测效能。该系统不仅利用RFID技术快速读取图书内置的无源标签信息，还巧妙地结合了图像识别算法，通过多模态数据处理策略有效解决了单一技术可能带来的误判问题，同时保持了盘点作业的高效性。

具体而言，该系统基于RFID标签的射频信号特性，能够捕捉并分析标签因图书姿态（如横放、竖放）不同而产生的信号变化规律，进而运用分类模型为这些不同姿态的图书分别建立精准识别模型。针对RFID信号易受环境干扰的局限性，系统创新性地整合了图像识别技术作为辅助验证手段，通过摄像头捕获图书实时图像，执行轮廓分析与特征提取，精确识别图书的物理形态，从而进一步强化了姿态探测的准确性和鲁棒性。

此外，借助数据挖掘技术的深度应用，系统能够从海量传感数据中挖掘出更多有价值的信息，为智能决策提供坚实的数据基础。这一多模态融合策略不仅优化了图书姿态探测的流程，还确保了即使在复杂环境条件下，也能实现高效、准确的图书盘点，为图书馆自动化管理带来了革命性的提升。

3. 多模态SLAM算法设计

在智能机器人技术的前沿探索中，精准定位、高效建图与智能路径规划构成了三大核心挑战。SLAM算法，尤其是VSLAM与Laser SLAM，作为当前机器人自主定位领域的佼佼者，分别通过视觉与激光技术为机器人提供了强大的空间感知能力。VSLAM凭借摄像头捕捉环境图像，结合实时数据与预存信息比对，实现精准位置识别；而Laser SLAM则利用激光雷达精准扫描，同步构建地图与定位，展现了不同技术路径下的卓越性能。

然而，为应对更复杂多变的应用场景，多模态SLAM算法应运而生，它超越了单一传感器的局限，巧妙融合了摄像头、RFID阅读器、激光测距器等多种传感器数据。这种多源信息融合策略不仅增强了机器人对环境的全方位感知能力，有效弥补了单一传感器数据可能带来的盲区与误差，还显著提升了定位精度与效率。通过多维度的环境探测与感知，多模态 SLAM 确保了环境数据的全面性与完整性，进而增强了算法的鲁棒性与自适应性。

面对传感器数量激增带来的数据处理挑战，多模态智能盘点机器人图书管理系统展现出了其高效的数据处理能力。该系统在保障环境数据准确无误的基础上，巧妙地运用数据分析和清洗技术，快速剔除错误与冗余信息，优化数据处理流程，从而在保障算法精度的同时，大幅缩短了数据处理时间，确保了整个系统的运行效率与准确性，为智能机器人技术的进一步发展铺平了道路。

（二）咨询问答系统

1. 问答系统服务流程

问答系统的设计是智能咨询机器人研究的首要内容，对图书馆智能咨询机器人研究具有关键作用。智能咨询问答服务系统流程为问题接收和处理→问题分类和检索→答案抽取和排序→答案选择和反馈→答案统计和储存。

2. 问答系统具体功能

（1）问题接受和处理

在处理问题的初始阶段，全面且精准地接纳问题是至关重要的第一步，它奠定了后续问题解决策略的基础。对于智能咨询机器人而言，其“接受度”是衡量其能否广泛涵盖并理解用户提问范围的重要指标，而“接受率”则直接反映了机器人处理多语种（如汉语、英语、法语等）问题的能力与效率。一旦问题被有效接收，系统随即进入处理流程，首要任务是对用户以自然语言形式提出的多样化问题进行细致的预处理。这一环节涵盖了语义分析、句法解构、词汇拆解及关键词萃取等关键步骤，旨在通过深度预处理对问题内容进行精准分类。

随后，系统运用先进的检索技术，在庞大的语料库中搜寻与当前问题高度相似的历史记录或参考案例。值得注意的是，在系统设计之初，我们就需预见性地构建一套高效的受限语料词库，该词库不仅服务于问题的即时处理，还具备自动学习功能，能够随着系统接收问题的增多而不断优化自身，以更加精准地捕捉用户意图，提升整体交互体验。这一过程不仅展现了智能咨询机器人在处理复杂问题上的灵活性，也强调了持续学习与自我完善在提升服务质量中的重要性。

（2）问题分类和检索

问题分类是系统对存储问题及用户提问进行细致梳理的过程，它综合运用了多种分类策略，如遵循标准中国图书馆分类法、针对特定专题的问题专题分类法，以及基于时间、地点、人物等维度的分类方法，确保问题得到全面且准确的归类。在问题检索环节，不仅采纳了经典的信息检索理论，还深度融合了互联网信息搜索技术，旨在广泛搜集与问题高度相关的文档，并通过智能算法对这些文档依据其准确率进行精准排序，优先展示最相关结果。

至于答案抽取与排序，则是一个精细化的信息处理流程。答案抽取阶段，系统会从用户提问中精准提取关键词、标题词及叙述词，同时从系统语料库中抽取与这些词汇相关联的单元词，为后续排序奠定坚实基础。而在答案排序阶段，系统采用多元化排序策略，包括但不限于系统预设的固定排序、叠加式排序、交叉组合排序等，并结合时间、人物、事件等特定维度的排序方法，特别是人物排序，进一步细化至姓名、出生年月、籍贯、成就等详细元素，确保最终呈现给用户的答案既全面又条理清晰，最大程度满足用户的查询需求。

（3）答案选择和反馈

图书馆智能咨询机器人在接收到读者纷繁多样的咨询后，会启动高效检索机制，从庞大的语料库中精心筛选出最贴切的答案。为了更精准地把握读者需求，机器人具备主动提问能力，通过一系列细化问题引导读者提供更为详尽的信息，这一过程确保了回答的高度定制化与针对性。随后，基于语料库中丰富的问题元素，机器人智能筛选出最优答案，即时反馈给读者，有效满足其信息需求。

此外，系统还构建了闭环的答案反馈机制，旨在持续优化服务体验。该机制自动收集读者对机器人回答的反馈，并将这些宝贵意见整合进语料库，作为知识库的重要补充。通过不断积累与迭代，系统能够建立起更加精细化的最佳答案抽取模板，为未来遇到相似咨询时，提供更为优化、精准的语料支持。这一反馈循环不仅促进了语料库的动态丰富与智能升级，更是推动图书馆智能咨询系统长远发展的关键驱动力，确保了服务质量的持续提升与用户满意度的稳步增长。

（4）答案统计和储存

答案统计与储存是智能咨询机器人高效运作的关键环节。前者通过内置程序对读者提问与系统应答进行详尽的数据收集与统计，随后依据预设的分类标准对统计数据进行精准分类与归档，确保信息的有序管理。答案储存则紧随其后，将分类统计完毕的读者问题及对应系统答案进行系统化存档，构建起读者问题资料库与系统应答资料库，这两大资料库不仅是宝贵的信息资产，也是后续语料库应用不可或缺的基础。

这些精心构建的存档在提升服务效率与质量上扮演着重要角色。当后续有读者提出类似语料问题或系统需进行语料应答时，系统能够迅速从资料库中检索并调取相关存储信息，极大地缩短了问题处理时间，提高了服务响应速度。同时，这一过程也促进了语料库空间的合理利用与整体优化，避免了资源的冗余与浪费，确保了语料库的高效运作与持续更新。

（三）机器人和馆员合作

智慧图书馆作为服务创新的前沿阵地，正经历着由智能机器人引领的服务模式转型，这一变革与历史上的机器革命相呼应，不仅重塑了脑力劳动领域，也促使图书馆行业步入新的发展阶段。科技革命的双刃剑效应在此显现：一方面，它淘汰了诸多传统岗位；另一方面，它则孕育了众多新兴职业，推动服务业版图持续扩张。在智慧图书馆的构建中，尽管技术应用日新月异，但图书馆的核心职能与馆员的基本职责依旧稳固，改变的仅是服务的形式与手段。这一转型的成功依赖于技术革新、思维模式的转变以及专业人才队伍的建设，三者相辅相成，缺一不可。

鉴于图书馆机器人技术的跨学科特性，图书盘点自动化、专业语料库构建及机器人服务研究等领域亟须掌握多项技能的图书馆员参与。为深化机器人技术在图书馆的应用，培养一批精通机器人技术的专业人才显得尤为关键，这将直接拓宽机器人服务的边界，使之更加契合图书馆实际运营环境与读者多元化需求。

在人机协作的新常态下，构建机器人馆员与现实馆员之间的和谐共生关系至关重要。应双管齐下，既强化机器人馆员在处理重复性高、机械化任务上的优势，也不忽视激发现实馆员的积极性与创造力。机器人以其卓越的记忆力、无限耐力及高速计算能力，在数字服务领域大放异彩；而现实馆员则在情感交流、人际交往、创意表达及人文关怀等方面展现出不可替代的价值。因此，图书馆的未来服务模式或将呈现为：机器人馆员主导数字服务的高效运作，而现实馆员则专注于提供充满人情味的实体服务，两者优势互补，共同推动图书馆服务向更高水平迈进。

第三节　基于情景感知的智慧图书馆服务模式

一、智慧图书馆情景感知服务的构建原则

（一）技术与服务并重的原则

在构建基于情景感知的智慧图书馆服务体系中，技术与服务的深度融合与协同作业是核心驱动力。这一进程超越了技术单纯作为服务创新被动的响应者角色，转而成为主动引领服务革新的核心引擎。智慧图书馆不同于智能图书馆之处在于，它赋予技术以更高的战略地位，不再是将技术视为需要额外资源去维护的“宾客”，而是转变为驱动服务创新、深化图书馆职能、激发全新服务理念与策略的“主人”。这一转变强调，技术的部署与应用应首要围绕图书馆的核心职能展开，通过技术视角深入挖掘并拓展这些职能，随后再量身定制技术解决方案，实现技术与服务的无缝对接与同步进化。

同时，智慧图书馆的服务模式也经历了从用户按需被动获取向图书馆技术主动推送的转变。其核心在于，通过情景感知技术精准捕捉并深刻理解用户需求，不再局限于用户主动寻求服务的传统模式，而是智慧图书馆主动出击，利用技术预见并满足用户潜在需求，增加用户与图书馆之间的互动频次与深度。这种转变并非强加服务给用户，而是通过智能分析提前呈现用户可能需要的服务，激发用户的服务探索欲，增强用户对智慧图书馆的信任与依赖，真正诠释智慧服务的精髓——预见性、个性化与高度互动性。

（二）人文与智能共存的原则

图书馆内智能技术的深度渗透，无疑为读者与馆员开辟了前所未有的便捷之路，极大提升了工作效率与数据精准度，如智能盘点的高效性远超人工，用户数据感知的精确性亦远非传统调研可及。然而，这份便利也悄然滋生了对技术的依赖，促使技术使用频率飙升，同时引发了对人文服务可能被边缘化的担忧。例如，咨询服务从馆员面对面的温馨交流转变为冷冰冰的数据分析，引导服务由馆员个性化的讲解变为机器人的标准化问答，入馆教育则由生动的讲座转变为虚拟的网络体验。

但值得深思的是，人文服务与智能服务并非零和博弈，而是可以和谐共生的双生子。图书馆员的角色在智能化浪潮中既面临被技术部分取代的挑战，也迎来了被技术赋能的机遇。通过智能技术的加持，馆员的人文关怀得以以更智能、更高效的方式呈现；反之，智能服务在馆员的专业引导下，也能融入更多人性化的温度，实现技术与人文的深度融合。AI 驱动的机器人馆员，凭借其独特优势，有时甚至能展现出超越人工的“人文”关怀，成为馆员能力的自然延伸。

因此，构建智慧图书馆的未来图景，关键在于秉持人文与智能并重的理念，摒弃将情景感知简化为技术堆砌的狭隘观念。我们应超越当前技术研究的形式化与孤立化，追求内涵丰富、体验人性化、用户高度满意的情景感知服务模式。这意味着不仅要深化技术应用的广度和深度，更要注重技术与人文的融合创新，让图书馆成为技术与人文交相辉映的知识殿堂。

（三）开放与保密并行的原则

随着感知技术的深入应用，图书馆在享受用户行为数据带来的精准服务优化机遇的同时，也面临着信息保密工作的严峻挑战。大量用户信息的汇聚，虽为个性化服务的实施提供了坚实的数据基础，但也凸显了隐私泄露的风险，尤其是在数据收集与服务交付的过程中，潜在的弊端逐渐显现。图书馆在追求服务精准度的同时，不可避免地触及用户隐私边界，且因内部因素如馆员信息安全意识不足、技术限制及管理模式滞后，信息安全问题尤为突出。

在此背景下，智慧图书馆在构建情景感知服务时，必须平衡信息开放与隐私保护的双重需求。具体而言，采取开放与保密并行的策略是关键，包括三种主要途径：一是完全开放获取，涉及用户的基本信息如姓名、性别、读者卡号及日常访问记录，这些信息通过用户与图书馆的交互自动收集，无须额外授权；二是部分开放获取，针对用户的实时位置、服务使用记录等，虽未经用户直接授权，但基于提升服务质量和保障馆内安全考虑，通过技术手段自动采集，并辅以明确的隐私政策告知用户；三是严格授权获取，针对高度敏感的隐私信息，如第三方账户数据、个人通讯录等，必须获得用户明确授权后方可访问，且未授权用户将无法享受特定服务。

为确保这一原则的贯彻执行，图书馆需制定并执行严格的信息安全管理措施，包括签署信息安全保证书、加强馆员培训以提升信息安全意识、投资升级安全设备，并优化内部管理模式，形成全方位、多层次的信息保护体系，从而在推动情景感知服务创新的同时，有效保障用户隐私权益。

二、基于情景感知的智慧图书馆服务模式构建

（一）情景感知一体化服务模式

1. 一体化设施服务

物联网与大数据技术的深度融合正引领智慧图书馆迈向全新纪元，通过“物联”理念的一体化构建，智慧图书馆设施得以无缝衔接，形成情景感知的全方位服务体系。首先，资源设施层面，馆藏文献、电子数据库及物理空间如阅览室、机房等，在情景感知技术的驱动下实现藏、借、阅、咨功能的无缝集成，打造一站式服务平台，彻底摒弃了传统模式下服务功能的孤立运作与读者群体的部门化、文献类别化分割。例如，智能书架的引入不仅解决了图书乱架问题，还促进了实体资源与电子数据库的深度互联，以及图书与读者的个性化关联。

其次，终端设施一体化方面，图书馆内的借阅终端、多媒体设备与读者自带的计算机、手机等智能设备构建成一个高度协同、资源共享的高效网络。这一网络支持多终端无缝切换与互操作，如通过统一账号或智能卡，读者可轻松在手机与图书馆终端间预约座位、借阅图书，实现资源的无缝流转。此外，阅读机配备的感知识别系统，让文献阅读跨越物理界限，读者离开时设备能自动记录阅读状态并推送至个人移动设备，确保阅读的连续性与便捷性。

最后，安全设施一体化作为智慧图书馆不可或缺的一环，通过集成各类安全传感器与控制系统，如烟雾报警、智能隔热、疏散指示及读者位置感知等，构建了一个全方位的安全防护网。特别是读者位置感知系统的应用，能够实时监测读者状态，一旦检测到异常（如长时间无动作卧躺），立即触发警报机制，确保图书馆成为一个既开放又安全的知识交流空间。这一系列举措共同推动了智慧图书馆向更加人性化、智能化、一体化的方向迈进。

2. 一体化知识服务

在“感知技术+泛信息化”的双重驱动下，传统图书馆正经历着深刻变革，从以往的以馆藏资源为核心转向以读者体验为中心的一体化知识服务模式。这一转变不仅体现在文献数量的爆炸性增长与获取途径的多元化，更在于智能技术赋予文献载体多样性及信息检索的高效化需求。智慧图书馆因此被赋予新使命：不仅要持续保存与丰富馆藏资源，更要将这些资源转化为便捷、高效的一体化知识服务体系，无缝对接读者需求。

实现这一目标的关键路径涵盖“馆藏情景标签化—借阅信息深度挖掘—知识感知导航”三大环节。首当其冲的是馆藏资源的一体化整合，利用微缩摄影、数据挖掘等先进技术，将纸质资源数字化，同时镜像网络资源，并通过 RFID、iBeacon 等物联网技术为每份资源打上独一无二的情景标签，实现物理与数字资源的无缝链接。这一过程

构建了馆藏资源的一体化基础框架。

随后，重点转向一体化知识的深度开发，旨在提升资源利用效率与读者获取体验。为此，设计知识导航感知模块成为关键，该模块依托强大的数据挖掘与分析能力，在海量数据中迅速锁定读者所求，定制个性化知识路径，极大缩短信息搜寻时间。读者通过一体化终端登录个人账号，系统即能智能感知其借阅倾向与知识偏好，结合阅读习惯分析，动态生成最优学习路径。

具体应用场景中，如为阅览室图书贴上情景标签，读者仅需简单操作终端或接入感知服务系统，系统便能即时识别需求并提供精准导航。借助 RFID 等感知技术，图书信息与借阅记录轻松获取，并自动匹配电子资源，实现即时缓存至个人设备，即便是纸质文献也有电子版随行，无须网络连接即可随时阅读。这一系列创新举措，共同塑造了情景感知下的一体化知识服务体系，引领读者从“会学习”迈向“慧学习”的新境界，实现了知识获取的专业化与智能化飞跃。

（二）情景感知自主化服务模式

1. 读者行为自主化

情景感知自主化服务模式的核心在于读者，其成功与否高度依赖于读者是否具备自主化服务的意识。这一意识的培养，对于加速读者服务获取效率与知识探索积极性的提升至关重要。回顾图书馆读者服务自主化进程，可清晰分为三大阶段：初始阶段，读者多处于被动接收状态，传统图书馆环境下，他们的访问目的明确且单一，对额外服务持保守态度；随后步入按需主动探索期，随着数字图书馆与智慧图书馆的初步成型，智能化设备的引入激发了读者的好奇心，他们开始主动尝试新技术与新服务，展现了初步的自主行为倾向，然而此时图书馆的自主化服务响应机制尚不健全，难以即时对接读者多样化需求；最终迈向行为全面自主化阶段，当感知化智慧服务体系日臻完善，读者对此类服务已驾轻就熟，其服务获取行为超越了简单的按需模式，转而追求极致体验。智慧图书馆不仅全面满足读者的基本阅读需求，更深度挖掘并回应其个性化拓展诉求。同时，服务模式也由被动转为主动，图书馆利用技术力量主动挖掘读者需求，增强互动频次与深度，感知技术敏锐捕捉读者的主动服务寻求迹象，这标志着服务获取已从简单的按需模式进化为更加积极主动的探索之旅。

2. 学科馆员智慧化

在新一代图书馆向学科化、智慧化转型的征途中，学科馆员的角色被赋予了前所未有的重要性，他们是推动情景感知自主化服务的关键支撑。这一转型要求图书馆服务不仅升级智慧化水平，更需配备具备相应能力的馆员来参与实施与管理。智慧化学科馆员不仅是服务运作的核心，还负责引导读者自主化行为的培育，如通过感知体验培训、VR 入馆教育等手段，增强读者的自我服务能力。他们需精通技术与培训方法，确保服务流程顺畅且高效。

面对智能化技术化的新挑战，传统馆员的能力结构已显不足，亟须培育新一代学科馆员，使之成为情景感知自主化服务的中流砥柱。这包括通过招聘具备专业背景的学科馆员、对现有馆员进行深入研究培训及鼓励工作方法创新等措施，全面升级馆员队伍。新一代智慧化学科馆员不仅能够熟练运营维护自助服务中心，确保软硬件系统的稳定运行，还能依托其深厚的学术背景，深入研究读者自主动机，设计并实施自主行为培训项目。他们不仅是技术专家，更是连接自助服务中心与读者之间的桥梁，通过其专业指导与互动，促进读者更深入地融入智慧图书馆生态，共同推动图书馆服务向更高层次的自主化、智慧化迈进。

第四节　基于智慧推荐的智慧图书馆服务模式

一、推荐系统相关概述

推荐系统的历史渊源深厚，其理论基础可追溯至认知科学、预测理论、信息检索、近似理论、管理科学及市场营销中的客户选择模型等多领域。传统上，推荐系统被界定为运用信息技术，通过分析用户兴趣与商品信息，结合特定的推荐算法，为用户量身定制推荐内容的过程。这一系统超越了单向信息传递的范畴，实现了信息的双向流通，既服务于用户个性化需求的满足，又助力企业精准锁定高价值潜在客户。

在图书馆领域，推荐系统则扮演着更为精细化的角色。它不仅遵循读者的明确定制需求提供服务，还擅长捕捉读者的显性偏好与隐性行为模式，通过深度分析与挖掘，动态追踪读者兴趣的微妙变化。这一过程不仅限于对已知需求的即时响应，更在于前瞻性地预测读者未来的偏好趋势，从而精准推送符合其个性化需求的知识信息资源，极大地丰富了图书馆服务的智能化与个性化内涵。

二、基于智慧推荐的智慧图书馆服务模式研究

（一）智慧检索

1. 智慧检索流程

智慧检索作为智慧推荐不可或缺的基石，其核心在于赋能用户以更迅捷、精确、高效且有序的方式触及所需信息。相较于传统检索模式，智慧检索展现出了显著的优势：它能够深度洞察并分析用户的检索行为轨迹，精准捕捉用户的明确需求乃至潜在偏好，进而智能筛选并呈现高度相关的检索结果，极大地优化了用户体验。这一过程不仅涉及对检索策略的动态调整与自我优化，依据用户反馈循环迭代，确保信息供给的精准对接，还超越了关键字匹配与相似性比较的局限，旨在精准满足用户的个性化需求。

智慧检索的精髓在于其智能化信息筛选机制，有效剔除了大量对用户而言可能冗余或无关的信息，使得读者能够迅速锁定目标资源，极大地提升了检索效率与准确性。

考虑到多数用户访问图书馆网站时并不总是登录状态，他们更倾向于采取最直接高效的方式获取所需信息，智慧检索正是顺应了这一需求，通过提供直接链接至目标资源的检索结果，显著缩短了检索路径，降低了操作复杂度，使用户能够轻松避开盲目查询的困境，享受更加流畅、高效的检索之旅。

具体而言，智慧检索流程紧凑而高效，涵盖用户发起检索请求、系统自动抽取用户特征、结合日志资料库进行预处理、应用智慧过滤算法优化检索策略、生成个性化检索方案、执行检索推荐直至最终完成检索的全过程，每一步都紧密围绕提升用户体验与检索效能而精心设计。

2. 智慧检索模型设计

用户行为数据中蕴含着丰富的知识与潜在价值，智慧检索服务正是基于这一洞察，通过深度分析用户的检索行为及其背后的关联活动，巧妙运用数据挖掘与关联规则技术，在未登录状态下为广大用户提供个性化推荐。这些推荐紧密围绕用户当前检索或浏览的图书，推荐相似或相关的图书，旨在提升用户找书效率，减少盲目搜索，降低检索难度。智慧检索，作为一种非个性化推荐策略，实质上是数据挖掘技术在信息资源检索领域的创新应用，它深入剖析网络资源，挖掘潜在联系。

OPAC 联机公共检索目录作为图书馆资源检索的核心入口，是连接读者与馆藏资源的桥梁，其设计与功能直接影响图书馆服务质量和资源利用率。智慧检索技术的进步与 OPAC 系统紧密相连，用户通过 OPAC 进行检索时产生的查询日志，成为分析用户行为、构建行为模型的关键数据源。智慧检索系统利用这些日志，深入挖掘用户检索行为的深层信息，预测用户的潜在兴趣与偏好，进而智能推荐符合用户兴趣的资源。

这一过程不仅将用户检索行为与检索结果巧妙关联，还通过隐性知识的显性化处理，揭示隐藏的图书宝藏，让用户在检索过程中感受到精准与新颖并存的体验。这种基于知识相关度与相似性的智慧检索，极大地增强了推荐的吸引力，引领用户探索更广阔的知识领域。

（二）智慧推荐

1. 智慧推荐模型

智慧检索作为智慧服务的起始点，旨在为广大用户群体提供初步却高效的精细化信息导航。而智慧推荐，则是对这一服务的深化与升华，它借鉴了搜索引擎的信息检索机制，却更加侧重于个性化、多样化和创新性的信息推送。在信息爆炸的时代，简单的搜索已难以满足用户对高效筛选与精准匹配的需求，智慧推荐通过构建“推”与“拉”的互动机制，不仅主动向用户呈现信息资源，还引导用户探索未知领域，实现了从被动查询到主动服务的转变。

智慧推荐系统的核心在于深度理解用户行为模式，构建精细化的用户模型，挖掘用户潜在兴趣点，从而精准对接用户多元化的信息需求。它超越了传统搜索引擎的简单罗列模式，通过智能分析用户的历史行为、借阅记录、检索偏好等多维度数据，形成个性化的推荐策略，极大地提升了图书馆文献资源的利用效率与知识信息的智能处理能力。这一系统以用户为中心，融合了数字信息资源的全方位服务，不仅实现了从查询到推荐的主动服务升级，还融入了人性化、个性化及社交化的设计理念，旨在为用户开启一扇通往知识宝库的个性化门户。

智慧推荐的服务模式丰富多样，旨在满足不同用户的个性化需求。一方面，通过页面专属模块展示新书推荐、借阅热门排行等半个性化信息，为所有用户提供直观的参考；另一方面，在用户进行图书检索或利用OPAC系统时，系统能依据用户的借阅历史和检索行为，进行初步的智能关联推荐，提供详尽的图书信息及阅读链接，实现精准引导。更进一步，当用户登录系统后，智慧推荐服务将全面升级，通过深度挖掘用户个性化特征，提供近乎量身定制的推荐方案，满足不同用户在不同层次上的多样化需求。

这一过程不仅涉及对用户显性信息的直接分析，还巧妙捕捉用户的隐性偏好，如阅读习惯、兴趣变迁等，通过综合评估，预测用户未来可能的兴趣走向，为用户推荐那些既符合其当前兴趣又可能带来惊喜的新知识领域。智慧推荐的结果，既精准又充满惊喜，既多样化又富含深度，真正实现了智慧服务的核心价值——让每一位用户都能在信息的海洋中，轻松找到属于自己的知识灯塔，同时也让那些潜在的有价值信息得以展现，促进知识生产者与消费者的共同繁荣。

2. 智慧推荐技术架构

在智慧检索与智慧推荐的双重驱动下，图书馆服务正经历着前所未有的变革。智慧检索，作为面向广泛用户群体的非个性化推荐服务，虽然以其普适性为特点，但也受限于其无法深度挖掘个体用户兴趣与行为的局限性。相比之下，智慧推荐则深刻践行“以用户为中心”的理念，通过综合运用多种推荐算法，精准捕捉每位用户的独特特征，包括其兴趣偏好、借阅历史、阅读习惯乃至更细微的隐性需求，实现了服务的个性化与智能化飞跃。

随着大数据与云计算技术的蓬勃发展，图书馆内的数据类型愈发多样，非结构化、半结构化与结构化数据交织并存，加之用户地理位置、感知数据、社交网络信息等多元信息的融入，信息资源库变得前所未有的庞大与复杂。智慧推荐系统正是在这样的背景下应运而生，它依赖于先进的数据挖掘、云存储与云计算技术，从海量数据中提炼出关键特征与文献间的深层次关联，进而构建用户行为模型，精准预测并主动推送符合用户个性化需求的知识服务。这一过程不仅提升了推荐的精准度与多样性，还确保了推荐内容的层次丰富与高度定制化，真正实现了以读者为核心的智慧化服务体验。

智慧推荐的实现模式，超越了传统的图书推荐范畴，它构建了一个按需、主动的信息智能获取生态系统。这一系统以用户行为特征与兴趣属性为基石，通过精细化分类与个性化定制，确保每位用户都能获得与其紧密相关且高度个性化的推荐内容。同时，智慧推荐还积极探索与社交网络、移动互联网等前沿技术的融合路径，利用自动化数据收集与分析技术，感知用户位置、情境与意图，进一步增强了推荐服务的智能性与互动性，提升了用户对智慧推荐服务的依赖与满意度。

总之，智慧推荐系统在智慧图书馆建设中的作用日益凸显，它不仅是对传统推荐系统的全面升级，更是图书馆服务向智慧化、个性化转型的关键驱动力。通过持续的技术创新与服务优化，智慧推荐正引领图书馆迈向一个更加智能、高效、贴心的知识服务新时代。

（三）智慧 App

1. 智慧 App 服务设计

智慧图书馆，其精髓在于构建以用户为核心的智慧服务体系，这一体系深刻体现了“以人为本”的服务理念，旨在全方位服务用户、深切关怀用户、无私奉献于用户。随着移动互联技术的迅猛发展，移动通信网络与互联网的深度融合，不仅极大地拓宽了互联网服务的边界，更使得时间与空间的限制被彻底打破。移动互联技术的移动性、便携性特性，加速了智能移动终端设备的普及，如手机、平板电脑、掌上阅读器等，这些设备已悄然成为大众获取信息资源的主要渠道。它们不受地域、时间的桎梏，赋予了用户随时随地访问信息的能力，极大地提升了服务的灵活性与便捷性。

在此背景下，移动图书馆及其独立 App 的开发成为智慧图书馆发展的必然趋势。智慧 App 推荐服务，作为泛在服务理念的生动实践，其核心在于通过智能移动终端设备，为用户提供全天候、个性化、无缝对接的信息资源获取体验。这一服务模式不仅超越了传统图书馆的物理界限，更实现了从单向信息传递向双向智慧交互的飞跃，让用户在任何时间、任何地点都能享受到量身定制的信息推送与推荐。

为了实现泛在智慧服务，智慧图书馆必须依托云计算、物联网等前沿信息技术，构建一个高效、智能的服务网络。这一网络不仅整合了传统图书馆与数字图书馆的资源优势，还通过大数据分析、用户行为建模等手段，深刻洞察用户需求，精准匹配信息资源，为用户提供多层次、多形式、宽领域的信息服务。独立智慧 App 作为这一服务网络的重要载体，其研究与开发不仅是对智慧服务模式泛在化的具体体现，更是推动图书馆服务向更高水平迈进的关键一步。通过不断优化 App 功能，提升用户体验，智慧图书馆将能够更好地满足用户的多元化需求，促进知识的广泛传播与深度利用，实现知识生产者与消费者之间的共赢。

2. 智慧 App 层次架构

在移动互联时代，推荐系统充分利用移动网络环境的独特优势，通过智能手机等移动端设备，实现了基于情景感知的精准推送服务。这一创新不仅极大地提升了用户信息获取的便捷性与精准度，还通过实时分析用户行为，精准预测其偏好，为用户带来了前所未有的个性化体验。智慧图书馆借此契机，通过开发专属的智慧 App，进一步拓宽了服务边界，将图书馆资源与服务无缝融入用户的日常生活，真正实现了“用户在哪里，服务就跟到哪里”的愿景。

智慧 App 作为智慧图书馆服务的新窗口，其层次架构精心设计，旨在为用户提供全方位、智能化的服务体验。首先是 App 效用评价层，这一层面聚焦于服务的实时响应、内容丰富度、推荐精准度以及界面的友好可视化等方面，确保用户在使用过程中能够感受到高效、多样且直观的服务质量。

紧接着是 App 推荐生成层，该层集成了多种先进的推荐算法，包括移动协同过滤、基于内容的移动推荐、移动上下文推荐及移动社会化推荐等，这些算法能够根据用户的实时位置、历史行为、社交关系等多维度信息，动态生成高度个性化的推荐内容，满足用户多样化的信息需求。

在数据预处理层，系统通过对移动用户偏好、上下文环境及社交网络的深入分析，构建出用户的全面画像。这一过程不仅涉及用户偏好的直接提取，还包括上下文信息的推理计算、社会化网络关系的构建及多元信息的有效融合，为推荐算法的精准运行奠定了坚实基础。

最底层是源数据采集层，它是整个智慧 App 的数据源泉。该层广泛收集移动用户的各类数据，包括人口统计学特征、Web 行为日志、通信行为日志、上下文信息及移动网络服务信息等，这些原始数据经过精心处理与分析，成为支撑个性化推荐服务的关键资源。

面向智能移动设备终端的智慧 App，通过其精细化的层次架构与强大的数据处理能力，为智慧图书馆服务带来了革命性的变革。它不仅让用户在任何时间、任何地点都能享受到量身定制的个性化服务，还极大地提升了图书馆服务的智能化水平，真正实现了以用户为核心的服务宗旨。各图书馆应积极拥抱这一趋势，开发并优化自己的智慧 App，以更加开放、便捷、智能的姿态迎接每一位读者的到来。

第六章

智慧图书馆的服务体系与创新

第一节　图书馆智慧服务

一、面向读者的智慧化精准服务

（一）基于大数据的读者行为分析

在构建以读者为核心的智慧图书馆服务体系时，深刻理解和把握每一位读者的认知与需求是至关重要的基石。这一体系不仅涵盖了亲临图书馆的到馆读者，更将触角延伸至广泛的非到馆读者群体，后者因不受物理空间限制，其服务潜力尤为巨大。

对于到馆读者，图书馆利用先进的大数据分析技术，细致追踪并记录其到馆行为轨迹、借阅偏好、检索习惯及信息下载模式等多元化数据点。通过对这些海量数据的深度挖掘，图书馆能够精准描绘出读者的专业领域轮廓、学习兴趣图谱、研究兴趣焦点及个性化阅读习惯，进而定制化地推送个性化资源、学科前沿资讯及深度知识导航服务，无缝嵌入读者的科研探索旅程，成为其学术探索道路上不可或缺的智囊团。

而对于非到馆读者，图书馆则依托其强大的信息技术平台，整合并分析读者的专业背景、年龄段、研究领域、科研成果产出、数据库访问记录及关键词检索历史等多维度信息，构建出细致入微的读者画像。基于这些精准画像，图书馆能够主动出击，为每一位非到馆读者量身定制学术讲座预告、科研动态速递等个性化信息包，跨越时空界限，助力其教学与科研活动的持续精进。

尤为重要的是，针对不同类型读者的行为分析，图书馆需秉持科学性、系统性与可持续性的原则，确保分析过程的严谨性、分析结果的准确性和服务策略的有效性。这意味着我们不仅要采用先进的数据分析方法与技术工具，还需建立长效的数据收集、处理与反馈机制，持续优化分析模型，确保服务策略能够紧跟读者需求变化，为读者提供既精准又富有前瞻性的智慧服务，奠定坚实的智慧图书馆服务基础。

（二）以读者为核心的精准、个性化的信息与知识服务

图书馆面向未来的核心价值聚焦于三大支柱：构建并维护高质量的信息资源体系，优化读者体验以加速其在浩瀚信息海洋中的精准导航，以及持续关注并响应读者兴趣的动态变化。在大数据浪潮席卷下的今天，各学科领域的知识与信息更新速度惊人，图书馆的核心使命便在于有效搜集、深度分析并整合这些海量数据中的价值信息。这要求图书馆不仅能够洞察读者的阅读行为模式与个性化需求，还需精准定位不同读者群体，以定制化的方式推送相关信息与知识资源。这一系列复杂而精细的操作，共同构成了图书馆智慧服务的精髓，旨在为用户提供高效、个性且前瞻性的信息支持。

二、面向读者的智慧空间服务

（一）智能座位预定

图书馆自习室座位管理难题，长久以来如同阴影般笼罩着图书馆运营，尤以占座现象最为棘手，这不仅侵占了公共资源，还严重阻碍了座位资源的合理分配与高效利用，成为图书馆管理者亟待破解的难题。为应对这一挑战，图书馆界积极探索创新策略，其中座位预约系统与网络自习室的兴起，为缓解座位紧张、促进资源公平使用开辟了新路径。

座位预约系统，作为应对占座问题的先锋，已广泛融入各大图书馆的日常管理中，借助小程序、微信公众号等便捷渠道，实现了座位管理的智能化转型。读者只需轻点屏幕，即可轻松浏览自习室的实时座位分布情况，并根据个人需求预约空闲座位。这一系统不仅提升了座位资源的透明度，还通过引入时间签到机制与违约惩罚措施（如短期禁用预约功能），有效规范了读者的使用行为，确保了座位资源的有效利用与动态循环。预约系统的成功实施，不仅减少了占座现象，还增强了读者的自律意识，为图书馆营造了一个更加公平、有序的学习环境。

与此同时，网络自习室的兴起，则为解决自习室座位紧张问题提供了另一番视角。通过 TOMOTO、CoStudy 等平台，读者无须亲临图书馆，即可参与到虚拟的自习空间中来。这些云自习室不仅打破了物理空间的限制，让学习不再受地点约束，还通过设定严格的规章制度，如禁止使用手机、专注学习任务等，营造了一个高度自律、高效专注的学习氛围。云自习室的受欢迎程度日益攀升，它不仅为远程学习者提供了宝贵的学习资源，也在一定程度上减轻了图书馆实体自习室的承载压力，促进了学习资源的优化配置与共享。

座位预约系统与网络自习室的双管齐下，不仅是对传统图书馆座位管理模式的革新，更是对现代学习需求多元化趋势的积极响应。两者相辅相成，共同构建了一个更加开放、灵活、高效的学习生态系统，让每一位读者都能在最适合自己的方式下，享受到优质的学习资源与服务。

（二）图书精准定位

随着科技的飞速进步与读者群体的日益壮大，图书馆服务模式迎来了深刻变革，开架借阅模式应运而生，赋予了读者前所未有的自主权与探索乐趣。在这一模式下，读者化身为知识探索的主角，亲自穿梭于书架间，根据个人兴趣寻觅心仪的图书。然而，面对浩如烟海的馆藏，如何高效定位目标图书成为读者面临的新挑战。

智慧图书馆以其前瞻性的视角，巧妙融合了无线射频识别（RFID）技术与物联网技术，为图书精准定位难题提供了创新解决方案。通过为每本图书植入 RFID 标签，图书馆构建了一个智能互联的图书定位系统。读者只需借助手持智能设备，便能轻松接入该系统，实现个人位置与图书位置的实时导航。当读者接近目标图书时，这些图书仿佛拥有了生命，通过柔和的灯光闪烁或轻柔的声音提示，温柔地引领读者找到它们，极大地提升了借阅体验的便捷性与趣味性。

RFID 技术在图书馆领域的广泛应用与持续优化，确保了图书精准定位技术的稳定可靠，为智慧图书馆服务的深化奠定了坚实基础。此外，图书馆系统还进一步升级，为读者提供了详尽的图书信息查询功能。读者不仅能够实时查看所需图书的上架时间、当前借阅状态，还能获取复本数量等关键信息，这些信息如同一盏明灯，照亮了读者借阅之路，帮助他们做出更加明智的选择，享受更加高效、满意的借阅旅程。

（三）馆内智慧导航

在国家对图书馆事业的高度重视与持续投入下，图书馆领域迎来了前所未有的发展机遇，这一进步显著体现在三大方面：首先是资金层面的显著增长，为图书馆的发展提供了坚实的物质基础；其次是技术应用的全面升级，图书馆积极引入先进的智能设备、尖端硬件及高效的操作软件，推动服务智能化转型；最后是空间布局的革新，新建图书馆不仅规模宏大，更在设计上追求创新，巧妙融合绿色建筑理念，既美观又环保。鉴于图书馆建筑体量的庞大，读者在馆内探索时往往会面临寻找功能区耗时较长的问题，因此，构建智慧图书馆的馆内导航系统显得尤为迫切与重要。即便图书馆已设有传统的人工咨询服务，但智能导航系统的部署同样不可或缺，它依托于 Wi－Fi 定位、GPS 辅助导航及人体热力感应等前沿技术，精准引导读者高效抵达目的地，极大地提升了用户体验，展现了智慧图书馆以人为本、科技赋能的服务理念。

三、区块链技术助力图书馆智慧服务创新

（一）区块链技术助力图书馆智慧服务发展优势

1. 有利于加强信息安全保障

在智慧服务蓬勃发展的时代背景下，信息安全保障被赋予了前所未有的重要性，它不仅是图书馆各项服务顺利运行的基石，更是维护馆藏信息资源完整性的关键防线。面对互联网开放环境所带来的版权纷争、病毒侵扰等严峻挑战，以及图书馆在提供个

性化服务过程中对用户数据深度挖掘与共享所伴随的隐私泄露风险，加强信息安全保障显得尤为迫切。区块链技术以其独特的分布式数据存储机制、智能合约的自动执行能力以及非对称加密算法的严密性，为图书馆信息安全问题提供了创新性的解决方案。通过运用区块链技术，我们能够有效抵御外部攻击，确保馆藏资源的完整性与不可篡改性，同时保护用户隐私，促进图书馆智慧服务的健康、安全发展。

2. 有利于提高智慧化管理水平

区块链技术以其独特的分布式存储和点对点信息传输机制，彻底革新了图书馆的信息服务传播模式，极大地增强了图书馆管理的智慧化水平，显著提升了智慧服务的质量与馆藏资源的利用效率。在这一模式下，用户无需直接依赖图书馆，即可通过区块链网络享受情景感知、需求精准匹配及资源共享等智慧服务，这不仅削弱了用户对图书馆的单一依赖，还以高效精准的方式满足了其多样化、个性化的需求。同时，图书馆的角色也悄然转变，从传统的信息传播者进化为组织管理者，专注于协调与优化服务流程。

此外，区块链技术的高透明性和强大的保护特性，为信息资源的开放共享与版权保护构建了坚实的基石。通过非对称加密技术，区块链在确保用户隐私与版权安全的同时，促进了信息资源的无障碍流通，进一步挖掘并提升了图书馆馆藏文献的潜在价值，为图书馆智慧服务的全面发展开辟了新路径。

3. 有利于升级智慧服务体系

在图书馆智慧服务的演进过程中，区块链技术的融入如同注入一股清流，它以数据为核心驱动力，构建了一个去中心化、实时响应的服务生态，巧妙化解了传统云计算与数据库模式中的数据垄断、集中风险及复杂交互难题。这一变革不仅促进了图书馆资源的高效共享，还在保障数字版权的同时，实现了资源利用的新平衡。尤为值得一提的是，当区块链与大数据技术携手并进时，图书馆服务的智能化水平跃上了新的台阶，服务效能与质量实现了质的飞跃。展望未来，图书馆智慧服务体系的蓝图将聚焦于资源的深度整合、系统的用户友好性及工作流程的精简高效，而区块链与大数据的深度融合，正逐步渗透到服务的每一个细节，成为破解智慧服务发展瓶颈的关键钥匙。此外，区块链技术的引入还为图书馆智慧服务筑起了一道坚固的风险防线，为探索更加前沿、创新的智慧服务模式开辟了广阔的道路。

（二）区块链技术助力图书馆智慧服务发展具体应用

1. 区块链技术助力用户线上学习交流

在当前图书馆线上学习平台的发展现状中，我们确实观察到了一种中心化管理模式所带来的局限性和挑战。这种模式高度依赖于图书馆的资金投入、专业的计算机开发能力以及馆员的信息素养，而这些因素往往因各馆而异，导致了服务质量和成效的参差不齐。为了打破这一困境，区块链技术的应用提供了一个创新且前瞻的解决方案，它有望重构图书馆线上学习平台的底层技术结构，为智慧服务的发展开辟新路径。

区块链技术以其去中心化、透明性、安全性和不可篡改性等特点，能够显著增强线上学习平台的自主性和灵活性。首先，通过区块链技术，图书馆可以构建一个分布式的学习资源网络，使得学习资源不再局限于单一的中心服务器，而是分散存储在多个节点上。这样，即使某个节点出现问题，也不会影响整个学习平台的运行，从而提高了系统的稳定性和可靠性。

其次，区块链技术可以实现学习资源的共享和互通。传统的中心化平台在资源共享方面往往存在诸多障碍，如版权问题、技术壁垒等。而区块链技术则可以通过智能合约等机制，确保学习资源在遵守版权法规的前提下实现跨馆共享和互通。这样，不仅可以丰富学习资源的种类和数量，还可以提高资源的利用效率。

此外，区块链技术还可以为图书馆线上学习平台提供更为精准的用户画像和个性化推荐服务。通过区块链上的数据记录和分析，平台可以更加准确地了解用户的需求和兴趣，从而为他们提供更加个性化的学习资源和建议。这种服务模式的转变将极大地提升用户的学习体验和满意度。

当然，区块链技术在图书馆线上学习平台中的应用也面临着一些挑战和难题，如技术成熟度、数据安全与隐私保护、法规政策等。但这些问题并非不可克服，随着区块链技术的不断发展和完善以及相关法规政策的逐步健全，我们有理由相信区块链技术将在图书馆线上学习平台中发挥越来越重要的作用。

区块链技术的应用为图书馆线上学习平台的发展提供了新的思路和方向。通过重新架构底层技术结构、实现学习资源的共享和互通以及提供个性化的学习服务等方式，区块链技术有望推动图书馆线上学习平台向更加智慧化、高效化和个性化的方向发展。

2. 区块链技术助力阅读推广

目前，图书馆在阅读推广活动中面临着形式化严重、内容深度不足以及针对性缺失等困境，导致推广效果大打折扣，难以精准对接读者的多元化需求。同时，缺乏长期有效的阅读平台和激励机制，也阻碍了用户良好阅读习惯的培育。为此，构建基于区块链技术的图书馆智慧服务体系中的阅读推广子系统显得尤为重要。该系统以云端数据库为基石，深度融合用户需求分析，通过广泛收集并细致分析用户评价与基础信息，为阅读推广活动注入更强的针对性和个性化色彩。该子系统精心设计了统计、活动组织及活动监督三大功能模块：统计模块全面整合用户数据，深入剖析阅读行为，为策划精准高效的推广活动提供坚实依据；活动组织模块则双轨并行，既由图书馆依据统计结果策划如精品展览、信息素养提升、征文竞赛及个性化书单推荐等活动，又鼓励用户自主发起直播分享会，交流阅读心得与图书推荐，激发全民阅读热情；而活动监督模块则严格把关，确保线上线下推广活动的每个环节都合规合法，为阅读推广的顺利实施保驾护航。

3. 区块链技术助力馆藏资源库建设

在信息时代的大背景下，图书馆馆藏建设正加速向数字化、多元化转型，这一进程对图书馆的财务、人力及物力资源提出了前所未有的高要求，并伴随着诸多挑战与障碍。为应对这些挑战，基于区块链技术的馆藏资源库应运而生，它巧妙地构建了包括区块链层、验证层及存储层在内的三层架构。具体而言，存储层紧密依托图书馆现有的丰富馆藏资源，负责生成详尽的馆藏资源位置信息元数据；验证层则汇聚了众多网络节点，不仅承载着存储用户信息及从存储层接收的元数据的重要任务，还通过构建元数据区块实现数据的验证与反馈机制，确保信息的真实性与一致性，并实时刷新与同步区块链副本，以应对动态变化；而区块链层则作为核心，负责高效处理验证层提交的各类查询请求，并在存储层遭遇故障时，迅速调用元数据区块链中的数据，实现数据的即时恢复，从而有效解决了传统馆藏资源库中心节点故障导致的元数据访问难题，为图书馆馆藏资源的稳定、高效管理提供了强有力的技术支持。

（三）区块链技术助力图书馆智慧服务发展

1. 协调兼并大数据和区块链技术

单独依赖区块链技术固然无法全面攻克图书馆智慧服务发展所面临的所有挑战，尽管它以其卓越的安全保密性、数据不可篡改性及用户间的高信任度著称，但在数据处理与分析的深度与广度上尚显不足。因此，图书馆智慧服务的未来蓝图需要更加宏大的视角，即通过深度融合与协调多种信息技术，实现技术的优化互补与协同并进。

在这一背景下，大数据技术与区块链技术的联姻显得尤为关键。大数据技术以其海量数据存储能力和密集型计算能力，为图书馆智慧服务提供了强大的数据支撑。将大数据技术与区块链技术相结合，不仅可以充分发挥各自优势，还能在更深层次上提升服务体系的协调性与容错能力。具体而言，图书馆可以对采集到的大数据进行哈希处理，并加盖时间戳，这一过程不仅增强了数据的完整性和可信度，还大幅提升了数据分析的价值与深度。在此基础上，图书馆能够构建出更加科学合理的数据应对机制，为智慧服务的精准化、个性化提供坚实的数据基础。

进一步，大数据技术的预测服务能力在区块链技术的辅助下得以更好地实现。区块链技术以其去中心化、可追溯的特性，确保了预测内容的透明度和可执行力。通过增强大数据与区块链技术的兼容性，图书馆能够进一步优化数据收集结果的展现形式，深化语义挖掘的层次，从而更准确地把握用户对于智慧服务的具体需求与期望情境。这种深度融合不仅提升了服务的智能化水平，还极大地增强了用户体验的满意度与忠诚度，为图书馆智慧服务的可持续发展注入了强劲动力。

2. 强化智慧服务体系保障

在深化智慧服务体系的过程中，将区块链技术等前沿信息技术融入图书馆工作实践，虽能显著提升服务效率与响应速度，但仍面临资金筹措、监管机制建设、专业人才引进等多重保障难题。同时，图书馆对既有技术规范和业务流程的固有依赖，也在一定程度上制约了区块链技术潜力的充分发挥。鉴于此，图书馆决策层需率先转变观念，以现有智慧服务框架为基础，积极拓展区块链技术的应用场景，借鉴成功案例，促进智慧服务的实践创新与落地。此外，图书馆应加大对复合型人才的引进力度，招募既精通区块链、大数据等信息技术，又熟悉图书馆业务运作的跨界人才。同时，建立健全区块链应用的监督管理制度，填补监管空白，确保技术应用不流于形式。最后，图书馆还需积极争取外部资金支持和政府政策扶持，科学配置资源，促进区块链技术与图书馆智慧服务的深度融合，共同创造更大的社会价值与经济效益。

3. 增强内部机制建设

在区块链技术的实际应用进程中，图书馆需对智慧服务的核心工作流程、资源存储架构及学习空间服务模式进行全面而深入的组织重构。这一变革需以管理创新为驱动，促使服务方向向更加高效、精准的方向优化调整。管理决策层应扮演战略引领者的角色，清晰界定各部门职责分工，并前瞻性地增设分析馆员、数据馆员等新型岗位，以应对新服务体系下可能出现的各类挑战与机遇。

同时，将区块链与大数据技术深度融合于图书馆智慧服务之中，也要求图书馆在业务应用和技术嵌入层面做出相应调整与适配。馆内研发团队需深入剖析并解构新智慧服务体系的内在逻辑与架构，确保技术革新能够有效应对区块链技术引入后所带来的服务体系变化。

此外，尽管区块链技术在信息存储与公信力方面展现出显著优势，但面对日益复杂的网络环境，图书馆还需对数据准备层中的外部信息录入环节给予高度重视。为避免信息谬误与泛滥，我们可考虑采用中心化或混合管理策略，以确保数据质量与安全性。

最后，针对区块链技术匿名性所带来的信息服务不可追踪性问题，图书馆在构建智慧服务体系时需创新性地设计新的权限规则与追溯机制。这些规则旨在平衡用户隐私保护与信息服务可追溯性之间的需求，确保图书馆智慧服务在合法合规的前提下高效运行，为用户提供更加安全、可靠的服务体验。

第二节　智慧化的学科服务

一、智慧化学科服务建设的必要性

学科服务的内容经历了显著的演变，从最初的聚焦于馆藏资源的建设与发展及学科间的联络，到如今已深化至与专业学习、科研活动及教学过程紧密交织的用户信息素养教育领域。近年来，随着出版行业的数字化转型加速、信息服务日益网络化及学术交流形式的虚拟化趋势，图书馆在提供学科服务方面既迎来了前所未有的挑战，也获得了丰富的发展机遇。这些变化要求图书馆不断创新服务模式，以适应快速变化的信息环境，满足用户多元化、个性化的需求。

（一）有助于开拓图书馆新业务

大数据时代的到来，网络数据技术的迅猛发展，对图书馆领域产生了前所未有的冲击与推动，促使其踏上了一场深刻的转型与变革之旅。数字图书馆的建设蔚然成风，开放获取平台逐渐成为主流，加之移动用户群体的急剧扩张，共同驱动着图书馆嵌入式服务模式的深化与拓展。在此背景下，学科服务被推向了图书馆发展的核心位置，其范畴广泛涵盖了参考咨询、专题信息、信息素养教育、教学支撑、知识发现与情报分析、知识产权信息、知识资产管理、数字学术、科学数据服务及学科知识服务工具的应用等多个维度。图书馆的角色已悄然转变，从传统的“图书资源中介”向“教学科研紧密合作的伙伴”身份进阶。通过资源导航、信息检索、数据利用与处理工具及大型数据库的整合运用，图书馆的服务重心已从单一的文献信息服务迈向了多元化的数字知识服务领域，致力于提供更为深入的情报分析与知识发现服务。同时，图书馆还加大了对数据素养教育的投入，注重培养用户的数据分析与创新挖掘能力，服务深度与个性化程度显著提升，更加紧密地贴合了科学研究与教育的实际需求。

（二）有助于满足用户的潜在需求

在图书馆服务的广阔舞台上，用户需求的精准洞察与满足是核心所在。学科服务的创新发展，驱使学科馆员走出传统界限，深入院系与科研前沿，通过持续的互动与协作，直接洞察并引导用户需求的演变。这一转变，不仅彰显了图书馆员在服务科研与教学过程中的独特价值，更确保了学科服务的实效与用户需求的高度契合。

学科馆员作为科研项目的积极参与者，能够深切体会科研工作者的信息资源需求，特别是在数据获取方面的迫切需求。他们凭借在信息数据领域的专业优势，通过协同努力，助力科研工作者成功申请基金，推动科研项目顺利开展。这一过程中，双方的合作不断深化，不仅满足了当前的研究需求，更激发了新的服务灵感，挖掘并满足了用户的潜在需求，从而实现了学科服务的持续优化与升级。

（三）有助于加快图书馆转型

传统图书馆曾以文献与信息服务为基石，但在大数据浪潮的冲击下，知识的创造、储存与应用模式均经历了深刻变革。科学研究日益跨界融合，知识形态日益数字化，图书馆原有的文献数据库体系已难以满足用户多元化、深层次的需求。同时，用户获取科研信息的渠道日益丰富，如百度搜索等工具，不仅普及广泛，还能对知识进行高效组织、分析及个性化推送。知识服务时代的全面到来，正以前所未有的力度驱动着图书馆的转型与升级。

在此背景下，学科馆员的角色变得尤为重要，他们深入读者的学习与科研生态，成为连接知识需求与供给的桥梁。通过提供精准的学科服务，学科馆员不仅帮助用户解决具体问题，更致力于挖掘隐藏的知识价值与模式，推动服务品质的持续进化。

当前，众多图书馆已将目光聚焦于学科服务创新，致力于构建智慧化学科服务体系，这标志着知识服务领域取得了初步成果。然而，实际操作中仍面临诸多挑战与瓶颈，需进一步探索与突破。只有当图书馆从上至下、从内到外全面树立知识服务理念，并据此调整资源配置、优化服务流程，实现资源的深度数字化、网络化开发与利用，图书馆才能真正完成从传统向现代的华丽转身。

二、智慧化学科服务的内涵特征

随着大数据的广泛渗透，用户信息行为与科研环境正经历深刻变革，实体图书馆作为传统文献信息媒介的角色逐渐淡化，用户获取科研资源的途径日益多元化。在此背景下，传统以沟通联络为主的学科服务模式已难以满足大数据时代的科研与教学需求，智慧化学科服务应运而生，成为图书馆发展的新方向。

这一服务模式被赋予了“嵌入式”或“泛在化”的标签，标志着图书馆在大数据时代的业务转型与升级。智慧化学科服务深度融合了智能化技术、图书馆业务实践与学科馆员的智慧，是图书馆面向网络时代和大数据环境的必然选择。它强调利用数字化、网络化、智能化的技术手段，实现信息资源的互联互通，为用户提供更高效、便捷的服务体验；同时，构建专业化、个性化的服务链条，精准集成知识资源，满足用户的深层次需求。学科馆员则在这一过程中发挥关键作用，运用信息知识与工具，挖掘海量信息的潜在价值，嵌入科研全过程，提供知识增值服务。智慧化学科服务是智能化技术、学科馆员智慧与图书馆业务管理的完美融合，引领着图书馆服务的新趋势。

智慧化学科服务的主要特征鲜明而多元。首先，它实现了知识的广泛共享，智能化的互联网技术，将原本分散孤立的图书馆资源加以整合，构建起读者与数据平台间的智能互联，极大地促进了知识的流通与共享，为用户提供了高效、便捷的一站式服务体验。

其次，智慧化学科服务强调需求的个性化定制。鉴于不同研究领域的独特性及其对文献资源的差异化需求，学科馆员能够精准对接每位用户的特定需求，提供个性化、差异化的服务方案，确保服务的针对性和有效性。这种服务模式超越了图书馆既有资源的限制，真正以用户为中心，满足其特色化、定制化的需求。

再次，服务的精准化也是智慧化学科服务的显著特点。面对海量数据资源的挑战，智慧化学科服务依托智能技术，构建了高效的管理与反馈机制、智能的信息数据系统及完善的服务与科研跟踪体系，确保用户能够迅速、准确地获取所需文献资源和专业指导，显著提升了图书馆服务的质量与效率。

最后，智慧化学科服务还注重渠道的多元化拓展。它秉持“用户至上”的服务理念，灵活运用线上线下多种渠道，为用户提供全方位、全天候的服务体验。无论是到馆咨询、在线交流还是深入科研教学一线的专项服务，都旨在让用户在任何时间、任何地点都能享受到智慧化学科服务带来的便利与价值。

三、智慧化学科服务建设的主要内容

（一）基于资源搜索与使用的参考咨询服务

大数据以其开放性、跨界连接性和易于获取的特性，为图书馆参考咨询服务开辟了全新的视野。在大数据的赋能下，图书馆能够深入挖掘和分析数据，为参考咨询服务提供坚实的参考基础和精准的预测依据。具体而言，图书馆紧跟教学科研的前沿动态，充分利用大数据分析技术（涵盖机器自主学习分析、深度数据挖掘及精细统计分析等多个维度），深入洞察科研教学用户的数据信息需求及潜在问题。通过这一过程，图书馆不仅能够及时响应并解答用户的疑问，还能基于大数据分析的结果，为用户量身定制最优化的数据利用与解决方案，从而全面提升参考咨询服务的效率与质量。

（二）基于数据获取与处理的数据素养服务

在大数据时代，数据的核心价值已悄然转移至其应用而非简单拥有。这一变革促使学科馆员的角色发生深刻变化，他们不再仅仅是信息的传递者，更是数据素养教育的推动者和实践者。学科馆员致力于为用户提供全方位的数据素养服务，涵盖数据解读、管理、利用与评价等多个维度，强调数据的实际操作与应用能力。

具体而言，他们引导用户深入解析数据背后的故事，优化数据管理策略，提升数据利用效率，并教授如何评价数据质量与价值。此外，数据素养服务还延伸至数据伦理与道德层面，强调数据使用的合法性与道德责任，以及数据安全与隐私保护的重要性。学科馆员需具备敏锐的洞察力，能够高效地发现、评估并有效利用各类信息与数据资源，为用户的科研与教学提供坚实支撑。

总之，大数据时代的学科馆员不仅是数据的守护者，更是数据价值的挖掘者与传播者，他们的工作对于推动科研创新、提升教学质量具有重要意义。

（三）基于文献信息与数据的学科支撑服务

在大数据时代背景下，随着数字图书馆日益普及，图书馆依托学校网络、数据服务商等强大的网络技术支撑与丰富的电子资源储备，正源源不断地向用户输送多样化的资源与信息。然而，要精准对接学校教学与科研机构的信息需求，图书馆必须勇于突破传统框架，不断创新服务内容与模式。这要求图书馆充分利用现代信息技术手段，并深度融合学科馆员的专业素养与能力，对服务进行深度优化与广泛拓展。具体而言，智慧化学科支持服务作为大数据时代下的新兴服务模式，正是图书馆积极响应学科教学与科研需求，通过有组织、有计划的方式，助力读者在教学、学习与科研过程中实现能力与效率的双重提升。这一服务模式不仅体现了图书馆服务的精准化与个性化趋势，也为推动学校整体教学与科研水平的进步贡献了重要力量。

（四）基于数据服务与反馈的个性化服务

个性化服务在大数据时代的学科服务领域已成为不可逆转的趋势，它代表了满足科研工作者与师生多样化、专业化科研教学需求的高阶服务模式。通过这一模式，图书馆能够精准对接用户需求，确保用户在有限时间内快速获取所需信息资源。其核心使命在于构建一套高效机制，该机制能够紧密追踪用户需求、深入洞察用户研究方向，并据此推送定制化的数据资源服务，从而在图书馆资源与用户之间搭建起无缝沟通的桥梁。

具体而言，个性化服务涵盖了多个关键方面：一是实施个性化数据信息追踪与推送服务，确保用户能够即时获取与其研究兴趣紧密相关的最新信息；二是提供科技查新与论文收引检查服务，助力科研工作者准确评估研究成果的创新性与影响力；三是实现数据资源的跨库检索服务，打破信息孤岛，提升信息获取的广度与深度。这些服务举措共同构成了个性化服务的丰富内涵，旨在为用户打造更加贴心、高效的科研与教学支持环境。

第三节 智慧化的信息服务

一、图书馆信息服务模式解读

（一）图书馆各发展阶段的信息服务

回溯历史长河，图书馆领域自古以来便根植于传统信息服务产业的沃土之中，其核心使命在于通过高效的信息服务来彰显其社会价值。作为图书馆的核心业务支柱，信息服务承载着将纷繁复杂的信息资源进行精心加工、整合与管理的重任，进而通过资源整合、数据优化、学科化检索等多种手段，精准对接用户需求，提供定制化的信息服务。这一系列活动本质上构成了满足用户信息渴求、促进知识传播与应用的组织化进程。

纵观图书馆的发展历程，每一个历史阶段都镌刻着信息服务的时代烙印。从最初的简单文献借阅，到后来的复杂信息检索与分析，再到如今的智能化、个性化服务探索，图书馆的信息服务模式不断与时俱进，紧密贴合社会发展与科技进步的步伐。这些变迁不仅见证了图书馆功能的日益丰富与深化，也反映了信息服务在推动社会进步、促进文化传承与创新方面所扮演的不可或缺角色。表 6－1 为图书馆各阶段典型信息服务。

表 6－1 图书馆各阶段典型信息服务

图书馆发展的各个阶段	典型信息服务
古代图书馆	仅限于文献保存收藏，不提供信息服务
传统图书馆	图书外借、阅览；本地资源检索；简单参考咨询
数字图书馆	数字资源检索；虚拟参考咨询
复合图书馆	图书馆外借、阅览；跨库资源检索；虚实结合的参考咨询

在现代社会，随着信息技术的飞速发展，图书馆作为知识传播与保存的重要机构，其形态与功能经历了从古老到现代、从单一到多元的深刻变革。以天一阁为代表的古代图书馆，作为藏书文化的瑰宝，确实体现了“重藏轻用”的特点，这既反映了当时社会对图书资源的珍视，也受限于技术条件限制了图书的广泛传播与利用。然而，随

着时代的变迁，图书馆的服务模式与信息处理能力逐步进化，从传统的物理空间扩展到无界的数字领域，形成了今天我们所见的数字图书馆及复合图书馆等多元形态。

1. 传统图书馆的演进

在传统图书馆向自动化、集成化转型的过程中，图书馆的服务功能得到了极大的拓展。图书外借、刊物浏览等基本服务逐渐普及，同时，借助自动化管理系统，图书馆实现了对文献资源的系统化整合与高效管理，使得资源检索和咨询服务变得更加便捷与高效。这一阶段的图书馆，虽然仍以实体馆藏为基础，但已初步具备了提供信息服务的能力，为后续的数字化发展奠定了基础。

2. 数字图书馆的崛起

进入数字化时代，数字图书馆以其强大的资源检索功能和虚拟参考咨询服务，彻底改变了图书馆服务的面貌。通过数字化技术，图书馆能够突破物理空间的限制，将海量的信息资源以数字形式呈现给全球用户，实现了资源的快速传递与共享。数字图书馆的参考咨询服务也更加灵活多样，利用即时通信、在线问答、虚拟咨询台等工具，为用户提供即时、精准的解答，极大地提升了服务的便捷性和效率。此外，数字图书馆还通过数据挖掘、知识发现等先进技术，为用户提供个性化的信息推荐，进一步提升了用户体验。

3. 复合图书馆的探索

面对网络和信息化时代的挑战与机遇，图书馆界开始探索复合图书馆这一新型服务模式。复合图书馆融合了传统图书馆与数字图书馆的优势，既保留了实体馆藏和外借阅览的传统服务方式，又充分利用数字技术整合本地与远程资源，提供一站式的信息检索与咨询服务。这种服务模式既满足了用户对于实体图书的阅读需求，又满足了用户对于数字化信息资源的快速获取需求，实现了传统与现代、线上与线下的完美融合。

4. 未来发展展望

随着人工智能、大数据、区块链等新兴技术的不断发展，图书馆的信息服务模式还将继续深化与创新。未来，图书馆可能会利用 AI 技术实现更加智能化的信息推荐与咨询服务，通过大数据分析用户的阅读偏好与行为，为用户提供个性化的学习资源与成长路径规划。同时，区块链技术的应用将进一步提升数字资源的安全性与可信度，保障用户的信息隐私与权益。此外，随着全球互联互通的加深，图书馆还将扮演更加重要的文化交流与知识共享平台角色，推动不同国家、不同文化之间的知识传播与理解。

总之，图书馆的发展历程是科技进步与社会需求共同作用的结果。从古老的天一阁到现代复合图书馆，图书馆不仅见证了人类文明的传承与发展，也在不断适应时代变化，创新服务模式，以更加开放、便捷、高效的方式满足人们对知识的渴望与追求。

（二）现阶段图书馆信息服务的特点

随着信息技术与网络技术的迅猛飞跃，图书馆所面临的信息服务需求已发生根本性变革，呈现出前所未有的复杂性与多元化态势。当今用户的信息服务需求不仅限于单一维度，而是向着多元、多样、专业、集成及高度交互的方向快速发展。这种变化要求图书馆不断创新服务模式，以更加灵活、精准的方式满足用户日益增长的个性化需求。在这个过程中，图书馆需要紧密跟踪技术发展趋势，持续优化服务流程，确保能够为用户提供高效、便捷、全面的信息服务体验。

二、图书馆智慧信息服务模式建立

随着互联网和信息技术的不断发展，越来越多的人选择通过互联网终端看信息，包括一些电子图书，图书馆因此受到了很大的冲击。这基于人们对于互联网信息时代体验的便捷服务，现代图书馆通过引入互联网手段，创作了“图书馆 2.0”“智慧图书馆”等新型服务体验。

（一）从 Web2.0 到图书馆 2.0

Web2.0 时代以其开放共享的信息资源、便捷的程序整合控制、卓越的用户服务体验及鲜明的社会性特征，深刻影响了社会经济文化的发展与人们的日常生活，赢得了广泛的社会认可。其核心功能在于赋予用户自主保存与分享信息的权利，同时确保信息的安全性，通过构建交流平台，促进信息在广泛用户群体中的流通与利用，极大地方便了信息的发布与获取。Web2.0 技术的高度契合性，为图书馆的转型升级提供了强大动力。在信息技术日新月异的今天，Web2.0 理念不仅顺应了图书馆职业的发展趋势，还巧妙地融合了图书馆转型所需的服务模式与人文精神，推动了图书馆服务的全面升级。

图书馆 2.0 的概念，则是汇聚了全球众多图书馆自动化服务倡导者、图书馆学专家及专业从业人员的智慧结晶。从英国图书馆的创新实践到美国图书馆协会的博客技术探索，再到全球范围内图书馆人的共同努力，图书馆 2.0 的内涵逐渐丰富并确立，其核心理念与实际应用在全球范围内得到了广泛的接受与推广，为图书馆行业注入了新的活力与可能性。

（二）从智慧地球到智慧图书馆

智慧地球作为信息技术高度集成的产物，是数字地球进化的新篇章，它通过深度融合互联网、传感器技术及智能信息处理技术，将基础物理设施与信息技术无缝对接，构建了一个全球性的信息化框架模型，涵盖了社会、经济、医疗、交通、教育等多领域的数据融合与应用。这一趋势同样深刻影响着现代图书馆的发展轨迹，催生了智慧图书馆这一新型业态。

智慧图书馆，作为数字图书馆与物联网技术的有机结合，致力于通过科技智能手段，利用新一代信息技术实现用户与图书系统信息资源的高效互动与交换，不仅提升了信息获取的准确性与速度，更引领了图书馆向人工智能化服务与管理模式的转型。其核心创建理念聚焦于两点：一是紧密围绕用户实际信息需求，提供个性化、精准化的服务；二是运用信息通信技术，整合多元化网络渠道与信息资源，有效解决内容供给与用户体验中的瓶颈问题，全面增强图书馆的服务效能。

在此背景下，智慧图书馆尤为重视营造安全、便捷的使用环境，确保用户在享受高效信息获取服务的同时，也能获得卓越的使用体验，进一步推动了图书馆服务模式的创新与升级。

（三）基于图书馆Web2.0的智慧信息服务模式

随着科技的迅猛发展，新兴技术正以前所未有的广度与深度渗透至各行各业，图书馆领域亦不例外。其中，“Web2.0”的兴起不仅重塑了图书馆的服务模式，催生了以用户体验为核心的“图书馆2.0”理念，更引领图书馆服务向更加人性化、个性化的方向迈进。而今，伴随人们精神文化需求的日益增长，“智慧地球”这一前沿理念正逐步渗透至图书馆领域，激发了对“智慧图书馆”这一新型信息服务模式的探索与实践。

“智慧图书馆”的构建，离不开物联网、云计算等先进技术的支撑，以及海量数字资源的积累。然而，现实情况却表明，这一愿景的实现并非易事。多数图书馆在硬件设施、资源储备及资金投入等方面仍面临诸多限制，使得“智慧图书馆”的普及之路充满挑战。因此，各图书馆需持续努力，不断优化资源配置，加强技术创新与应用，以逐步克服发展道路上的重重困难，推动图书馆管理向更加智慧化、高效化的方向迈进。

三、图书馆智慧信息服务系统构建

智慧信息服务系统旨在打破实体空间界限，通过技术创新实现本地资源与数字资源的深度融合与无缝对接，进而推动这些资源在社会范围内的广泛共享。其核心目标在于构建一个以用户需求为核心导向的管理体系，确保服务供给能够精准对接用户期望，从而提供更加灵活、高效的信息服务解决方案。

（一）图书馆智慧信息服务系统组成

图书馆智慧信息服务系统，历经岁月沉淀与匠心设计，已演化成为一种高度便捷的服务模式。该系统以数字资源为核心构建基石，广泛搜集并整合各阶段、各环节生成的数字信息，通过精细化的加工处理，实现信息在体系内的无缝传递与高效存储。其构成亮点不仅在于丰富的数字资源，更在于智慧资源加工系统的引入，该系统依托数字资源进行广泛传播，同时运用智慧资源实施精准监管与深度整合，确保信息的价值最大化。

智慧信息服务系统的结构要素精炼地划分为两大支柱：一是作为基石的数字信息资源，它广泛覆盖用户基础需求，确保信息的全面性与实用性；二是智慧服务，这一创新维度在稳固基础服务框架的同时，以用户体验为核心导向，致力于提升服务的个性化与满意度，赋予系统更高的灵活性与适应性。该系统通过多层次的架构设计，能够灵活衍生出多样化的功能模块，在图书馆服务生态中扮演着多重关键角色，不仅优化了信息服务的流程与效率，更引领了图书馆服务向更加智能化、人性化的未来迈进。

1. 智慧资源加工系统

智慧资源加工系统作为图书馆管理的新锐工具，深刻驱动了智慧信息服务系统的创新与变革。该系统专注于整合并优化信息资源的数字化内容，确保这些资源得以高效存储与管理。智慧信息服务系统广泛覆盖各类数字资源，依据其来源可明确划分为两大类别：原生数字资源，涵盖电子文档、光盘、动画、数码图片等广泛应用于手机、电脑等设备的数字形态；以及经数字化加工处理的传统印刷型文献，这些文献通过先进技术手段转化为数字格式，丰富了数字资源的内涵。

智慧资源加工系统在处理这些资源时，展现出高度的灵活性与适应性，能够依据资源对象的特性，采用多样化的加工手段，将传统印刷资料转化为数字资料，实现其数字化储存与管理。该系统的核心构建基于 C/S 结构，集成了数据加工、程序运行管理、网络表达等多重功能于一体，确保了加工过程的高效与便捷。

2. 智慧资源存储系统

图书馆智慧信息服务系统由智慧资源存储与加工两大核心子系统紧密构成，共同支撑起高效的信息服务体系。底层数据存储系统的深入剖析揭示，该系统架构稳固于两大支柱之上：一是智慧资源存储系统，它以卓越的性能确保用户体验的持续优化，通过科学的技术手段为信息的安全存储与便捷访问提供坚实保障；二是智慧资源加工系统，作为存储系统不可或缺的基础，它负责将海量资源经过精心加工，转化为有序、有价值的信息单元，为后续存储与利用奠定坚实基础。

鉴于各图书馆在基础设施、用户需求及资金投入等方面的差异性，智慧信息服务系统的构建需采取定制化策略。这意味着在系统规划时，我们必须全面审视各馆的独特条件与发展阶段，综合考量多种信息因素，力求从实际出发，设计出既符合社会发展趋势，又能精准对接图书馆个性化需求的解决方案。通过这样的定制化路径，图书馆智慧信息服务系统不仅能够促进自身服务的升级迭代，更能为整个行业的持续发展注入新的活力与动力。图书馆智慧信息资源存储的四种存储系统方案如表 6 – 2 所示。

表 6 – 2 图书馆智慧信息资源存储的四种存储系统方案

容量及要求	图书馆类型	适用的存储系统结构
数字容量小于 10 TB 时	一次性投入小的中小型图书馆	NAS 存储系统结构
数字容量大于 10 TB 时	数据量不断增长的图书馆	SAN 存储系统结构
数字容量大但并发用户数不太多时	数据量高速增长的图书馆	IPSAN 存储系统结构
数字容量大且并发用户数多时	大型图书馆及信息数据中心	NAS 与 SAN 融合结构

在图书馆建设领域，针对不同规模与需求的图书馆，我们应采取差异化的存储管理策略。对于资源有限、数字资源量不大（通常容量小于 10 TB）的中小型图书馆而言，NAS 存储系统结构以其成本低廉、部署迅速及管理便捷的优势成为理想之选。此方案有助于图书馆在有限预算内快速构建起基础的信息存储框架，并随着资源增长适时升级至 SAN 架构以优化管理效能。

而对于拥有快速增长的数字资源及较高访问需求的大中型图书馆，IP SAN 存储系统结构则更为适用。作为 SAN 技术的进阶形态，IP SAN 不仅克服了传统 SAN 的部分技术与应用网络限制，还能有效应对大规模数据存储与并发访问的挑战。在极端情况下，当面对超大数据存储容量及密集用户访问需求时，图书馆可考虑采用 NAS 与 SAN 系统融合的解决方案，以整合两者的优势，为用户提供更高性能、更经济的系统服务体验，同时有效控制运营成本。

3. 智慧资源搜集与整合系统

智慧资源的搜集与整合，是构建图书馆智慧化信息服务系统的基石。这一过程不仅汇聚了丰富的信息资源，还通过智能网络技术手段，将原本分散、无序的网络信息资源有序化、系统化，实现了信息的深度整合与高效利用。智慧资源搜集与整合系统，作为这一过程中的关键工具，能够承担起海量信息的搜集与整合任务，为图书馆提供全面、准确的信息资源支持，进一步促进网络资源的整体融合与智慧化服务的实现。

4. 智慧集成服务系统

智慧集成服务系统，作为智慧信息服务体系中不可或缺的一环，其核心价值在于对海量信息的高效整合、深度分析与精准汇总，显著提升图书馆的信息管理水平。该系统紧密围绕用户需求设计，通过个性化界面的定制，展现了一种革命性的信息资源搜集与呈现方式。它不仅将多样化的信息服务无缝集成于单一网络平台之上，还打破了地域，构建了一个统一、协同的数字化信息资源检索生态，让用户在任何角落都能享受到便捷、高效的信息检索体验。这一智慧化系统的引入，标志着图书馆信息服务向更加智能化、一体化方向迈出了坚实步伐。

5. 智慧个性化服务系统

图书馆智慧服务系统以其独特的个性化服务能力，积极构建与用户之间的深度沟通桥梁。该系统通过精准分析用户信息，不仅实时追踪资源动态，更能预见性地把握用户的新需求与兴趣点，从而主动推送定制化信息，提供极具针对性的服务体验。其核心在于实现“信息主动触达用户，精准匹配个性需求”的服务模式，彰显出高度的主动性、易用性、专业性、安全性与针对性。这一创新服务模式显著提升了图书馆的信息服务水平，确保了用户满意度的持续提升。

6. 智慧参考咨询系统

智慧参考咨询系统充分利用了计算机网络远程服务的强大功能，实现了咨询人员与用户之间跨越时空界限的即时互动。通过这一平台，咨询工作者能够远程介入，与用户进行深入的交流探讨，精准识别信息情报领域的疑难问题，并高效梳理解决数字信息服务流程中遭遇的各种挑战，为用户提供即时、专业的支持与指导。

（二）图书馆智慧信息服务系统构建模式

1. 图书馆智慧信息服务系统的构建目标

图书馆智慧信息服务系统旨在构建一个高效、智能、便捷的服务体系，其核心在于数字信息资源服务系统的建设。这一项目稳固立足于资源的安全保存，以先进的技术服务为支撑，同时强调服务规模与质量的并重发展。为实现理想目标，我们需双管齐下：既要强化网络传输效率，构建科学的网络平台检索机制；又要贴近用户需求，适应其使用习惯与接受能力。在资源配置上，我们需精准对接网络系统技术与人工操作的最佳契合点，以全面满足用户日益增长的知识渴求与个性化服务期待。

系统架构设计方面，采用网状管理模式，通过多元化服务将用户、资源与系统紧密联结，形成动态交互网络。此模式不仅促进了资源与用户间的深度了解，还鼓励用户积极参与图书馆建设，有效避免了系统开发与用户需求的脱节。智慧信息服务系统由资源层与服务层两大核心板块构成，资源层汇聚了经数字化加工与智慧整合的丰富资源，而服务层则集服务协作、集成、个性化服务及咨询系统于一体，实现服务的全面智慧化。各系统间紧密协作，资源层与服务层无缝对接，用户可轻松访问服务层以满足需求，亦可深入资源层进行深度探索。系统管理员则拥有对系统各分支、组件及层次的全面管理能力，确保系统运行的流畅与高效。

2. 图书馆智慧信息服务系统构建模式分析

一个全面而高效的图书馆智慧信息服务系统，其构建需囊括智慧服务的各个核心要件与精细构造，确保资源层与服务层之间的交互流畅无阻，赋予馆员独立操作各环节的能力，以此为基础，向用户提供一系列便捷服务，涵盖数字化信息的提取、深度整合、无缝集成及虚拟咨询等全方位体验。

此系统强调高度的整体性与协同性，致力于将智慧信息服务的所有环节与构成要素紧密衔接，形成一个无缝对接、高效运作的生态系统。在资源层，系统不仅涵盖本地非电子数据的数字化转换与存储，还通过精细的加工、系统搜集、整合流程，将各类资源转化为标准化的数字资源，并纳入统一平台进行管理。同时，网络资源与批量购买的数字资源库也一并纳入本地数字资源体系，实现智能化存储与高效利用。

在服务层面，智慧参考咨询系统与整合系统、资源收集系统紧密协作，不仅自动记录用户行为数据（如日志、使用时间、访问目录等），还运用大数据分析预测用户潜在需求，提供前瞻性的信息服务。当用户遇到系统无法自动解答的问题时，系统管理员可通过智慧协作平台，快速联动其他馆藏资源，实现代查代检服务，确保用户能及时获取所需文献资料。对于非数字化资源，系统则提供智能转化服务，通过数字化加工与整合存储，使这些资源同样能够便捷地服务于用户，促进图书馆资源的循环利用与最大化共享。

此外，系统还注重用户体验的持续优化，通过用户反馈机制与智能学习算法，不断迭代升级服务内容与形式，确保智慧信息服务系统始终贴合用户实际需求，推动图书馆服务向更加智能化、人性化的方向发展。

第四节 智慧图书馆的基础服务与创新

一、智慧图书馆的基础服务

智慧图书馆的基础服务主要包括流通阅览服务、自助借还服务等。

（一）流通阅览服务

智能书架作为一套前沿的在架图书实时管理系统，集成了高频无线射频识别技术的精髓，实现了对馆藏图书单品级别的精准识别与管理。该系统不仅高效快速，定位精准，还广泛适用于图书、档案及文件管理等多个领域，极大提升了管理效率与精度。其核心优势在于配备了多个 RFID 读写天线，能够即时捕捉书架上每本书的 RFID 信息，实时监测图书的存放状态。一旦检测到某本图书的 RFID 标签超出读取范围，系统即能智能判定该书已被取阅，并依托历史数据追溯其借阅与归还的具体时间。通过智能书架的部署，图书馆能够全面掌握架上图书的动态信息，进而依托详尽的使用率分析报告，解锁一系列传统管理手段难以企及的新功能，如个性化推荐、资源优化配置等，为读者提供更加贴心、高效的服务体验。

（1）智能书架的原理

智能书架系统集成了 RFID 技术，通过在书架上部署 RFID 设备，实现了对每本图书的精准识别与实时定位。这一系统不仅优化了图书的上架流程，还显著增强了图书馆的动态管理能力。其核心在于，智能书架能自动遍历每层书架上的图书，利用天线阵列、多路切换及电磁场信号控制等关键技术，精确控制 RFID 设备的读取范围，确保每本书的准确位置信息被捕捉。结合图书馆管理系统，这些实时数据通过网络通信上传至服务器数据库，支持有线或无线 Wi - Fi 连接，使得管理层可通过多种方式（包括掌上电脑 PDA 等）随时随地查询图书状态，大大提升了管理效率。

对于读者而言，智能书架系统同样提供了极大的便利。他们不仅能够在线查询图书与文献的精确位置及借阅状态，还能通过手机预约图书并即时接收图书所在书架及层数的导航信息。这一实时更新的定位服务，超越了传统图书馆静态的上架信息，确保了读者能够迅速准确地找到所需图书，极大地提升了用户体验。此外，馆员也能轻松通过系统追踪错置图书，迅速归位，并自动进行全馆清点，统计分析结果辅助高效管理决策。

（2）智能书架的功能

智能书架系统作为现代图书馆管理的重要组成部分，其深度整合了先进的物联网、大数据分析与人工智能技术，为图书馆的日常运营与读者服务带来了革命性的变革。该系统通过 TCP/IP 协议实现集群化部署，不仅确保了系统内部的高效通信与协同工作，还实现了与图书馆管理软件系统的无缝对接，实现了图书信息的实时同步与动态管理。以下是对智能书架系统各项功能的详细阐述与扩展。

①图书实时监控与集群管理

智能书架系统采用 TCP/IP 网络通信方式，构建了稳定可靠的集群化管理系统。每个智能书架节点均能实时上传图书标签信息至图书馆管理系统，确保数据的即时性与准确性。通过 RFID 模块的高效扫描，系统能够 24 小时不间断地监控图书状态，包括借阅、归还、错放等情况，为图书馆管理人员提供了全面、实时的图书动态信息。

②馆藏图书盘点、定位与快速查询

该系统与图书馆自动化系统紧密协作，自动化完成图书盘点任务，极大地提高了盘点效率与准确性。通过生成在架图书列表并与在借图书列表进行比对，系统能够迅速识别并列出遗失图书，自动更新图书状态并触发报警机制，确保遗失图书的及时发现与处理。同时，系统支持根据设定条件进行图书定位，建立图书与层架之间的精确位置关系，读者可通过 OPAC 系统快速查询到图书的实时位置信息，甚至获得智能路径指引和三维立体图形展示，极大地提升了借阅体验。

③多媒体虚拟书架查询与电子资源展示

智能书架配备的液晶触摸显示屏，不仅提供了直观的多媒体虚拟书架查询界面，还具备电子资源展示功能。读者可以通过触摸屏幕直观地浏览图书的虚拟陈列，了解图书封面、简介及推荐信息等。对于馆员而言，这一功能则成了监控图书状态、管理图书布局的得力助手，可以实时查看图书的在架、错架及上下架情况，及时做出调整，优化馆藏布局。

④读者阅读习惯统计分析

智能书架系统利用其强大的数据分析能力，结合特定的图书馆数学模型，对读者的阅读习惯进行深度挖掘与分析。通过分析借阅记录、借阅时间、图书类型偏好等数据，系统能够揭示出读者的阅读趋势与需求特点，为图书馆的资源采购、服务优化提供科学依据。此外，系统还支持个性化阅读推荐，根据读者的阅读习惯自动推送相关图书信息，进一步提升读者的阅读满意度与体验。

⑤与 RFID 系统的无缝集成

智能书架系统作为图书馆 RFID 系统的重要组成部分，实现了与 RFID 系统设备、图书馆系统、RFID 应用软件系统等多方面的无缝集成。通过搭建 RFID 应用和管理平台，系统能够统一管理和监控 RFID 系统的各个终端设备，实时查看设备状态与应用系统运行情况。在扩展应用方面，系统涵盖了文献的上架、架位信息采集、利用率统计、归架、清点、盘点、下架及架位导航等全方位管理功能，全面满足了图书馆馆藏管理及流通业务的需要，显著提升了图书馆的整体运营效率与服务水平。

（二）自助借还服务

自助图书馆服务机为读者提供了前所未有的便捷体验，彻底打破了传统图书馆的时间与空间限制。在校园内的任意一台自助服务机上，读者无须亲自前往图书馆，即可轻松完成借书、还书操作，甚至在线办理借书证，享受图书馆预借送书的个性化服务。这些自助服务机装备了齐全的功能模块，包括书架、还书箱及先进的计算机操作台，能够容纳数百本图书，确保资源充足。通过全自助化的服务模式，读者能够随时随地进行图书交易，极大地提升了图书馆服务的灵活性与可达性。

1. 自助借还服务的类型

自助借还机集成了多项便捷服务，极大地提升了图书馆的用户体验。持证读者可轻松实现自助借书功能，直接从自助图书馆书架上挑选心仪的图书，体验如同在实体图书馆般的借阅便利。同时，无论是从主馆还是自助图书馆借出的图书，均可通过任意一台自助借还机完成归还，简化了还书流程。对于未办证的读者而言，只需携带身份证，即可在自助机上快速申办新证，享受图书馆的各项服务。此外，自助借还机还提供了预借服务，读者通过查询机或图书馆网站检索所需图书后，可发起预借请求，图书馆工作人员将图书送达指定自助点，并通过短信通知读者取书，极大地满足了个性化借阅需求。最后，查询服务允许读者在自助图书馆查询机上直接访问图书馆网站，轻松查阅馆藏信息、图书馆动态，并在线发起预借请求，实现了信息获取的即时性与互动性。

2. 自助借还机的技术

自助借还机集成了光、机、电一体化技术模块，以高度自动化的方式实现了图书的精准取送操作。其核心技术组合包括先进的RFID技术，用于快速准确地识别图书信息；身份证与卡识别技术，确保用户身份验证的安全与便捷；同时，依托互联网与无线传输技术，实现了数据的高速、远距离传输；以及强大的数据库检索技术，支持高效的信息查询与处理。这一系列技术的融合应用，共同构建了自助借还机的智能化服务体系。

二、移动图书馆服务模式

（一）移动图书馆服务模式比较分析

1. WAP 网站服务模式

WAP 网站服务模式，作为移动网民接入互联网及移动图书馆的一种主流窄带数据传输方式，其运作依赖于多个关键要素。首先，在网络环境方面，相较于短信服务，WAP 模式对网络接入条件有更高要求，理想状态下应基于性能优越的第三代移动通信网络，确保带宽、速率及吞吐率等关键指标满足需求。其次，用户端设备上，WAP 服务要求用户手持具备上网功能的智能手机，并预装浏览器、QQ 等网络应用，以便顺畅访问专用或通用网站，获取信息服务。再次，就成本考量而言，WAP 服务伴随着较高的使用成本，网络接入方式升级带来的流量消耗以 Kb 计费，促使多数用户倾向于选择包月套餐以平衡费用。最后，就用户技能与素养层面分析，对于多数熟练于移动互联网操作的用户而言，利用 WAP 服务如同使用固定计算机上网般自然；然而，对于缺乏长期技能培训、信息素养较低、对移动图书馆界面设计不熟悉或不习惯复杂手机操作的公众而言，WAP 服务模式则构成了一定使用门槛，增加了他们的利用难度。

2. 客户端应用服务模式

客户端应用作为移动图书馆与数字图书馆技术深度融合的创新成果，为用户带来了前所未有的便捷体验。该模式简化了访问流程，用户无须关注服务来源或访问方式，避免了烦琐的网址输入，同时凭借扩展性强、内容丰富、功能全面的特点，成为当前移动图书馆领域技术领先、功能强大的服务模式。然而，这一模式也对网络接入环境、移动终端配置及用户成本提出了更高要求：首先，网络接入需依赖高性能的4G或5G

网络，确保带宽、速率与吞吐率满足多媒体、超媒体应用需求；其次，移动终端需具备高配置处理器与先进操作系统，以支撑客户端应用的高效运行与数据处理；再次，高端网络应用带来的高流量消耗导致上网费用不菲，可能超出普通公众的承受能力；最后，尽管资深网民能轻松通过点击应用图标接入移动互联网资源，但对于互联网新手而言，则需额外学习各客户端应用的操作界面与习惯，无形中增加了使用门槛。

（二）移动图书馆的服务模式

1. 移动图书馆服务模式设计的出发点

（1）注意服务群体的差异性

当前，社会公众在移动通信硬件条件上的显著差异，特别是在网络接入与终端设备上，自然划分出了三大用户群体，进而决定了各自适宜的服务模式。第一类群体依赖基础的 GSM 网络与功能有限的手机，主要满足语音与短信需求，且这类用户在社会中仍占据显著比例。第二类用户则配备高性能智能手机，多为互联网早期采用者或学生群体，他们对移动互联网展现出浓厚兴趣与强烈需求，倾向于通过 WAP 服务模式便捷访问图书馆资源。第三类用户紧跟移动通信技术前沿，拥有高文化水平、高收入及长久移动网龄，手持 iPad、iPhone 等高端设备，偏爱利用客户端应用模式享受移动图书馆服务，在高速网络与个性化应用的加持下，他们追求极致体验，将高速移动终端、先进网络技术及特色应用完美融合，作为探索图书馆资源的首选途径。这些用户群体的鲜明差异及其服务模式偏好，构成了移动图书馆服务设计与优化的核心考量与重要基石。

（2）努力创造“移动服务机遇”

移动通信技术的普及程度不均，导致公众在利用素养与技能上出现了显著鸿沟，这一差距不仅限制了公众获取移动信息与知识的能力，还剥夺了他们通过移动技术享受便利、参与社会互动及创新创造的机会，进而催生了新的移动弱势群体。为应对此挑战，移动图书馆服务模式的设计应聚焦于消除利用素养与技能障碍，积极创造“移动服务机遇”，旨在缩小知识鸿沟，缓解社会分化与排斥现象，确保所有群体，特别是弱势群体，能够平等地享有信息与知识资源，充分行使其获取、利用信息的权利，这是推动移动图书馆服务模式创新的重要战略考量。

2. 移动图书馆服务模式框架

（1）非网络的常规服务模式

图书馆在推动“移动扶贫”工作中可发挥关键作用，通过多维度策略助力信息平等。首先，建立社区分馆技术服务中心，专注于为经济条件有限、无法自行购置计算机或移动终端的群体提供必要的硬件支持及信息技术操作培训，打破硬件障碍。其次，采取灵活多样的方式，如低价销售、捐赠或租赁等形式，向公众普及移动终端设备与网络接入服务，同时在馆内广泛覆盖免费 Wi－Fi 与 WLAN 网络，营造无障碍的移动信息获取环境，率先在图书馆物理空间内实现信息资源的均衡分配。此外，图书馆还应积极开展移动信息技术教育与移动图书馆服务宣传，利用讲座、宣传资料、在线教程等多种形式，普及移动信息知识，提升公众的移动信息素养与利用能力，逐步消除因技术陌生感而产生的服务排斥，增进民众对移动图书馆服务的亲近感与信任度，确保即便在没有个人设备或操作技能的社会群体中，也能通过图书馆的非网络服务渠道有效接入并享受移动信息服务。

（2）短信服务模式

尽管短信服务模式在数字浪潮中因其局限性而逐渐边缘化于移动图书馆的主流服务之外，但对于无法便捷接入移动互联网的广大公众而言，它依然是连接图书馆服务的重要桥梁。面对这一现实，图书馆应积极探索短信服务模式的潜力，通过创新手段对传统服务功能进行重构与升级，将更多动态、丰富的内容与功能融入短信及电话语音服务中。这一举措旨在增强图书馆移动服务的主动性、广泛覆盖性以及用户亲和力，确保每位读者，无论其网络环境如何，都能感受到图书馆服务的温暖与便捷。

第七章

智慧图书馆知识服务延伸情境

第一节　智慧图书馆知识服务延伸机理

一、智慧图书馆知识服务延伸的目标

（一）关注平台与技术升级

平台与技术升级的核心在于无缝对接用户需求变化与体验感知，旨在打造无障碍的互联环境，并聚焦于提升用户的感知易用性。在构建互联情境时，我们着重增强智慧图书馆知识服务平台对多样化互联终端、广泛地理空间环境及不同区域时段的全面适应性，确保各类用户能随时随地享受便捷的信息交互服务，优化互联场景的易用性体验。设备易用性方面，我们关注用户操作时的直观感受，包括平台的兼容性、操作的流畅度、响应速度及安全性，力求界面设计人性化，既美观又贴合用户习惯，同时确保服务平台的可维护性、可扩展性和故障可修复性，为知识服务跨平台的数据快速切换与共享奠定坚实基础，保障资源组织的科学性与合理性，全面促进信息资源的高效流通与利用。

（二）关注资源建设质量实现资源再造

资源质量的保障核心在于强化资源采购与组织的监管力度，通过精细化重组资源内容及实施语义化情境再造策略，来增强用户在资源利用过程中的感知有用性和服务针对性。这要求我们在构建资源情境时，既要确保资源内容的快速迭代，紧跟学术前沿，满足用户对最新信息的渴求；又要保证信息资源的专业深度和内容的精准匹配，以回应用户的具体需求。在资源再造过程中，语义化情境再造成为关键，它不仅促进了资源内容的深度整合与细化，还提升了用户信息获取的标准化、知识化及可视化水平。为实现这一目标，我们需统一平台信息描述、符号价值及意义，确保信息表达既结构清晰、系统有序，又直观易懂、多维融合，全面提升信息组织的效率与质量。

（三）关注人力资源的培养、开发与利用

专业馆员的角色转型与能力升级，应紧密围绕其职能的深化与拓展，以能力培养为核心驱动力。在智慧图书馆的知识服务生态中，馆员的能力不仅是服务效能的基石，更是激发用户潜在需求、调和供需关系、提升管理效能的关键。馆员能力的高低直接决定了图书馆服务的广度和深度，因此，加速专业馆员队伍的建设与培养成为当务之急。随着知识服务需求的日益复杂与多元化，馆员的能力要求也经历了从基础到高端、从单一学科到跨学科、从数据信息服务向知识智慧服务跃迁的演变，这要求馆员必须不断提升自身的专业技术水平，向专业化、集成化、学科化与技术化方向迈进。为此，构建一套既具竞争激励效应又贴合实际需求的制度安排与培养体系，成为推动图书馆知识服务迈向新高度的坚实保障。

二、智慧图书馆知识服务延伸的关键要素分析

（一）知识服务延伸主体要素

知识服务主体在智慧图书馆的知识服务情境空间中扮演着至关重要的角色，他们利用新媒体信息技术为用户提供知识服务，助力信息搜集与知识获取。这一主体群体多元，包括专业馆员、用户个体以及管理服务的管控主体。专业馆员，作为知识服务的领航者，区别于普通馆员，凭借深厚的图书情报分析能力和数据分析、知识挖掘等专业技能，为用户提供深度专业服务，是推动知识服务创新发展的核心动力。而用户个体，则兼具知识接受者与协同创造者双重身份，不仅是信息流转的积极参与者，也是知识服务的核心组成部分，涵盖信息生产者、传递者、分解者及知识创造的合作者，其庞大的群体规模、广泛的时空分布正逐步增强对智慧图书馆知识服务生态的影响力。

（二）知识服务延伸本体要素

知识服务的核心本质，在于知识服务主体在特定的知识服务环境中，针对用户多样化、层次化的需求，提供量身定制的服务内容。智慧图书馆作为知识服务的前沿阵地，其提供的信息资源涵盖了传统经典与新兴创新两大维度：一方面，保留了第一手构建的特色库资源，这些资源以传统形式呈现，承载着深厚的知识底蕴；另一方面，则紧跟新媒体时代步伐，通过资源的创造性转化与再生，打造出新颖独特的知识产品，满足了用户对新知识、新观点的渴望。

1. 资源特色库

智慧图书馆用户对于知识服务的使用意愿与兴趣，深受资源内容全面性与新颖性的双重驱动。为持续吸引并保持用户关注，图书馆需不断迭代更新资源，丰富其广度与深度，确保用户能紧跟学科前沿动态。资源的持续优化不仅是提升用户黏性的关键，也是增强图书馆整体吸引力的核心策略。同时，资源的可靠性、准确性及特色度作为

重要衡量标尺，确保了用户需求与资源供给的高度契合。通过严格的考证、筛选与评估机制，图书馆确保第一手资料的权威性与高质量，为用户打造坚实的知识基石。此外，构建专题库、机构库等特色知识库，不仅彰显了智慧图书馆的资源独特性，也极大地提升了知识服务交互信息的精准度与实用性，为用户带来更加个性化、有价值的服务体验。

2. 资源再造产品

在互联时代的大潮中，通过各类互联端工具获取的新媒体信息在内容形式上经历了深刻变革，呈现出“快餐化”、碎片化特征，同时顺应了平台人性化设计的趋势。这一变革不仅限于传统文本信息，更涵盖了图片、视频、音频等多元形式，这些不同类型的信息能够灵活组合，极大地提升了用户信息获取的效率与体验。互联工具端以其短小精悍、高速灵活、属性多样的信息呈现方式，赋予了用户前所未有的选择空间与自由度。

面对这一信息生态的演变，对传统信息与新媒体形式信息的资源再造显得尤为重要。这一过程涉及对信息内容的深度加工与精细化重组，通过元数据化归拢与语义化关联技术，构建起情境化的资源库，实现了信息从原始数据向知识化、可视化内容的华丽转身。这种资源再造不仅优化了用户信息检索的流程，还增强了信息分析利用的深度与个性化推送的精准度，为用户带来了更加高效、智能的信息服务体验。

进一步，通过信息关联与语义强化技术，我们能够深入挖掘信息资源背后的知识价值属性，揭示信息之间的内在联系与潜在规律。同时，借助可视化归拢与聚类算法等先进手段，对资源内容进行深度整合与个性化重组，使信息呈现更加直观、易于理解，从而确保了资源内容精细化与个性化重组的可视化实现。这一系列创新举措，不仅丰富了智慧图书馆知识服务的内涵，更为其服务的延伸与拓展提供了强有力的支撑，引领着图书馆服务向更加智能化、人性化的方向发展。

（三）知识服务延伸媒体要素

知识服务媒体，作为信息传递的关键桥梁与信息处理的核心工具，涵盖了信息载体、传播渠道及处理信息所需的技术方法与手段。在智慧图书馆的知识服务生态中，延伸媒体扮演着至关重要的角色，主要包括互联端工具与知识服务技术平台两大支柱。互联端工具作为用户接入知识服务的便捷门户，促进了信息的无缝流通；而知识服务技术平台则作为强大的后台支撑，集成了先进的信息处理技术与服务逻辑，共同推动了信息在生产者、传递者、分解者与消费者之间的高效循环，实现了知识价值的最大化利用。

1. 互联端工具

互联端工具作为智慧图书馆知识服务的重要载体，涵盖了智能手机、平板电脑及信息传感设备等多元形态。智能手机以其普及性和便捷性脱颖而出，搭载独立操作系统与充足存储空间，用户可自由安装各类应用，实现网络环境下的即时互联，同时收集个人地理位置与行为数据，为个性化信息推送与偏好挖掘提供有力支持。平板电脑如iPad，则以其适中屏幕、便携设计及出色的视觉体验，赢得了知识服务爱好者的青睐。而信息传感设备，则依托无线与互联网络，通过二维码扫描、定位等功能，实现了信息的即时感知与传递，如智能手环等穿戴设备，不仅辅助信息收集，还通过监测健康数据，参与到健康知识服务的互动中，虽间接但不可或缺地推动着知识服务的深化与个性化发展。

2. 知识服务技术平台

知识服务技术平台，作为互联网、大数据、移动通信与云存储等技术的集大成者，构建了一个集资源汇聚、知识管理与交互体验于一体的综合平台。面向iPad、歌德机、PC及智能手机等多样化终端，该平台致力于提升跨设备连接、无缝切换与优化的用户体验，确保文字、图片等内容的跨屏展示既适应又流畅，控件操作灵敏且富有弹性。通过智能终端的数据捕捉与即时反馈机制，平台能够动态调整并持续优化系统，以满足用户不断变化的需求。

当前市场上，云舟域空间知识服务系统与超星学习通等知识服务交互平台备受瞩目。云舟域空间以数字空间系统为核心，整合数字资源，搭建全网络服务架构，不仅实现了资源的有效组织与管理，还融入了社交功能，为用户打造了一个集资源获取、学习组织、评论分享于一体的自组织活动空间。该平台通过PC与移动端的有机结合，促进了社会网络关系的自由重构，展现了强大的互动性、创意性及知识精准性，有效提升了用户黏性。

而超星学习通则依托其庞大的图书、期刊、视频等原创资源库，构建了一个基于神经系统原理的知识管理与学习分享平台。该平台不仅支持用户知识管理、专题创作与课程学习的一站式服务，还通过一键式获取的学习环境设计，极大简化了学习过程，为用户提供了高效便捷的知识探索途径。

（四）知识服务延伸空间要素

1. 信息时空

信息时空，作为知识服务用户活动的重要场域，贯穿于信息的生产、组织、传递、分解与消费全过程。在这个动态空间中，用户不仅能够自由筛选、借阅图书馆资源，进行数字化保存，还能即时参与资源的评论、分享、转发与记录，促进了信息的深度交流与互动。信息时空展现出高度的自主性与自组织性，随着用户行为的不断累积与优化，其结构与功能也日益趋于合理化，为用户提供了更加灵活、高效的信息服务体验。

2. 信息伦理

信息伦理作为一套非强制性的道德准则，深深植根于用户的内在信念与信息素养之中，它超越了法律的硬性规定，属于道德自律的范畴。这一伦理体系由主观信念与客观规范两大支柱共同支撑，贯穿于数据收集、信息处理、知识传递及智慧服务的全过程，旨在通过一系列规则与准则来调和图书馆馆员与用户之间的信息互动关系。每所图书馆在发展过程中，都会自然而然地形成并传承其独特的服务伦理与文化习俗，这些传统习惯不仅定义了图书馆的服务宗旨，也反映了其对信息伦理价值的坚守与传承。

3. 信息制度

信息制度，作为规范信息活动的框架，由信息政策与信息法律两大支柱构成，旨在通过国家权力机关的权威介入，引导并约束信息主体的行为。信息政策，作为调控信息产业的指导性规范，其影响力深远，贯穿于知识服务的全生命周期——从信息的生产、加工到消费，每一环节都受其引导与规范，确保了信息活动的有序进行。而信息法律，则扮演着仲裁者的角色，针对信息活动中涉及的知识产权保护、合法收益维护、违法行为惩处及个人隐私安全等敏感领域，确立了明确的法律边界与解决机制，为信息主体间的法律关系提供了坚实的法律保障。

三、智慧图书馆知识服务延伸机理系统模型分析

（一）智慧图书馆知识服务系统模型

智慧图书馆知识服务系统是一个层次分明、结构严谨的综合体系，由物理层、资源层和服务层三大核心层次紧密交织而成，各层间协同作业，共同支撑起知识服务的全面功能。该系统的模型设计，是对这一复杂体系的精准描述与抽象概括，它清晰地勾勒出系统要素间的内在联系与结构布局。具体而言，服务层作为系统的顶层架构，聚焦于服务情境的营造，是知识服务延伸与深化的关键所在；资源层则位于中层，负责实体与虚拟资源的整合与管理，为服务层提供坚实的内容支撑；而物理层则构成了系统的基石，提供必要的物理空间与技术设备支持。三大情境——互联情境、资源情境与服务情境，分别嵌入这三层架构之中，相互依存、相互作用，共同推动着智慧图书馆知识服务的高效运行。在这一体系中，资源、技术、服务三者紧密相连，形成一个动态平衡的整体，共同驱动着智慧图书馆知识服务的持续创新与发展。

（二）智慧图书馆知识服务延伸机理系统模型

智慧图书馆知识服务的延伸路径构成了知识服务发展的核心脉络，其延伸要素则构成了支撑这一路径的坚实基石，包括人力、平台、技术与环境的全方位支撑，促进了“人－平台－人”之间的高效交互。当大数据环境对知识服务受体产生足够刺激，激发其个性化知识服务需求时，这不仅塑造了用户的独特需求偏好，还强化了其持续使用知识服务的意愿，进而鼓励他们积极参与到知识信息的生产、加工、传递与消费的全过程。智慧图书馆知识服务系统的内生增长力、稳定性及平衡性等生态特征，正是内外动力协同作用的结果。内在动力源于系统自身的自生长机制，而外在动力则包括技术革新、环境变化等外部因素，两者相互匹配、协调共进，不断推动知识服务系统向更高层次演进发展。

第二节　智慧图书馆知识服务延伸资源情境

一、智慧图书馆资源情境的内涵与要素

情境感知技术作为智慧图书馆知识服务延伸的鲜明特色，其核心在于根据用户的实时情境信息，提供高度个性化与灵活的知识服务，展现了智慧服务的精髓。资源情境，作为知识服务的基石，涵盖了资源建设与资源再造两大核心领域。在大数据浪潮下，科研第四范式的兴起促使信息来源向知识网络、开放创新与协同创造转变，为创新2.0模式下的知识创新指明了方向，同时也构成了智慧图书馆服务延伸的重要情境要素。步入知识服务4.0时代，图书馆不仅见证了用户知识创造向协同式创新模式的转变，更承担起为智慧服务与协同创造提供坚实资源保障与平台支撑的重任。

资源建设情境方面，智慧图书馆在拓展服务功能的同时，对资源类型的需求亦发生了深刻变化，从传统资源向网络资源、移动视觉搜索数据、高性能计算资源等多元化方向拓展。这一转变促使资源建设的组织机制全面升级，特别是在存储硬件、网络设备以及平台融合性能与云计算框架等方面实现了质的飞跃。

资源再造情境则是智慧图书馆知识服务延伸的关键环节。通过构建机构库、智库、学科库等专题库，每所智慧图书馆都能形成独特的资源特色，显著提升推荐信息的特色化、准确性、全面性与实用性。在此情境下，资源再造策略机制依托语义关联与情境建构技术，深度融合各类资源库、语义标签库及用户行为模型库，精心定制个性化推荐策略，最终产出专业级的新知识产品库，为知识服务的深度与广度开辟了新的天地。

二、智慧图书馆资源情境的构成

（一）资源建设情境

资源建设情境构建聚焦于基础资源的全面优化与高效配置，涵盖实体文献与虚拟电子资源两大范畴，不仅整合了现有馆藏，还广泛吸纳了自建、采购及租赁的多元化文献与数据资源。在此情境下，数据资源的内涵得以拓展，超越了传统范畴，特别融入了虚拟资源、深度学习框架、高性能计算资源及集成工具箱等前沿要素。虚拟化技术的应用，促进了资源的灵活管理与无缝连接，既保障了资源的公开访问，又支持了用户的个性化需求获取。

随着科研第四范式的崛起，GPU等高性能计算硬件的普及，智慧图书馆迎来了大规模训练数据的涌入。Hadoop分布式框架的引入，进一步提升了资源组织能力，通过协同虚拟资源，构建了一个经济高效、负载均衡的计算平台。该平台不仅能够应对高

并发访问，还为新型信息资源的获取、组织及存储奠定了坚实基础。此外，深度学习框架的融入，为智慧图书馆在图像识别、信息提取与处理等知识服务环节提供了强大支持，推动了服务质量的全面提升。

（二）资源再造情境

资源再造情境在智慧图书馆体系中占据核心地位，它是对既有数据信息资源进行深度挖掘与价值重塑的关键过程。这一过程不仅涉及数据的关联、重组与定制加工，还涵盖了一系列规范策略与加工处理机制的制定，旨在全面提升数据资源的内在价值。资源再造的标准维度广泛，包括元数据化、语义化、情境化及知识化，这些标准共同指引着信息资源的优化路径。

具体而言，资源再造通过先进的语义化信息描述技术，对各类数字资源（如文字、图像、视频等）进行精细化标注与情境化设计，运用聚类、整合与关联算法实现信息的深度整合与重组。这一过程不仅是对信息资源的简单整理，更是通过特征化标注赋予其新的生命，使之更加符合用户的个性化需求。同时，结合用户行为模式分析，如用户的ID、性别、年龄、学历等个性化情境信息，构建智慧化的用户行为模型，为个性化推荐服务提供精准依据。

资源再造的核心价值在于其内容的碎片化重组与知识化提升。通过对资源的元数据化归拢与语义化关联，构建情境化资源库，实现信息的可视化呈现与知识化转化。这一过程不仅是对资源价值的增值，更是通过可视化技术与聚类算法的应用，确保资源情境的精准化与个性化重组，达到高标准的服务质量。同时，信息关联与语义强化的策略，进一步提升了信息资源的知识价值，而资源情境的可视化则极大地增强了资源利用的便捷性与有效性，实现了资源情境服务功能的全面延伸。

此外，资源再造情境还促进了图书馆服务模式的创新，从传统的被动服务转向主动推送，根据用户偏好与需求变化，动态调整服务内容与形式，为用户提供更加贴心、高效的知识服务体验。这种以用户为中心的服务理念，不仅提升了用户的满意度与忠诚度，也为智慧图书馆的长远发展奠定了坚实的基础。

三、智慧图书馆资源情境建构目标

（一）重视需求在资源配置中的决定性作用

随着图书馆全面步入数字化转型的快车道，当前的发展态势呈现出鲜明的新趋势：实体图书借阅量与实体馆舍访问人次逐年递减，而与之形成鲜明对比的是，电子资源的利用率持续攀升，尤其是电子教学参考书与多媒体资源的利用达到了前所未有的高度。这一转变深刻反映了用户行为与需求的根本性变化，迫使图书馆不得不重新审视并调整其资源布局与服务模式，以确保资源供给与用户实际需求之间的精准对接。

在此背景下，资源情境的新颖性与全面性成了吸引用户兴趣、激发使用意愿的关键因素。为了充分发挥用户需求在资源配置中的导向作用，图书馆需致力于增强资源情境的创新力与覆盖广度，通过引入前沿技术、丰富资源类型、优化资源结构等手段，打造更加吸引人、更符合用户期待的知识服务环境。同时，建立健全用户导向的资源情境建设与情境化评价制度，不仅能够动态评估资源服务的实际效果，还能为持续优化基础性资源供给结构提供科学依据。

特别值得注意的是，在基础资源配置过程中，需求应被置于核心地位，实现从“图书馆为中心的资源拥有”向“用户需求为导向的资源获取”的根本性转变。这意味着图书馆需在资源情境构建、资源类型筛选、建设标准设定及效果评价机制等多个维度，全面融入用户需求视角，确保每一项决策都能精准对接用户的真实需求与期待。这样的结构性调整，不仅能够显著提升资源的质量与利用效率，还能进一步优化资源的整体供给结构，为图书馆在数字化转型浪潮中保持竞争力、激发创新活力奠定坚实基础。

（二）完善形式多样的资源情境建设制度

新兴信息技术的浪潮正深刻改变着用户的信息行为模式，从信息获取到资源利用，再到知识创造，每一个环节都展现出了新的面貌。用户的关注点逐渐从单一的文献转向了深层次的知识内容，资源形态也随之从传统的纸质文献向数字资源转型，这一转变要求我们在资源配置策略上进行相应的调整，加大对数字资源的投入，适度缩减纸质资源的预算。在资源获取方式上，我们正逐步从“拥有”向“获取”转变，采购模式更加灵活多元，租用比重上升，购买与租用并行不悖，以适应快速变化的信息需求。

学习资源方面，新形态资源如开放数据、网络课程、虚拟实验等正逐步取代传统教科书与工具书的主导地位，为用户提供了更加丰富多样的学习体验。同时，资源的保存与评价机制也在发生根本性变革，开放式获取与信息共享成为主流趋势，推动着图书馆从单打独斗走向共建共享的合作模式，旨在构建更加广泛、高效的资源网络。

在此背景下，资源情境化评价的重要性日益凸显，成为指导资源情境建设决策的关键依据。我们需要从资源情境、资源类型、采购策略、经费投入、共享模式等多个维度出发，采取多样化的结构性调整措施，以优化资源配置，提升资源利用效率，确保图书馆资源能够紧跟时代步伐，满足用户日益增长的多元化、个性化需求。

（三）实现资源的优化配置与情境再生

资源的重组与整合是一个深度知识服务情境化的过程，它聚焦于图书馆信息资源的精细化处理，通过知识域的情境建构，将各学科分类与专题领域内的碎片化信息、数据及文献等资源，依据特定主题进行聚类与细分，旨在提供个性化的情境服务体验。此过程强调从数据采集之初便注重知识碎片的语义关联与整合，运用数据挖掘技术，遵循精细、全面、个性化及情境化的原则，对业务资源、静态聚合资源及动态趋势数据等进行深度挖掘与加工，确保资源情境建构的实用性与价值。

在此基础上，进一步推动资源在内容与结构上的情境化重组，提升其知识化水平，使用户能够更高效地进行知识探索与意义构建，增强对智慧图书馆知识服务资源情境的满意度与实用性体验。智慧图书馆的知识服务资源情境化关联策略，核心在于促进用户的知识发现与创造能力，通过细粒度数据挖掘、主题化语义关联及专题化聚类，多维度揭示数据资源的潜在价值，为知识服务的深度应用奠定坚实基础。

最终，实现资源情境建构的可视化与可识别性至关重要，利用表格、图形及知识图谱等直观表达工具，不仅展示了资源利用的可视化成果，还助力用户在直观界面中洞察知识、激发创意并辅助决策制定，从而全面提升资源情境再造与重组的实际效能。

四、智慧图书馆资源情境建构模型

（一）资源情境建构方法概述

1. 基于协同过滤的情境感知推荐技术

在信息处理与用户兴趣挖掘领域，当用户在同一时段共享同一信息资源（如碎片信息、知识文档或学术文献）时，可视为两者在该资源上拥有相似兴趣，从而界定为基于该资源的弱相似用户关系。此情境下，该信息资源成为连接两者的关联纽带。进一步，若目标用户接触任一信息资源均能触发 K 个弱相似用户的识别，将这些相似用户偏好的信息资源纳入推荐候选池，并广泛搜罗目标用户所有关联资源所对应的弱相似群体及其喜好资源，共同构建推荐集。随后，借助精细的相似性算法对推荐集内资源进行排序，最终精选出与目标用户兴趣高度契合且排名前列的 N 项资源进行推送。这一过程不仅深化了传统协同过滤技术的应用，还通过引入情境因素，如在用户 - 资源评分矩阵中融入情境信息，或开发情境匹配的协同过滤算法，乃至结合资源内容关联系数，实现了用户相似性、资源相似性及模型计算中的情境感知，显著提升了信息推荐的精准度与挖掘用户潜在兴趣的能力。

2. 基于内容的情境感知推荐技术

传统内容推荐算法依赖于显式或隐式途径捕捉用户偏好，进而通过计算用户偏好与候选资源间的相似度来实施推荐。而基于内容的情境感知推荐技术则进一步深化了这一过程，它巧妙地将用户在不同情境下对资源的偏好概率纳入考量，力求为用户推送与其当前具体情境最为契合的资源。这一领域的研究多元而深入，例如，有学者运用贝叶斯网络模型预测用户当前情境与资源之间的关联概率，以此实现个性化推荐；另有研究者开发了基于地理位置的移动个性化推荐算法，精准对接用户的移动需求；还有工作探索了性别、年龄、情绪乃至噪声水平、时间等多元化情境信息，用以预测用户心情，并据此推送个性化音乐推荐；此外，结合时间、位置、网络状态等情境数据，移动服务推荐系统也得到了创新应用，为用户提供更加贴心、实时的服务体验。

3. 混合式情境感知推荐技术

为克服单一推荐算法存在的局限性，业界开始积极探索多种推荐方法的融合策略，旨在通过混合展示、动态加权、顺序串联及综合组合等方式，构建更为全面与高效的推荐体系。例如，有研究者创新性地结合了基于内容的推荐与基于知识的过滤技术，并融入情境感知理念，依据用户的终端特性、网络环境、地理位置及活动状态等多元化情境信息，为移动用户量身定制多媒体信息推荐服务，极大地提升了用户体验。另外，也有实践案例将基于知识、基于内容及基于协同过滤的多种推荐方法巧妙融合，并融入情境感知技术，成功应用于加油站推荐系统，实现了推荐服务的精准化与个性化，展现了多方法融合在复杂推荐场景中的巨大潜力与优势。

（二）“用户—情境—资源”概念模型

智慧图书馆资源情境建构策略可划分为三大实施阶段：首要阶段是资源建设，奠定坚实基础；紧随其后的是资源再造情境阶段，其核心在于构建用户—情境—资源模型，该模型在传统用户—资源框架上创新性融入位置、时间、设备、网络状况及天气等多元情境维度，极大丰富了资源属性的信息知识价值。此模型紧密联结用户、情境与资源三者，通过情境因素的深度介入，实现了资源再造系统的情境化升级，为不同情境下拥有各异兴趣的用户量身定制个性化信息推荐服务，引领了智慧图书馆信息资源个性化推荐的新方向。

在用户—情境—资源模型中，情境作为关键桥梁，不仅连接用户与资源，还驱动着资源再造情境的动态演进。通过三阶段递进式深度挖掘，该模型有效强化了用户与资源之间的关联强度，从弱相似关系提升至强相似关系，资源间的弱关联亦转化为紧密关联，最终汇聚成服务推荐所需的信息资源集合。针对当前资源再造系统中情境因素缺失的问题，该模型融合数据整合处理、语义挖掘及关联技术，提出了基于情境感知的资源再造算法，该算法巧妙结合情境信息与用户偏好，为用户在特定情境下提供精准信息推荐。具体而言，就是依据当前情境信息，结合传统内容过滤技术，推送与情境高度契合的信息资源，确保用户对信息的兴趣度与当前情境无缝对接。推荐过程中，我们首先捕获用户当前情境数据，随后与相似用户的偏好或用户历史情境信息进行匹配，从而精准生成最符合用户当前情境的个性化信息资源推荐列表。

五、智慧图书馆资源情境建构策略

（一）建立全面揭示资源内容的情境本体架构

采用本体论对实体进行细致的情境建模，是推进情境感知推荐技术的一大创新路径。在图书馆资源情境感知推荐的计算框架内，定义精准的情境实体类成为首要任务，这些实体可借助三元组（entity，property，value）结构进行规范化描述，同时，我们需不断拓展并丰富标准化的情境分类体系，涵盖用户类（含用户 ID、性别、年龄等多维度特征）、环境空间类（如位置、时间等）、互联终端类（品牌、性能参数等）、资源类（专业方向、关键词标签等）等多个维度。

图书馆情境感知中间件作为核心组件，通过详尽的属性集精准刻画各类实体情境，定义了普适性的情境实体及其属性框架，这些属性值进一步转化为标准化的数据类型表示，便于处理与分析。通过高效采集情境变量的实时属性值，中间件能够执行情境解析、逻辑推理乃至辅助决策等一系列高级功能。因此，构建一个全面、深入的情境本体架构，对于精准匹配情境信息、资源内容与服务系统至关重要，它加深了我们对实体间复杂关系与内容本质的理解，进而推动了知识服务边界的不断拓展与深化。

（二）实现“用户—情境—资源”的价值增值模式

将位置、时间、设备、网络状况及天气等多元化情境信息融入“用户—情境—资源”模型之中，不仅丰富了资源属性的描述维度，也标志着信息资源组织形态的一次革新，这一变革无形中提升了信息资源的知识密集度，是资源再造情境的具体展现，更是资源价值增值与利用效率优化的关键策略。此模型致力于根据不同用户的即时情境与个性化兴趣，精准推送相匹配的信息资源，确保用户的信息兴趣与其当前特定情境紧密相连，这不仅是智慧图书馆深化知识服务的必然要求，也是实现个性化、精准化推荐服务的具体实践。

通过引入情境因素至资源再造系统，构建了用户、情境与资源之间的三元互动关系，针对既有资源再造体系中情境考量不足的问题，提出了基于情境感知的资源再造算法。该算法巧妙融合了情境信息与经典内容过滤技术，能够针对用户当前的具体情境，推送高度适配的信息资源，极大地增强了信息推送的全面性、完整性与相关性。这一过程不仅实现了信息资源价值的深度挖掘与增值，还有效激活了资源的潜在价值，让原本可能沉睡的资源成本焕发新生，成为提升信息资源整体利用效能、促进资源价值最大化的重要途径。

（三）构建多维情境知识关联的新型资源网络

图书馆作为知识宝库，汇聚了跨载体、跨语种、跨学科、多来源的丰富信息资源，这些资源广泛分布于各个学科领域，形态各异。为最大化信息资源的利用价值，我们有必要构建多维资源情境模型，以深度揭示资源内容的内在联系与广度聚合。研究表明，信息资源间语义关系的丰富程度直接关联到其相似度与聚合效果。因此，采用多层次、多视角的综合策略，进行数据的细粒度挖掘、专题聚类与主题语义关联分析是实现信息资源有机整合与多维应用的关键。智慧图书馆通过资源情境的多维揭示与关联聚合，促进了知识创造、挖掘与发现的过程，这是资源情境建构的核心手段。

在资源情境建构中，我们强调有序化、优化与可视化，将情境信息视为资源本体不可或缺的一部分，进行深度内涵构建。这一过程不仅关注信息内容的客观属性（如特色、新颖性、可靠性、全面性），还深入剖析本体间的逻辑关系（包含、并列、属分等）、引证关系（被引、共被引、引文耦合）及潜在的隐性知识关联，力求全面揭示资源情境的多维面貌。同时，注重从用户视角出发，理解其对知识资源的主观价值认同，通过信息结构化描述与内容属性匹配，强化语义关联的资源聚类与再生资源情境的整合创新，为用户打造更加结构化、情境化的知识网络。这样的多维情境建构，为用户提供了更为丰富、深入的资源利用体验，促进了知识的高效传递与价值转化。

（四）增强资源情境利用的可视化与可理解性

在资源情境建构的过程中，信息的呈现方式至关重要，采用可视化工具与手段能够显著提升资源情境的透明度和用户理解度。这种清晰直观的信息展现形式，不仅能够加深用户的记忆印象，降低学习门槛，还能显著提高用户对信息的处理速度与理解深度。其核心目标在于实现信息资源的深度语义关联揭示与高效重组再造，通过可视化技术，我们能够将复杂的文本信息转化为直观易懂的图形化表示，实现从粗粒度到细粒度的信息分解，层层剖析知识的内在结构，完成信息在语义层面的关联化与可视化转型。这一过程促进了信息资源的情境聚合，使用户能够从多角度、多层次直观地感知资源情境，进而在视觉层面上实现对资源情境的深刻把握。从这一维度看，提升资源情境的可见性，实质上是对资源信息的深度解构与价值增值，它增强了资源内容的可读性与辨识度，对于优化智慧图书馆信息资源的整体利用效率具有不可估量的价值。

第三节　智慧图书馆知识服务延伸互联情境

一、智慧图书馆互联情境的主要构成

（一）智慧图书馆技术情境的主要构成

1. 信息技术情境

智慧图书馆的信息技术情境是其高效、稳定运作不可或缺的技术基石，它汇聚了推动智慧图书馆从理论构想迈向实践应用的各种前沿信息技术。鉴于信息技术的本质特性——快速的发展与迭代，智慧图书馆的信息技术情境构建了一个复杂而动态的技术生态，该生态紧密围绕感知、通信、网络、应用及信息安全这五大核心技术领域展开，每个领域下又细分出众多子技术领域，共同编织成一张支撑智慧图书馆功能实现与技术革新的庞大网络。这一技术情境的持续优化与升级，确保了智慧图书馆能够紧跟时代步伐，持续为用户提供创新、便捷的知识服务体验。

2. 信息基础设施情境

智慧图书馆的信息基础设施是其信息技术高效运作的基石，涵盖了硬件与软件两大核心情境。硬件情境，即信息网络基础设施，由无线基站、通信管网、中继装置、多级机房及其配套电源、建筑设施等紧密构成，共同编织出智慧图书馆的物理骨架。而软件情境，则体现为支撑知识服务的信息平台，它是智慧图书馆智慧大脑的软件载体。

智慧图书馆建设的首要任务是构建一个安全稳固、高速流畅、广泛覆盖且高度融合的信息网络环境。这一网络体系依赖于图书馆主干网、无线网及三网融合技术的综合应用。主干网作为信息传输的主动脉，集成了宽带局域网与光纤网络，高效传输语音、数据及视频信号。无线网方面，依托先进的第三代、第四代移动通信技术，实现

了图书馆区域内的全面覆盖，让用户能够随时随地畅享互联便利。三网融合策略则进一步打破了电信、电视与互联网间的壁垒，促进了资源共享与业务互通，为用户带来了语音、视频通话等多元化服务体验。

此外，图书馆知识服务基础设施还涵盖了管理系统、计算资源、存储资源及网络资源等多个关键要素，它们共同支撑起图书馆知识服务的庞大体系。知识服务资源数据中心作为这一体系的核心，负责数据的存储、处理与调配，为各类智慧服务应用提供坚实后盾。平台软件层面，则汇聚了数据管理系统、目录服务、数据交换整合平台、接口服务及门户系统等多元化应用软件，它们与知识服务资源数据库紧密协作，为智慧服务应用的研发、部署与管理提供了全方位的技术支撑。

3. 基础设施信息化情境

信息基础设施的夯实与新兴信息技术的飞跃，共同构筑了智慧图书馆信息化情境的坚实基石。这一情境不仅涵盖了图书馆传统基础设施的智能化转型，也涉及服务系统的全面升级。从功能与服务维度出发，我们可将基础设施信息化情境细分为资源性与服务性两大核心板块。两者均借助信息技术的深度融入与革新，实现了图书馆服务功能的跨越式发展，展现出高度的自动化与智能化特性。

在智慧图书馆的知识服务信息平台上，这两大基础设施扮演着至关重要的角色，它们作为资源共享与协同运作的智能引擎，有力支撑起图书馆智慧化知识服务的各项活动。其核心使命在于促进物联网技术与基础设施的深度融合，让物联网的触角延伸至传统图书馆运作的每一个细微环节，从而实现基础设施运行的智能化、科学化与人性化变革，这一变革深刻体现了以人为本与绿色发展的现代理念，为智慧图书馆的发展注入了新的活力与可能。

（二）智慧图书馆空间情境的主要构成

1. 智慧图书馆中的空间物质情境

智慧图书馆的空间物质情境，是物质环境空间与物质资源空间交织而成的复合体，它映射了传统图书馆物质空间在信息技术浪潮中的深刻变迁与未来趋势。随着虚拟空间的兴起与演进，物质资源的获取、管理及利用模式正经历前所未有的变革，智慧图书馆作为这一变革的先锋，汇聚了图书、馆舍、阅览室、期刊、电子阅览设备、网络设施等多元化物质资源，为用户自我服务及多样化服务需求提供了坚实基础。

物质空间的流动性增强，为图书馆环境运作带来了新气象，而信息技术的日新月异更是为这一变革添上了浓墨重彩的一笔。新一代信息技术的融入，赋予了图书馆物质要素全新的特性：数字化、信息化、智能化与知识化，这些特性不仅增强了物质空间的互联感知、交互反馈与语义连接能力，还赋予了其控制功能，极大地提升了知识服务的效能。

在此背景下，图书馆物质环境空间展现出一系列智能化运作新形态，如智能识别、智能预测、智能应急响应、智能建筑管理及智能环境监测等，这些智能化功能不仅优化了物理空间的利用效率，更推动了物质实体空间向高度智能化的虚拟空间转变，为用户创造了更加便捷、高效、个性化的知识探索体验。

2. 智慧图书馆的空间属性情境

智慧图书馆的空间属性深刻体现了新一代信息技术对其空间特征的重塑，这一变革不仅涉及空间结构与功能的转型，更引领了图书馆未来发展的新趋势。在空间结构层面，智慧图书馆通过信息技术的深度融合，实现了由传统模糊布局向功能模块化的转变，空间布局更加人性化与创意化。信息技术的飞速发展不仅打破了实体空间的限制，催生了虚拟空间、媒体空间等新型空间形态，还促进了物质空间与虚拟空间的深度融合，使得图书馆空间向虚拟化方向发展，信息流动成为主导特征，空间流动性显著增强。这些虚拟空间（如虚拟社区、BBS、微学习平台及 E-mail 等）不仅替代了部分传统物质空间功能，还提供了更为高效便捷的服务体验，降低了用户对物理场所的依赖。同时，移动虚拟设施空间的兴起，进一步弱化了物理设施对图书馆空间利用的束缚，使得服务活动布局更加灵活多样。

在空间功能方面，智慧图书馆的功能布局与服务场所的变化直接映射了其服务能力的提升，合理的空间布局成为图书馆可持续发展的关键。图书馆作为多功能交织的复杂系统，其功能多样性与情境属性显著，其发展活力高度依赖于内外部功能的协调与优化。在智慧图书馆中，阅览、查询、体验、咨询、休闲及辅助决策等功能被赋予了新的内涵与表现形式。新兴信息技术的广泛应用，特别是物联网、互联网与人工智能的支撑，推动了图书馆从实体空间向虚实交融的“灰体空间”转变，打破了传统服务空间的界限，促进了功能区的复合化与多元化发展。虚拟空间的出现，不仅促进了知识共享、协同创造等新型服务模式的兴起，还消除了空间距离对用户身份与学科背景的限制，极大地丰富了用户的信息获取与知识创新方式。共享空间、创客空间及智慧社区等复合空间的出现，正是这一变革的生动体现。

二、智慧图书馆知识服务延伸互联情境建构策略

（一）优化智慧图书馆互联设备服务的跨屏交叉融合情境

当前，智慧图书馆知识服务的交互平台尚处于萌芽阶段，微信、QQ、微博等传统社交媒体仍主导着图书馆与用户间的知识交流，而专业的知识服务交互平台的普及率尚待提升。面对此现状，图书馆界应敏锐捕捉用户交互需求的变化，加大对知识服务交互平台情境构建的投入，巧妙融合微营销策略，将微博、微信、微视频及移动应用深度融入智慧图书馆生态，拓宽服务渠道。

同时，应充分挖掘信息传感技术的潜力，如红外感应器、RFID、激光扫描器及 GPS 等，实现万物互联，促进信息无缝交换，赋能智能化识别、追踪、定位与监控，确保用户能随时随地便捷、高效地访问数据资源。智慧图书馆互联情境的优化升级，旨在提升用户体验的激励性与平台的易用性，这要求服务平台在硬件（CPU、传感器等）与软件层面均需具备高速响应与高效反馈能力，精准捕捉用户实时需求与状态变化。

为实现这一目标，智慧图书馆知识服务设计需致力于提升对用户信息行为的感知敏锐度，通过开放接口、扩展服务范畴及增强情境反应速度等措施，提供无间断、跨设备、跨区域、跨平台的情境化服务体验。针对局域网内信号衰减问题，我们可采取中继放大等技术创新手段，延长网络覆盖范围，进一步扩大智慧图书馆知识服务的互联情境，优化其易用性，最终促进知识服务效能的全面升级。

（二）关联智慧图书馆信息技术服务的应用情境

在构建智慧图书馆知识服务互联情境平台的进程中，实施创新驱动战略并鼓励技术方法创新是推动其发展的关键动力。这一目标旨在不仅升级服务的技术基石，还深度整合各类终端设备，如手机、计算机等，实现它们之间的一体化呈现与无缝对接。这种跨平台的兼容性设计确保了智慧图书馆功能的广泛可达性，使用户能够利用手边最方便的设备轻松访问知识资源，极大地提升了服务的易用性、便捷性和可用性。

信息技术在优化智慧图书馆知识服务延伸方面扮演着至关重要的角色，主要体现在两个核心方面。首先，它通过革新信息的组织结构与存在形态，彻底改变了用户获取图书馆资源的传统方式，赋予了前所未有的便捷性。具体而言，用户可以利用云存储、网盘存储等多样化的存储手段灵活管理个人微资源，并通过线上线下服务的深度融合，实现与知识服务情境的即时互联。这种媒介载体的无缝融合与互联，确保了用户能够跨越物理界限，随时随地与所需知识互动，极大地提升了知识获取的效率与体验。

其次，信息技术的发展还催生了一站式智慧导航系统的诞生，该系统依托对用户行为及其与平台交互数据的深度分析，能够精准挖掘用户的个性化信息需求与潜在兴趣偏好。通过智能检索与匹配技术的运用，系统能够实时对多种媒体资源类型的信息进行语义层面的查找与匹配，为用户提供个性化的信息导航与推荐服务。这种智能化的服务模式不仅节省了用户的时间与精力，还增强了服务的针对性与有效性，促进了知识资源的高效利用。

此外，交互平台借助智能终端设备的普及与数据技术、编码技术的融合应用，实现了对用户行为数据的实时反馈与动态分析。通过二次关联与数据集的动态存储技术，平台能够不断优化自身功能与服务，确保与用户需求的精准对接与快速响应。这种基于大数据与人工智能的动态反馈机制，为智慧图书馆知识服务的持续优化与升级提供了坚实的技术支撑。

值得一提的是，知识可视化服务作为智慧图书馆的一大亮点，通过知识图谱等生动形象的表现形式，将复杂的学科关系、领域联系及专题资源间的相互关联以直观易懂的方式呈现给用户。这种服务方式不仅加深了用户对知识的理解与记忆，还激发了他们的学习兴趣与探索欲望，为知识的传播与创新创造了更加有利的条件。

实施创新驱动战略、鼓励技术方法创新并升级服务的技术基础，是构建智慧图书馆知识服务互联情境平台的必由之路。通过整合各类终端设备、优化信息组织方式、运用一站式智慧导航与智能检索匹配技术、实现知识可视化服务及建立基于数据的动态反馈机制，我们可以为用户提供更加丰富、便捷、高效的知识服务体验，推动智慧图书馆事业迈向新的发展阶段。

（三）构建智慧图书馆空间结构颠覆性再造的创新型服务情境

在推动图书馆向创新型服务环境转型的过程中，协调多元投入与空间再造成为核心策略，旨在将图书馆塑造为“大众创业，万众创新”时代不可或缺的平台。面对当前挑战，如资金增幅不足、管理观念滞后、转型问题应对策略缺失及软硬件环境建设短板，图书馆需采取果断措施，以空间要素的深度挖掘与重塑为突破口。

空间作为图书馆的核心资源，其独特价值不仅在于承载书香文化的物理场所，更在于随着认知的深化与功能定位的拓展，空间被赋予了全新的生命力，成为融合深厚文化底蕴与创意氛围的新型资源。空间再造不仅是提升图书馆功能、激活创新服务的关键路径，还应明确将创客空间纳入图书馆的服务范畴，使之成为激发创意、促进知识转化为实物的孵化器。在信息共享空间、知识空间向智能空间的递进中，图书馆应致力于打造充满灵感与创意的创客环境，让用户亲身体验知识与实践的交融，满足其对价值追求、教化启迪及审美享受的多层次需求，进而激发全社会的创新热情与智造活力。

此外，空间再造应充分利用图书馆员的专业知识、隐性技能及情感智慧，构建一个集舒适性、体验性与互动性于一体的创新生态，精准对接用户的个性化需求。这一过程中，图书馆员不仅是信息的传递者，更是创新氛围的营造者与用户需求的洞察者。通过空间要素的调整与优化，图书馆不仅能够拓展服务边界，实现服务模式的转型升级，还能为自身发展注入不竭动力。

在国家层面，加大对智慧图书馆共建共享及服务保障工程的资金投入至关重要。这不仅是为了保障知识服务活动的有效实施，更是为了推动知识服务交互平台的构建与互联情境的持续优化。通过提升互联情境的灵敏性与及时性，确保用户能够随时随地获取所需信息，同时采取激励措施，鼓励图书馆积极探索特色化知识服务平台建设，丰富服务内容，激发创新活力，从而扩大智慧图书馆知识服务的受众基础，让更多人受益于这一知识盛宴，共同推动社会向更加智慧、创新的方向发展。

第四节　智慧图书馆知识服务延伸服务情境

一、智慧图书馆服务情境的内涵与要素

智慧图书馆作为知识共享、创新与协同创造的理想平台，其核心发展愿景深植于“以人为本”的理念之中，旨在通过促进人的全面发展，推动图书馆与用户、资源、服务及创意空间之间的和谐共生与可持续发展。为实现这一目标，智慧图书馆的服务情

境被赋予了前所未有的高度与深度，它紧密围绕用户中心，聚焦于“用户智慧的再生产”，巧妙融合新兴信息技术于知识服务之中，构建了网络社会形态与现代用户知识需求之间的桥梁，营造了一个促进用户全面成长的卓越信息服务生态。

智慧图书馆的知识服务平台，作为这一生态的基石，展现了其强大的个性化、层次化、多元化及精准化服务能力。它不仅能够敏锐捕捉并精准识别用户在特定情境下的个性化需求，还能迅速匹配并推送高度适配的知识资源与服务内容，这一过程不仅彰显了知识服务的适配功能，也体现了图书馆对用户成长的激励作用。这一功能的实现，得益于智慧图书馆精心构建的标准化与个性化并重的服务情境。标准化情境确保了服务的稳定性、标准性、可移植性和可整合性，为服务的广泛普及与高效运作奠定了基础；而个性化情境则聚焦于适时适应性、适量性、友好便捷性及安全有效性，致力于为用户提供量身定制的知识体验。

进一步细化分析，智慧图书馆的服务情境在新一代信息技术的驱动下，展现出四大核心领域：数据服务、信息服务、知识服务与智慧服务，它们各自遵循不同的情境路径发展。数据服务与信息服务侧重于服务流程的标准化，通过大数据、人工智能与互联技术的深度融合，加速了用户在社交网络的深度参与，促进了知识共享与协同创造的广泛实践，实现了知识服务环境的泛在化。而知识服务与智慧服务则更加注重内容的个性化，致力于在复杂的社会关系网络中，精准识别并响应用户的独特需求，推动知识服务向更深层次、更广阔领域拓展。

值得注意的是，随着用户在知识服务过程中的广泛互动，形成了错综复杂的社会关系网络，这些网络不仅深刻影响着知识服务的开展方式，更成为新时期知识共享、协同创造与智慧生成的基石。智慧服务情境作为这一变革的集中体现，综合反映了网络社会时代图书馆知识服务的最新趋势与方向，预示着智慧图书馆正引领着一场前所未有的知识服务模式革新。

二、智慧图书馆服务情境的构成

（一）标准化情境

标准化情境在智慧图书馆领域，特别是数据服务与信息服务方面，扮演着至关重要的角色。随着用户信息化素养的不断提升，其为智慧图书馆的管理与发展奠定了坚实的信息基础。智慧图书馆知识服务情境的流程标准化，是基于对知识服务平台系统技术特性、服务流程及核心要素的深入理解而提出的，旨在确保服务流程的规范性与标准化、服务平台的稳定性、安全性与用户友好性，同时支持服务的模块化移植与数据资源的整合能力。在知识服务的关键环节——信息检索与分析上，高效处理异构数据，提供强有力的数据支撑，是构建智慧图书馆知识服务情境不可或缺的一环。

此外，情境构建过程中我们需细致考量用户的时间与精力成本，将平台的服务拓展性、性能优化作为设计核心，确保用户能够自由调度图书馆资源，享受无障碍的功能体验，从而推动服务内容、水平及层次的全面升级，紧密贴合用户的个性化需求。

流程规范化与系统容错性的提升，旨在增强服务的稳定性与可操作性，维护平台平稳运行。同时，通过对数据资源进行优化组织，深化知识挖掘与资源聚类融合能力，进一步提升服务平台的资源整合性能，为智慧图书馆知识服务的高质量、高效率运行奠定坚实基础。

（二）个性化情境

个性化情境在智慧图书馆的服务体系中占据核心地位，尤其体现在知识服务与智慧服务两大关键领域。这一情境下的激励性，指的是服务内容与用户个性化需求的精准对接及对用户持续使用行为的正面促动作用。它深刻探讨了如何通过增强用户与服务的交互体验，来满足每位用户独特的信息知识需求，不仅解决用户实际问题，还以适时、适量且高度针对性的方式提供有效服务内容，从而激发用户的持续使用意愿。相较于传统数据或文献信息服务，智慧图书馆知识服务的独特魅力在于其深度挖掘与响应个性化需求的能力。它超越了简单提供数据、文献或信息的范畴，通过广泛搜集、精心组织信息，并运用筛选、分析、加工及重新编码等高级处理手段，创造出富有价值的三次文献产品，直接助力用户决策或解决具体问题，实现了对用户多层次、个性化需求的全面覆盖与精准满足。

在智慧服务的技术支撑层面，语义分析、用户情境计算、图像 ROI 定位及知识服务搜索引擎等关键技术发挥着不可替代的作用。语义分析技术深入文本、MVS 数据及图像等资源内部，实施语义提取、分割、计算与分类管理，精准描绘数据与知识语义间的关联，并通过语义标签实现信息的有效标注。用户情境计算则是一个综合性的分析过程，它构建用户行为情境模型，深入洞察用户当前状态，预测未来需求与意图，确保情境分析结果能够无缝融入智慧图书馆知识服务的各个环节，提升服务的预见性与贴合度。图像 ROI 定位技术则聚焦于图像信息的高效提取，通过精准锁定用户感兴趣的目标与主题区域，大幅缩减搜索范围，降低计算复杂度，确保 ROI 定位的精准无误，进而促进图像分类与识别的精准度提升。这些技术的融合应用，不仅解决了智慧图书馆知识服务过程中的关键难题，也为提升用户体验、深化知识服务价值开辟了新路径。

三、智慧图书馆知识服务延伸的服务情境建构策略

智慧图书馆服务情境交互的激励性构建，是其知识服务深化与拓展的核心追求。为此，智慧图书馆在顶层规划时应精心策划激励策略，管理制度上需引领服务理念的根本性转变，同时强化馆员队伍建设，提升专业素养，确保一切服务与设施均以用户为核心，促进持续使用与深度参与。在此基础上，我们应细致洞察用户需求，构建管理与激励机制，鼓励馆员作为桥梁，巧妙引导用户持续探索与互动，不仅提供自适应、友好的服务体验，更激发用户兴趣与参与意愿，特别是对于新用户，应积极诱导其融入智慧图书馆的知识交流与服务生态，共同推动知识服务情境的活跃与繁荣。

（一）构建精准追踪用户个性化动态需求的自适应服务情境

通过物联网技术的深度应用，智慧图书馆实现了对用户需求的即时捕捉与响应，显著提升了服务反馈的时效性，确保了服务能够适时、适量且高质量地满足用户的个性化发展需求。这一过程中，用户得以在信息的自由流动与共享中探索知识，促进协同创新，进而增强了智慧图书馆知识服务的协调共创能力。为提升服务的适用性与拓展性，智慧图书馆致力于全面追踪用户行为，精准把握用户偏好与习惯，缩小用户期望与实际感知之间的差距，通过智能预测与个性化推送，实现服务的精准化与高效化。

在策略上，智慧图书馆采取柔性服务方式，根据用户兴趣、知识结构及服务情境灵活调整服务策略。通过深度分析用户行为，建立个性化行为档案，科学记录需求偏好与认知预测，为每位用户提供定制化的内容推荐与主题定位服务。同时，构建严格的用户隐私保护机制，确保用户信息安全，积极引导用户理性披露个人信息。

在内容推送与交互引导方面，智慧图书馆基于对用户使用习惯与接受能力的深刻理解，运用认知行为预测与资源情境化重组技术，实现资源的动态按需推送与个性化定制服务。借助第三方数据辅助，提升平台反馈的时效性与准确性。此外，智慧图书馆还积极拓展智能阅读、智慧学习、社区互动及自定义存储等功能，促进知识资源的多维度交流共享与创造，不断优化交互平台的适用性能。通过持续优化服务帮助功能、合理引导用户信息期望，智慧图书馆力求实现资源、技术、服务与用户需求之间的高度契合，激发用户主动参与意识，提升服务普适性与有效性。

（二）发展具有核心竞争力的新型智慧服务专业人才

图书馆向智慧图书馆的转型，需从宏观战略视角明确功能定位与长远规划，同时在微观操作层面重构内部业务流程，特别聚焦于馆员专业能力与服务模式的革新。人员再造是这一过程中的核心环节，旨在塑造图书馆员成为具备专业服务能力且拥有对用户比较优势的人才队伍。这不仅要求提升馆员的综合信息素养与新型专业工具应用能力，还需深度挖掘和利用其独特的知识与技能优势，以专业化服务团队的形式，构建图书馆未来的核心竞争力。

为实现这一目标，规范人才引进流程与强化组织学习机制至关重要。优化人才结构，关键在于平衡馆员知识技能与用户信息素养之间的差异，创造知识势能优势。图书馆员需持续学习新技术、新方法，创新服务策略与技术手段，以缩小与用户间的知识鸿沟，为服务转型升级注入技术活力。此外，调整人才结构不合理的现状，需从人才引进、组织学习、人才使用与激励机制等多方面入手，严格把控人才质量，激发现有人才潜力，强化人才评价与激励体系在图书馆实践中的实效，从而优化人才配置，为图书馆新型服务能力的提升奠定坚实的人才基础。

（三）构建激励推进型的开放式创新管理机制

智慧图书馆用户感知激励的实现，根植于资源整合与情境融合的深度优化之中，这一过程不仅彰显了服务流程的标准化，还促进了内容的高度个性化。因此，在构建智慧图书馆服务情境时，我们必须深刻剖析知识服务的功能属性与用户个性化需求的内在联系，通过整合平台功能属性与服务情境，实现管理激励机制的创新与平台服务的再升级。管理激励应双管齐下：一方面，激励图书馆专业馆员，激发其工作热情与创新能力；另一方面，通过优化用户体验，激励用户更积极地使用平台服务。

管理重心的转移，从单纯的资源管理迈向以人才为核心的服务管理，是智慧图书馆发展的必然趋势。而服务管理的精髓在于人才管理，特别是如何有效激励人才，充分发挥其潜能与特长。智慧图书馆的人才队伍建设，不仅要配备高素质的专业人才，还需构建科学合理的激励机制，确保每位馆员都能在其岗位上发光发热，共同推动知识服务的深化与拓展。同时，认识到团队协作的重要性，智慧图书馆应强化团队建设，通过激励个体与协调团队运作，提升整体服务效能，包括优化人员配置、增强团队协作与知识更新能力。

针对用户需求的多样性，智慧图书馆需精准把握用户信息行为的细微差异，从信息需求点、偏好点及服务利用点出发，定制个性化服务策略。用户激励具体体现在互联情境与资源情境的优化上：互联情境方面，强化平台技术的时空覆盖与媒介适应性，确保不同用户类型在各类终端设备上都能享受到便捷、高效的服务体验；资源情境方面，则侧重于提升资源的有用性与可获取性，满足用户多样化的知识需求。

为实现服务内容的个性化与服务流程的标准化双重激励，智慧图书馆应紧密围绕用户体验，将互联情境的易用性与资源情境的有用性紧密结合，通过合理配置资源、技术和服务要素，提升知识服务情境的适配性与激励效能。这一过程中，我们既要保持服务流程的标准与规范，又要灵活应对用户需求的个性化变化，确保智慧图书馆在知识服务的道路上不断前行，为用户提供更加优质、高效、个性化的服务体验。

第八章

5G环境下智慧图书馆的服务创新

第一节　基于5G环境下智慧图书馆联盟服务

一、智慧图书馆联盟的特点

（一）技术化

科技的每一次飞跃，都根植于人与事物间深刻联系的探索之中。智慧图书馆联盟正借助物联网、互联网+及移动互联网等前沿技术，对传统图书馆运营模式进行深刻变革，全面赋能其各项职能的革新。展望未来，“机器学习”与“人工智能”的融合趋势日益显著，智慧图书馆将乘此东风，深度融合这两项技术，精准对接并满足人类多元化的信息需求，实现人机无缝协作的新高度。新一代信息技术的浪潮，正引领智慧图书馆跨越时空界限，拓宽其与社会各界的互动桥梁，加强与政府、企业及公众之间的联系，提供更加精准、个性化的服务方案。例如，针对城乡居民差异化的知识需求，智慧图书馆能够依托云计算的强大能力，深入分析并精准捕捉农村居民的行为特征，量身打造贴合其实际需求的信息服务策略，旨在深刻洞察并响应地区发展的独特脉搏，推动知识与文化的均衡传播与繁荣。

（二）均衡化

图书馆联盟的成立旨在通过联合采购、资源共享与互借机制，跨越地域与产业界限，强化信息流通、共享与协作，同时加强资讯内容的审核与质量控制。然而，地域发展不均衡、管理体制差异及观念滞后等因素，导致各成员馆在基础设施、馆藏资源质量与服务水平上存在显著差异，特别是对专业、稀有文献资源的共享障碍，一定程度上阻碍了资源的公平分配。

面向未来，智慧图书馆时代下的多层次、多元化图书馆联盟将进一步促进高校、科研机构与数据服务提供商之间的深度协作与均衡发展，为各方搭建更加顺畅的合作桥梁。联盟将致力于科学合理地调配资金，优化资源配置，构建信息共享平台，并依托先进技术手段实现信息的高度互联互通。开放云端存储解决方案，提升资源利用效率，确保联盟内的文献资料能够为所有地区用户平等访问，从而推动服务的均衡化，缩小服务差距，惠及更广泛的民众。

（三）人性化

以人为本的服务理念，其核心在于“用户至上”，即一切以客户为中心，然而，当前许多图书馆虽通过网页提供丰富资源，却往往停留在表面需求的满足，未能深入洞察用户的信息深层需求，“以读者为本”的实践尚存提升空间，需进一步加强用户需求的深度调研与理解。

面对网络技术的飞速进步，智慧图书馆的服务转型势必要植根于现代信息技术，致力于构建全方位、人性化的服务体系。在功能层面，智慧化空间改造成为关键，旨在打造一个自由、开放的交流平台，激发用户的知识价值转化与创新能力。借助5G技术，智慧图书馆得以实现包括人脸识别、无感借阅、超高清视频体验、VR/AR互动、大数据精准推送、智能客服及安防等在内的多项智能化升级，其中5G的网络切片技术确保业务独立高效运行，高速低时延特性优化资源传输效率，为用户带来前所未有的智能化与个性化服务体验。

虽然全面智能化升级非一蹴而就，但可以分阶段稳步推进。例如，湖北省图书馆的人脸识别系统已较为成熟，后续可选取如智能借阅柜等成熟技术进行试点，融合RFID自助管理、人脸识别、电子证照认证等功能，实现跨馆借还，并通过区块链技术促进全国图书资源的共享流通，同时利用大数据分析优化服务决策。

此外，利用RFID、虚拟现实及可视化技术，智慧图书馆还能创造出一个自由、开放、包容的学习环境，不仅满足用户对物理环境（如家具布局、静音、采光、温控）的需求，更营造出浓厚的学习氛围与知识交流场域，使用户仿佛“身临其境”。针对特殊群体如老人、儿童及残疾人，可穿戴与虚拟技术将辅助他们更好地探索图书馆空间与资源，提升信息获取效率。这一系统还能在虚拟环境中模拟用户需求，监控业务流程，确保所有电子设备随时可用，并提供场地与设备信息的全面洞察，进一步提升服务品质与用户满意度。

二、智慧图书馆联盟服务的建设策略

（一）打造“核心+扩展”的联盟成员发展结构，聚合优势资源

在构建智慧图书馆联盟时，会员的甄选策略需秉持审慎原则，避免盲目扩张，以确保联盟的高质量运作与核心竞争力的持续提升。借鉴社会网络中的核心-边缘理论，我们认识到，一个成员与联盟内其他成员的关系紧密度直接反映其在联盟中的中心地位与影响力。因此，智慧图书馆联盟在吸纳核心会员时，应综合考量其在技术创新能力、行业地位与影响力、服务水平、资金吸纳与积累能力等多方面的因素，力求选拔出能够引领行业发展趋势、带动联盟整体进步的佼佼者。

一旦核心会员确立，联盟应充分利用其辐射效应与传播能力，吸引与之相关联的图书馆及机构加入，形成良性的会员扩充机制。这一过程不仅丰富了联盟的成员结构，也促进了知识、技术与资源的多元化交流。同时，鉴于公众信息需求的日益个性化，联盟需强化对信息资源的深度加工与特色化利用，将信息资源的独特价值最大化，使之成为各会员单位的核心竞争力之一。整合人力资源与技术资源，构建跨领域合作平台，智慧图书馆联盟能够有效汇聚学校、公共服务机构、企业、科研机构、政府机构及智力密集型组织等多方力量，筛选出在各自领域内具有显著影响力和信息服务能力的会员图书馆。

在此过程中，明确各学校图书馆的核心优势与特色发展方向至关重要，我们需充分发挥它们在人才储备、资金运作、信息资源及技术创新等方面的独特优势，促进科技成果的转化，深化基础与前沿领域的研究，为区域经济发展与新兴产业的崛起提供坚实的信息支撑。例如，针对特定领域的追踪研究，我们可以灵活组建跨学科、跨行业的专项团队，吸纳学校或科研单位的科研人员、产业界的专业人士、信息部门的专利分析师、数据库提供商或信息服务企业的专家等，同时引入市场营销人员以拓展研究成果的应用市场。通过建立高效的内部信息共享机制，促进科研人员、企业员工及行业专家之间的深度交流与数据共享，形成知识共创、价值共生的良好生态，共同推动智慧图书馆联盟向更高层次发展。

（二）以新型技术支撑智慧图书馆联盟建设，打造品牌效应

智图公司凭借其深厚的技术积淀，包括大数据、云计算、数据挖掘、三维虚拟、RFID、物联网及识别技术等前沿科技，致力于应对当代文学潮流与读者需求的多元化挑战。公司旨在构建高效网络，精准分类浩瀚文学资源，助力图书馆用户迅速定位并获取其珍视的文献内容。

在智慧图书馆的发展蓝图中，建立连锁企业不仅是外部合作的必然需求，更是提升品牌形象、拓展衍生品业务、增强行业话语权的战略选择。面对图书馆界创新不足、易被模仿的现状，智图公司倡导通过技术创新打破常规，借鉴国际公共图书馆的成功经验，如“上图讲座”“书香扬州”“长江读书节”等品牌活动，打造具有区域影响力和整体辨识度的文化项目。

针对大量文献资源的“闲置”问题，智图公司提出利用 5G、人工智能、云计算、数字资源画像及视频处理技术，构建图书馆间的数据互联互通平台，实现 24 小时动态阅读监测与云端数据分析，精准描绘用户画像。在此基础上，采用混合式协同过滤技术，深度挖掘并识别用户的实际需求与潜在偏好，实现资源与内容的个性化匹配，从“为人找书”向“为书找人”的服务模式转变。

此外，公司还积极探索创意数字化阅读与 VR 技术的融合应用，打造虚拟现实中的沉浸式“游乐”场景，特别是在儿童图书领域，通过精选高故事性视频进行虚拟展示，高度仿真现实场景，不仅激发儿童的想象力，还有效提升其知识吸收与技能掌握能力，为智慧图书馆的阅读体验与服务创新开辟新路径。

（三）以资源共享为合作基础，共同实现智慧服务

1. 坚持资源共享

从古典图书馆到当代智慧图书馆的转变，标志着智慧服务的核心理念已从单纯的技术革新深化至内涵的丰富与拓展。现代智慧服务构建于资源的深厚基础之上，由技术赋能，更以知识为灵魂驱动。伴随信息化浪潮的推进，图书馆服务展现出前所未有的灵活性、个性化与适应性，能够精准对接用户的多元化需求，无论是在物理空间还是虚拟网络环境中，均能实现无缝访问。在此进程中，坚守信息共享与开放的原则尤为关键，通过促进成员间的信息流通，不仅丰富了各馆的信息资源池，还有效提升了区域及行业内的服务水平。图书馆内部各部门间的紧密协作与相互影响，构建了一个动态协同的生态系统，这一系统通过知识资源的整合与创新，实现了信息资源的深度增值，为智慧图书馆的发展注入了不竭动力。

2. 采用 UGC 社交网络模式

Web 2.0 浪潮下，社会化网络的生产模式发生了根本性转变，权力由平台向用户倾斜，用户生成内容（UGC）一跃成为社交网络内容创作的主流模式。在中国，微信、微博、豆瓣、知乎等平台成为这股潮流的引领者，用户在这些平台上自由分享生活点滴、上传图片、视频、音乐及学习资料，每个平台各具特色，用户群体也呈现出多样化的面貌。例如，知乎与百度论坛鼓励用户提问并贡献深度解答，促进了知识的交流与传播。UGC 时代，每位互联网用户都能轻易通过上传成为信息的创作者，同时也通过下载或分享转变为信息的传播者，这种高度互动、即时响应且规模庞大的 UGC 社区服务模式，在服务创新、协作学习及资源共享方面展现出巨大优势。当前，智慧图书馆联盟正积极吸纳数千名来自各大社交平台的用户参与，这一举措无疑将极大地丰富联盟的资源库，推动信息资源的多元化与深度整合。

（四）制定人才战略，加强联盟人力资源共享

1. 建立网络知识社区，促进知识成果转化

智慧馆员在智慧图书馆的发展中扮演着至关重要的“加速器”角色，然而，在中国图书馆学会的年度例会中，虽然总结与表彰工作占据主导，却往往未能充分展示基层馆员，尤其是那些拥有丰富实践经验与创新思维的宝贵人才的风采。相比之下，许多国外图书馆组织将馆员的技术专长与工作经验视为珍贵资产，通过图书馆联合会积极推广与共享，最大化地惠及会员单位。

网络知识社群作为一种开放、互动、聚合的信息交流平台，为普通馆员、专家学者、公务员及科研人员等提供了基于共同需求与利益的社交空间，促进了小型知识群体的形成，构建了一个紧密联结的社会化圈子，拓宽了合作机遇。这种“人对人”的沟通模式有效缩短了人与人之间的心理距离，增强了信任与亲切感，激发了成员更积极的参与度和信息共享意愿。

因此，构建基于网络社群的图书馆交流平台，不仅为各成员馆提供了自由沟通、协作的虚拟空间，还充分激活了每位馆员的专业潜能，鼓励他们主动投入于开放协作

服务中，为读者持续输送高质量信息。每位馆员在智慧图书馆的互动与成长中扮演着关键角色，既提升了会员馆的参与度和凝聚力，也促进了知识与人才的广泛交流，为图书馆联合会的可持续发展注入了不竭动力。

2. 加强联盟培训，打造高素质馆员队伍

（1）重视馆员专业能力的发展

在新时代的背景下，智慧图书馆面临着知识、技能、观念及服务等多维度的全新需求，这一变革不可避免地促使各图书馆职能与工作职责发生深刻调整。“智慧图书馆”的核心理念在于追求差异化发展，而非同质化竞争。鉴于各会员馆在资源禀赋、技术水平及基础设施上的差异性，以及各自独特的发展需求，它们可能面临过度承担非核心职责的风险，从而偏离了自身的专业核心。因此，在全新的社交信息环境中，面对信息碎片化的挑战，图书馆员需紧密围绕读者实际需求，理性审视自身发展路径，有效运用专业知识，全面融入智慧图书馆联盟的开放性、互动性及信息技术优势之中。

以CALIS为例，其构建的五大信息与管理机构——业务支持中心、信息服务中心、数据中心、技术中心及专业发展中心，正是为了最大化地发挥各图书馆员工的专长，实现人力资源的优化配置。明确界定工作职责，促进即时沟通协作，不仅保障了各图书馆的高效运营与持续发展，也显著增强了联盟内部的凝聚力与协作效率。这一模式为智慧图书馆联盟如何在新时代环境下平衡差异化发展与服务一体化提供了有益借鉴。

（2）加强馆员的经验分享

在构建智慧图书馆的过程中，强化人员间的沟通与协作至关重要，旨在挖掘、分享、传承及高效利用宝贵经验，以此为基础开发出贴合实际、易于实施的专业技术，推动图书馆服务的创新与应用。具体措施包括：一是搭建馆员交流平台，智慧图书馆学会应深入挖掘资深会员尤其是专业技能突出的成员，整理其专业资料与联系方式，建立即时通信机制，确保各成员馆能够便捷获取所需资源并进行专业咨询。同时，利用微信群、QQ群等在线社群，促进同行业内馆员的日常交流，分享工作中遇到的挑战、解决方案及服务心得。此外，学会还应将过往培训视频与教材上传至官网，便于馆员随时自学。二是定期举办专题经验分享会，学会应组建科研团队紧跟行业动态，定期或不定期地围绕“阅读推广”“文献检索”“主题服务”及“数字资源建设”“智慧图书馆大数据应用”“微服务创新”等前沿议题举办交流会，甚至在年度总结会上增设心得分享环节，以促进知识的深度交流与经验的广泛传播。

第二节　5G环境下的阅读推广模式

一、5G时代的阅读

（一）我国的5G时代

5G时代的到来，标志着数字化进程迈入了一个全新的纪元，这一过程本质上是将生活的万千信息抽象为计算机语言中的1与0，以此推动信息技术深度融入人类生活的方方面面。在通信领域，这一演变尤为显著，数字信号全面取代了传统的模拟制式，成为传播技术的主流。数字化时代以其无与伦比的影响力，尤其是在传媒领域，通过计算机对信息的快速处理、高效存储与广泛传播，极大地加速了信息的流通与价值的实现，数字技术已跃升为众多传媒形态的核心支撑。

步入5G时代，其标志性的“4V”特性——多样性、规模化、价值性与高速性，为数字化进程注入了新的活力。面对中华民族五千多年灿烂文明的历史积淀，独特的文化传统、肩负的特殊历史使命及我国特有的国情，其决定了我们必须探索一条符合自身发展实际的道路。在这一时代背景下，合理利用信息技术的力量，持续推动教育的创新与变革，构建一个集数字化、网络化、终身化、个性化于一体的教育体系，成为时代赋予我们的重要使命。这样的教育体系旨在打造一个无界限的学习环境，让学习无处不在、无时不有，实现“人人皆学、处处能学、时时可学”的社会愿景。

（二）5G时代阅读的特点

1. 阅读内容的特点

在5G时代背景下，技术的飞跃不仅重塑了传播与传媒格局，还深度融合了自媒体与社交传播的力量，个性化推荐机制亦在其中扮演了关键角色。然而，这一变革也伴随着挑战：人性对消遣、娱乐、猎奇信息的天然好奇，促使自媒体内容在客观真实性、全面性及权威性等方面与传统媒体存在显著差异。在社交化传播与个性化推荐的双重驱动下，信息得以更广泛地传播，但同时也导致公众每日被大量令人忧虑且缺乏实质意义的内容所包围。在这一环境下，每个人既是信息的生产者也是消费者，这种身份的转变彻底颠覆了传统媒介的单向传播模式，而信息过滤机制的缺失则凸显了信息品质的参差不齐。

因此，在浩瀚的数据洪流中筛选有价值的阅读内容变得尤为复杂且关键。如何在众多信息中慧眼识珠，挖掘出具有研究深度与广度的内容，成了5G时代的一个重要课题。换言之，公众在5G时代下的阅读选择——“读什么”，已成为衡量信息消费质量与导向的核心所在。

2. 阅读方式的特点

“阅读方式”即探讨“如何读”，其核心在于追求“善读”的境界。随着数字媒介的迅猛发展，传统阅读模式已不再独占鳌头，而是与时俱进，让位于即时在线浏览这一新兴主流阅读方式，标志着阅读正式迈入数字化新纪元。

相较于传统的纸质阅读，数字媒介阅读展现出诸多显著优势。首先，在阅读体验上，数字图书巧妙融合了视频、图片、文字、音频等多元化媒介元素，使静态的文字跃然屏上，生动再现场景与情境，极大地增强了内容的吸引力和理解深度，成功吸引了广大读者的青睐。其次，从成本效益考量，数字化图书成本更低、容量更大，便于快速传播与随身携带，极大提升了阅读的便捷性。最后，在阅读模式上，数字媒介阅读提供了前所未有的灵活性，读者可随时随地利用移动设备，自由探索个人感兴趣的信息与文献，最大限度地满足了个性化阅读需求，实现了阅读愿望的即时满足。

3. 阅读环境的特点

“阅读环境”这一概念，在5G时代得到了前所未有的拓展，它不仅涵盖了实体环境、物理空间及其营造的阅读氛围，还深度融入了虚拟环境，形成了一个多元化、立体化的阅读生态系统。评判一个阅读环境的优劣，需从舒适性、便利性及可交流性三个维度进行综合考量。5G技术的赋能，使得用户无须亲临图书馆或书店，即可轻松访问丰富的网络文献资源和信息，极大地提升了阅读的便捷性。同时，阅读平台不仅作为信息获取的渠道，更进化为用户互动与交流的桥梁，打破了传统书本与个人的单向信息获取模式，转而采用对话体系，让信息的流通转变为点对面的社交化传播，促进了信息的共享与碰撞。在虚拟环境中，用户不仅能更自由地表达个人观点与建议，还极大地便利了信息的广泛传播与即时分享，进一步丰富了阅读体验的深度与广度。

二、传统的阅读推广模式

（一）传统的媒体模式

传统媒体时代，阅读推广活动主要依托墙报、室内与室外广告、报刊、广播、宣传栏等多种传统媒介，形成了包括读书活动、图书推荐、图书馆论坛、阅读心得交流、图书馆教育等在内的多样化推广策略。随着跨媒体阅读与新媒体技术的蓬勃兴起，这些传统的阅读推广模式并未停滞不前，反而持续进化与创新，不断融合新兴技术元素，以适应时代变迁下读者多元化、个性化的阅读需求。

1. 图书推荐

图书推荐是一项旨在将精选图书呈现给用户，以激发其阅读兴趣并促进图书接受度的活动。该过程以新书或特色图书为核心，通过详尽介绍图书的独特卖点与内容精髓，帮助用户清晰识别个人阅读需求，从而精准匹配并发现心仪之作。图书推荐不仅是推广阅读最为直接、高效的方式之一，还融合了多样化的推广手段，包括但不限于新书速递、精选书目推荐、图书深度评价、样书直观展示及作者现场签售等，共同构成了一个丰富多元、互动性强的阅读推广体系。

2. 推荐书目

推荐书目，亦称举要书目、导读书目、必读书目、选读书目或劝学书目，是针对特定用户或问题，经过精心筛选与编排的图书列表，旨在引导读者深入了解某一事件或知识体系，特别适用于学术研究及专业学习中的阅读规划。它不仅指明了阅读的方向与内容，还合理安排了阅读顺序，并提供了阅读方法的指导。

如今，推荐书目的编制主体日益多元化，不仅涵盖了政府、专家学者、图书馆、社会组织、学校等非营利性机构，还扩展至网站、商业出版社及职业推广人员等，这直接导致推荐书目的种类激增，呈现出数量庞大且多样化的趋势。这一现象，部分归因于信息技术的飞速进步，它不仅丰富了推荐书目的内容与形式，还极大地提升了推荐方式的灵活性与载体的多样性，有效弥补了传统推荐方式的不足。

面对网络信息过载的挑战，有专家学者提出将专业搜索引擎与科学导航技术融入推荐书目编制中，作为传统推荐模式的一种创新变体，旨在帮助读者在信息海洋中精准定位，有效避免信息迷航，提升阅读效率与质量。

3. 新书推介

新书推介是一项旨在将最新出版的图书快速、精准地呈现给用户，以赢得用户认可并最大化社会影响力的活动。成功的推广关键在于“新”“速”与“明”三大要素。

首先，新书需保持其新颖性。这里的“新”不仅指出版时间上的新近，通常意味着自出版之日起六个月内的图书；更强调内容上的创新，即图书应代表社会科学、自然科学领域的最新研究成果，或是人文科学领域的原创佳作，是智慧火花的最新迸发；同时，图书的外观也应展现新风貌，包括装帧设计、印刷质量等，以全新的面貌吸引读者。新颖性是吸引读者关注的核心亮点，是推动阅读推广的基石。

其次，快速推介至关重要。推广者需依托高效的信息网络，保持对新书出版动态的敏锐洞察，迅速筛选并推介适合目标读者的新书。在激烈的市场竞争中，谁能更快地将新书信息传递给读者，谁就能占据先机，赢得更多关注。

最后，明确介绍是连接新书与读者的桥梁。有效的介绍应聚焦于新书的核心特色与内容亮点，结合读者兴趣点，精准激发其阅读欲望。介绍时可巧妙利用图书背景、作者影响力等元素增强吸引力；同时，表述需简洁有力，既设悬念又抓要点，确保信息传达既精准又引人入胜，促使读者欣然接受并深入探索新书内容。

1. 读书月

读书月为以推动图书阅读为核心的推广阅读活动，其为选择某一特定的日期或者是时间，实施和开展诸多的推广阅读活动。

2. 读书沙龙

读书沙龙相较于讲座而言，是一种更为生动、休闲的交流聚会形式，它源于一群热爱阅读的人自发的聚集，旨在分享阅读心得、交流阅读体验。读书沙龙的核心在于构建一个开放的平台，让参与者能够自由地展示阅读成果，相互借鉴阅读经验，从而共同促进阅读理解的深化与阅读乐趣的分享。

在组织形式上，读书沙龙展现出高度的灵活性与多样性，既可由媒体机构精心策划举办，也可由热爱阅读的个体用户自发组织；此外，出版社、图书馆、民间阅读协会、书店等也常携手合作，共同举办读书沙龙活动，进一步丰富了阅读交流的资源与渠道。

3. 自发举办的读书沙龙

读者有一样的阅读取向、阅读兴趣，日常围绕某一个题材、主题，或者是某作者的著作、作品而实施阅读讨论或者是交流。

4. 媒体举办的读书沙龙

通常，我们会聚焦于具有广泛影响力、重大意义的作品、选题或作者，精心组织媒体评论家、知名作家、热心读者及资深学者共同参与深入讨论。这一活动旨在通过多元视角的交流，不仅有效推广杰出作家的作品，还旨在引领社会阅读风尚，激发公众对特定文学或文化现象的广泛关注。同时，此类活动也能显著提升媒体的参与度和曝光率，进一步增强媒体平台的社会影响力与传播价值。

5. 图书馆开展的阅读沙龙

将聚合同类用户当作基本方式，分析和研讨类似或一样的阅读问题，进而推动用户和用户的交流。

6. 出版社和书店开展的阅读沙龙

利用某一热门畅销图书或流行素材作为切入点，可以有效提升用户的关注度，进而推动相关图书的销售，这不仅能够带来广泛的社会影响力，还能显著提升经济效益。相较于持续性的读书月活动，读书沙龙展现出了更强的时效性、灵活性和专题聚焦性，它能够迅速响应市场热点，围绕特定主题展开深入交流。

读书沙龙的参与群体往往具备较高的知识水平和阅读品味，这一特性要求活动组织者需特别关注学术性与深度讨论的结合，确保沙龙内容既能满足参与者的知识渴求，又能激发新的思考火花。因此，在策划读书沙龙时，精选图书与素材、设置引人入胜的议题、邀请领域内的专家学者参与讨论，都是提升活动品质、吸引高端用户的关键所在。

三、5G信息环境下的阅读推广模式

（一）信息技术与阅读推广

1. 信息技术环境

首先，随着5G技术理念广泛渗透至社会各个角落，图书馆业务模式也迎来了革新，通过在日常运营中累积的海量用户借阅记录、用户行为数据及访问数据，图书馆构建了一种基于5G技术支撑的新型阅读推广策略，旨在深度挖掘数据价值，精准触达用户需求。

其次，游戏化推广作为一种极具创新性和参与度的手段，为图书馆阅读推广注入了新活力。通过设计互动性强、形式多样的网络游戏，图书馆能够与用户建立更加紧密的联系。这些游戏往往融合了个性化与趣味性的互动元素，不仅有效激发了用户的参与兴趣，还巧妙地将阅读推广信息融入其中，实现了寓教于乐的良好效果。以武汉大学图书馆为例，其创新性地引入了虚拟馆员角色，拉近了与用户的心理距离。随后，以虚拟馆员为核心，推出了“拯救小布”等游戏化阅读推广活动，通过答题闯关的形式引导用户主动探索、收集名著信息，从而在轻松愉快的氛围中接受经典阅读的熏陶与教育。

2. 信息技术阅读推广模式

当前的信息技术环境为推广阅读活动提供了强大的支撑，涵盖平板电脑、云计算、微博、智能手机、游戏式学习、社交网络、微信、二维条形码、体感技术及在线教育等多个领域。这些技术不仅丰富了推广手段，还促使阅读推广活动逐步向云平台与移动互联网融合的方向发展。这一转变带来了三大显著优势：首先，实现了广泛的覆盖。

不同于传统读书分享会、经典导读讲座等受众有限的模式，信息技术构建的阅读平台能够吸引成千上万的用户参与，包括正式图书馆会员及更广泛的社会公众，极大地提升了推广效果。其次，提升了工作效率。依托信息技术的推广阅读平台与系统，能自动化处理报名、统计、研究等多项活动流程，减轻人工负担，同时这些系统和平台具有可复用性，进一步提高了工作效率。再次，增强了用户吸引力。通过运用5G、多媒体、在线游戏、虚拟现实等创新技术，或借助微信、微博等新媒体平台进行推广，这些贴近用户日常使用习惯的技术手段，极大地激发了用户的参与兴趣，促进了更高的用户活跃度与参与度。

（二）移动新媒体与阅读推广

1. 移动新媒体环境与阅读

阅读模式的变迁深刻影响着用户的认知习惯。当前，新媒体阅读已成为学生群体获取信息、整合资源的主要途径，这一趋势不仅重塑了人们的交流与学习模式，还促使众多学生更倾向于通过新媒体渠道来获取知识。移动新媒体作为信息获取的基础平台，不仅为学生拓宽视野、构建知识体系提供了有力支持，还以其独特的碎片化阅读模式，悄然改变了传统阅读方式，使得“碎读”现象日益普遍。基于新媒体的阅读方式，其立体化的交互特性尤为突出，用户能够利用微信等平台轻松实现信息交流，这一过程中不仅获取了知识，还增添了阅读的趣味性与互动性。

2. 移动新媒体阅读推广模式

电子阅读器作为专为数字阅读设计的便携式设备，凭借其标注、书签设置、信息存储等丰富功能，相较于普通平板电脑，在便携性与功能性上更胜一筹，不仅承载海量信息，还注重视力保护。中国企业如方正集团、当当网等纷纷推出多款电子阅读器，以用户为中心，致力于提升数字阅读的便捷性，积极抢占中国市场份额。中国国家图书馆率先开创了以租赁电子阅读器为核心的数字阅读推广服务，用户仅需支付押金即可获得设备，并通过图书馆网站自由下载和检索感兴趣的内容，这一创新模式不仅满足了用户个性化的数字阅读需求，还显著提高了数字资源的利用效率，推出后迅速赢得了广大用户的青睐与业界关注。

另外，移动图书馆作为数字阅读推广的另一重要模式，允许用户通过智能手机等移动设备下载App，随时随地访问图书馆数字资源，并便捷办理图书借阅与资源申请等业务。该模式整合了跨平台、跨机构的数字阅读资源，强调数字化资源的主动推送，根据用户个性化需求提供资源检索、下载等定制化服务。在移动App的开发过程中，图书馆紧密围绕用户需求，推出体验式阅读推广服务，以用户需求为导向，开发相关移动应用，构建用户与图书馆间的良性互动机制。通过整合内外部数字资源，移动图书馆服务强调用户体验与需求导向，推动多层次阅读产品的实施，同时有效利用电子报刊、微博等移动媒体加强图书馆服务宣传，增强用户对移动图书馆服务的认知与信任，从而进一步拓展用户基础。

第三节　基于智慧图书馆的阅读推广模式构建

一、阅读推广资源知识化模式构建

在图书馆阅读推广活动中，读者信息资源与阅读推广资源构成了两大核心要素。前者涵盖读者的阅读规律、行为数据及心理偏好，而后者则涉及文献、图书、期刊等具体内容。持续有效地整合与深度挖掘这些资源，对于图书馆推广阅读的全面性和持续性至关重要。当前，重点在于如何创新升级文献、图书、期刊等信息资源，以精准对接公众日益增长的个性化、差异化需求；同时，如何科学分析用户阅读行为，精准预测阅读推广的未来趋势与内容，这是探索阅读推广模式的核心议题。

近年来，随着国家对阅读推广与教育的重视，中国图书馆馆藏量显著增长，阅读推广资源也随之丰富。然而，实际推广过程中，用户直接接触与阅读的资源比例较低，导致资源利用不充分。此外，图书馆在阅读推广活动中，往往缺乏对用户阅读行为规律的深入研究，未能紧跟时代步伐捕捉用户阅读特性的变化，难以满足其多元化需求。因此，构建阅读推广知识库显得尤为迫切与必要。这一知识库应基于读者信息资源与馆藏资源，运用知识挖掘、WEB 挖掘及数据库技术，深度挖掘并整合形成文献、图书等资源知识库及读者信息资源知识库，进而构建用户画像，为精准推广提供有力支撑。

二、阅读推广服务智慧化模式构建

（一）阅读推广服务智慧化模式框架构建

从宏观视角审视，国内各公立图书馆作为阅读推广的核心力量，在促进全民阅读活动中占据着举足轻重的地位。为实现智慧化阅读推广服务，关键在于推动公共图书馆间的广泛互联、深度融合与资源共享。这要求图书馆不仅要在物理空间内实现功能间的无缝对接，如图书馆、网络与人的智能互动，还需构建一个高度连通性的生态系统，以支持未来阅读推广工作的深入发展。同时，智慧化的资源整合与分享机制至关重要，它涵盖了三网融合、跨界合作、新旧技术交融等多维度融合策略，共同促进信息资源的优化配置与高效利用。

转向微观层面，针对个人用户的智慧化阅读宣传服务同样不可或缺。这要求针对不同宣传主体设计个性化的智能服务方案，确保每位读者都能享受到量身定制的阅读体验。在图书馆信息化建设进程中，移动图书馆、数字网络平台与实体图书馆应并驾齐驱，共同实现智能化管理，通过技术创新与模式创新，让阅读推广服务更加贴近用户需求，激发全民阅读热情，推动社会文化氛围的整体提升。

（二）以移动图书馆为主体的阅读推广智慧化服务构建

随着移动网络技术的广泛渗透，现代公共图书馆在阅读推广模式、读者需求范畴、阅读方式及需求特性等方面均经历了深刻变革。手机图书馆凭借其精准捕捉受众需求的能力，依据用户群体的多样特征定制服务策略，成为这一变革中的亮点。近年来，网络技术与图书市场的深度融合，进一步推动了我国公共图书馆在读者服务手段与业务模式上的创新。通过手机 App 等移动阅读平台，用户能够跨越时空限制，随时随地访问图书馆资源，极大地提升了信息获取的便捷性。

移动图书馆不仅实现了知识资源与读者的无缝对接，使用户能即时获取海量数字化信息，还通过智能化技术提供了更为丰富、个性化的信息服务。在阅读推广层面，移动阅读平台优化了阅读咨询、个性化信息推送、馆藏文献查询及日常借阅等服务流程，增强了用户体验。用户尤为关注阅读反馈的即时性、全面性，以及推送资源的丰富度与个性化程度。这一系列业务从传统纸质图书馆向移动端的迁移，不仅简化了操作流程，也赢得了广大读者的广泛认可，彰显了移动图书馆在现代阅读服务中的独特价值与潜力。

（三）以网络平台为主体的阅读推广智慧化服务构建

随着互联网技术的蓬勃发展，人们的阅读方式、规模及特征正经历着前所未有的变革。数字化图书馆凭借其强大的网上服务系统，实现了跨时空的服务覆盖，与用户建立起持久且紧密的联系，有效促进了阅读的持续推广与深化。与此同时，社交媒体平台如豆瓣、知乎、人人网、微博、微信等，成了阅读推广的新阵地，通过多样化的宣传手段，极大地拓宽了阅读推广的边界。

数字网络平台以其独特的优势，为阅读推广带来了时间、形式与途径上的多样性与灵活性。推广策略融合了周期性、常规性的日常阅读与持续性的阅读推广活动，形成了全方位、立体化的推广体系。借助全媒体网络组织的力量，通过多样化的内容呈现与媒体形式，实现了阅读推广效果的显著提升。具体而言，移动阅读客户端、图书馆在线推广等全媒体模式应运而生，不仅提供了用户留言、交流、活动预告、真人图书、讲座培训等丰富功能，还通过新书推荐等方式，增强了用户的参与感与获得感。

更进一步，数字网络平台正逐步推进阅读推广的个性化进程。利用移动终端、数字平台及社交媒体工具，如微博、豆瓣等，精准推送个性化阅读书目与活动信息，帮助用户构建个人专属的阅读知识库，便于随时检索与阅读。这一过程不仅满足了用户的个性化阅读需求，还促进了阅读交流活动的多元化发展，使用户能够围绕图书展开深入讨论与观点分享，从而将传统的单向阅读活动转变为充满活力的互动交流平台。

（四）以实体图书馆为主体的阅读推广智慧化服务构建

实体公共图书馆作为文化传承的重要阵地，尽管其物理存在意义未减，但在互联网与信息技术的浪潮中，正迎来更加现代化与人性化的转型升级。图书馆致力于以智慧服务为核心，围绕读者体验优化阅读推广活动，融入更多人性化元素。日常运营中，面对庞大的读者群体，图书馆采用智能预约系统，实现了图书借阅的全流程自动化与智能化，极大提升了便利性。智能订阅台的设置，让预约操作更加便捷，用户只需简单几步即可完成预约，并通过系统即时提醒功能获知预约状态。取书时，读者在预定书架区域通过身份认证，系统迅速匹配预约信息，智慧书柜随即亮灯指示预定图书位置，再次刷卡确认后即可完成自动借书流程。这一智能化的预定书柜不仅加速了图书查找速度，还显著提升了图书馆的阅读体验，促进了知识的高效流通与利用。

三、阅读推广活动规范化模式构建

（一）阅读推广活动规范化模式构建框架

为实现规范化的助读服务，我们的首要任务是深入搜集并分析学生的阅读需求，据此确立新颖且明确的助读主题，并在实施过程中灵活调整优化。随后，我们需借助多元化渠道广泛宣传，为阅读推广活动奠定坚实基础，同时建立有效的反馈机制，确保活动全程得到细致评估与实时调整。在智慧图书馆的阅读推广实践中，我们应特别强调“智能”理念的融入，构建包含督导与评估在内的完整体系，旨在培养读者的智能阅读习惯，促进阅读推广活动的智能化、高效化发展，最终通过全面的实践总结，不断优化助读策略，提升服务品质。

（二）智慧图书馆“智慧理念”的运用

阅读推广的深化与图书馆自身的成长紧密相连，智慧图书馆作为未来发展的核心趋势，其构建过程中的趋势定位与内涵确立至关重要。在推动智能阅读融入读者日常生活的进程中，探索有效路径尤为关键，这直接关系到智能阅读普及的成效。SoLoMo技术作为智慧图书馆创新发展的亮点，融合了社交、本地化和移动三大核心要素，为阅读推广开辟了新天地。通过巧妙运用社交软件、平台及网络，我们能够深度触达读者群体，强化宣传效果。此外，借助网络发起的全民阅读活动，极大地提升了读者的参与热情与互动性。

从图书馆技术革新与理念升级的角度出发，公共图书馆应构建常态化的阅读推广研究机制。鉴于阅读方式、场所、结构及规模的不断演变，为确保推广活动的精准有效，持续监测与分析读者的阅读偏好与需求成为必要之举。这不仅要求建立常态化的研究体系，还需深入剖析受众特征，以科学规划促进阅读推广活动的可持续发展，确保其在不断变化的环境中保持生机与活力。

（三）阅读推广活动规范化监督评估机制构建

为确保新型阅读推广活动的有效实施与持续优化，建立一套标准化的监督与评估机制至关重要。这一机制应贯穿活动始终，包括过程监控与事后评估，重点关注评估方法的科学性、资源利用效率、读者参与度及活动覆盖范围等关键因素，并深入分析活动带来的多方面影响。在实施过程中，我们应积极利用微信、微博等社交媒体平台以及数字图书馆、移动图书馆等新兴媒体渠道，构建一套规范化、可操作性强且适应新型阅读推广模式的监管与评估体系，以此推动图书馆事业的持续发展。

同时，为了在新阅读模式下更好地服务于我国读者，建立健全的法律保障机制与体系不可或缺。借鉴国际阅读推广的成功经验，我国文化建设的深入发展需要坚实的法律与制度支撑。当前，我国在阅读推广领域的全国性立法尚显不足，地方层面也缺乏相应的制度保障。相较于国际先进水平，我国在《阅读促进法》及相关法律法规的制定上仍存在诸多空白。因此，相关部门应适时出台相关法律规章，为图书馆事业的健康发展提供有力推动与保障。

参考文献

[1] 杨灿明. 高校智慧图书馆服务创新研究 [M]. 长春：吉林科学技术出版社，2020.

[2] 曹瑞琴. 高校图书馆学科服务与智慧化建设 [M]. 长春：吉林出版集团股份有限公司，2020.

[3] 傅春平. 公共图书馆智慧服务的探索与实践：以深圳市福田区总分馆为例 [M]. 广州：世界图书出版广东有限公司，2020.

[4] 周娜，戴萍. 高校智慧图书馆知识服务研究 [M]. 北京：中国国际广播出版社，2020.

[5] 杨永华. 智慧时代高校图书馆服务创新与发展研究 [M]. 北京：中国原子能出版社，2020.

[6] 郑辉，赵晓丹. 现代公共图书馆智慧服务平台建构研究 [M]. 长春：吉林人民出版社，2020.

[7] 刘旭晖. 高校图书馆智慧化学科服务研究与应用 [M]. 北京：中国原子能出版社，2020.

[8] 张海波. 智慧图书馆技术及应用 [M]. 石家庄：河北科学技术出版社，2020.

[9] 陶浛. 图书馆阅读推广与信息服务研究 [M]. 哈尔滨：哈尔滨出版社，2020.

[10] 阚丽红. 智慧图书馆建设与服务创新研究 [M]. 长春：吉林文史出版社，2021.

[11] 陈伟，张霞，王仲皓. 图书馆智慧化服务模式探究 [M]. 长春：吉林人民出版社，2021.

[12] 高桂雅. 大数据时代智慧图书馆科学化服务体系构建 [M]. 长春：吉林出版集团股份有限公司，2021.

[13] 高伟. 图书馆建设与阅读服务管理 [M]. 长春：吉林人民出版社，2021.

[14] 严栋. 智慧图书馆概论 [M]. 大连：辽宁师范大学出版社，2021.

[15] 陶功美. 智慧图书馆建设及新兴技术的应用研究 [M]. 长春：吉林人民出版社，2021.

[16] 王志红，侯习哲，张静. 智慧图书馆建设与阅读推广研究 [M]. 哈尔滨：哈尔滨出版社，2021.

[17] 王东亮. 智慧图书馆与阅读推广工作研究 [M]. 北京：中国国际广播出版社，2021.

[18] 高莉. 图书馆管理与档案资源建设 [M]. 长春：吉林人民出版社，2021.

[19] 宋菲，张新杰，郭松竹. 图书馆资源建设管理与阅读服务研究 [M]. 长春：吉林人民出版社，2021.

[20] 鞠晶. 高校智慧图书馆服务创新 [M]. 长春：吉林出版集团股份有限公司，2022.

[21] 贾虹. 智慧图书馆及其服务创新研究 [M]. 北京：中国农业出版社，2022.

[22] 蓝开强. 高校图书馆建设发展与智慧服务创新研究 [M]. 汕头：汕头大学出版社，2022.

[23] 陈群. 互联网 + 图书馆智慧服务研究 [M]. 长春：吉林出版集团股份有限公司，2022.

[24] 周玉英，王远. 5G 环境下智慧图书馆的服务研究 [M]. 北京：北京燕山出版社，2022.

[25] 吴玉灵，廖叶丽. 现代图书馆智慧服务理论技术与实践 [M]. 南昌：江西高校出版社，2022.

[26] 魏奎巍. 图书馆信息化建设与服务创新研究 [M]. 长春：吉林出版集团股份有限公司，2022.

[27] 苏宇波，祁杰. 大数据时代下公共图书馆智慧服务路径研究 [M]. 哈尔滨：北方文艺出版社，2022.

[28] 杨敏. 互联网时代图书馆学科资源建设与学科服务模式研究 [M]. 青岛：中国海洋大学出版

社，2022.
［29］亢丽芸．图书馆服务创新与发展研究［M］．长春：吉林出版集团股份有限公司，2023.
［30］田一楠，高鹏．智慧图书馆建设与管理［M］．北京：企业管理出版社，2023.
［31］黎香秀．大数据环境下高校图书馆信息服务创新研究［M］．长春：吉林大学出版社，2023.
［32］朱建军．高校图书馆服务与育人职能研究［M］．长春：吉林文史出版社，2023.
［33］秦慧．新时期高校图书馆学科服务研究［M］．北京：新华出版社，2023.
［34］李继萍．理论与实践结合下的高校图书馆服务研究［M］．天津：天津科学技术出版社，2023.